轨道装备类校企“双元”合作开发教材

城市轨道交通车辆机械装置检修与维护

隋永锟　王　磊　杨海荣◎主编

中国铁道出版社有限公司

2023年·北京

内 容 简 介

本书为轨道装备类校企“双元”合作开发教材之一，由中国中车集团有限公司组织开发。全书共分七个项目，分别是：城市轨道交通车辆检修概述，城市轨道交通车辆检修基地工艺设计认知，车体、车门和车钩系统的检修与维护，空调系统的检修与维护，转向架的检修与维护，制动装置和高压受流装置的检修与维护及城轨车辆检修与维护的未来发展趋势。

本书是高等职业教育轨道装备类城市轨道交通车辆制造与维护专业、城市轨道交通类城市轨道车辆应用技术专业的核心课程教材，亦可作为相关岗位技术人员的培训教材。

图书在版编目(CIP)数据

城市轨道交通车辆机械装置检修与维护/隋永锟，王磊，杨海荣主编. —北京：中国铁道出版社有限公司，2021.11(2023.12 重印)
轨道装备类校企“双元”合作开发教材
ISBN 978-7-113-28138-0

Ⅰ.①城… Ⅱ.①隋…②王…③杨… Ⅲ.①城市铁路-铁路车辆-机械设备-车辆检修-教材 Ⅳ.①U270.3

中国版本图书馆 CIP 数据核字(2021)第 135050 号

书　　名：城市轨道交通车辆机械装置检修与维护
作　　者：隋永锟　王　磊　杨海荣

责任编辑：亢丽君　张松涛　　**编辑部电话：**(010)83527746　　**电子信箱：**578399731@qq.com
封面设计：曾　程
责任校对：焦桂荣
责任印制：高春晓

出版发行：中国铁道出版社有限公司(100054，北京市西城区右安门西街 8 号)
网　　址：http://www.tdpress.com/51eds/
印　　刷：天津嘉恒印务有限公司
版　　次：2021 年 11 月第 1 版　2023 年 12 月第 2 次印刷
开　　本：787 mm×1 092 mm 1/16　**印张：**11　**字数：**272 千
书　　号：ISBN 978-7-113-28138-0
定　　价：53.00 元

前　言

随着我国产业转型升级、制造强国建设等国家战略的深入推进，为全面发展高质量职业教育，我国大力推动实施《国家职业教育改革实施方案》，提出要深化教材改革，促进校企“双元”育人。采用校企联合开发教材的模式，将行业及企业新技术、新工艺、新规范纳入教材，是职业教育适应技术进步和产业升级的重要举措。

2021 年 3 月，教育部印发《职业教育专业目录(2021 年)》，新增“高速铁路动车组制造与维护”与“城市轨道交通车辆制造与维护”两个高职专业。中国中车集团有限公司作为国家产教融合型企业、国家高端装备制造业的排头兵，积极发挥职业教育重要主体作用，结合这两个专业人才培养目标和毕业生就业岗位需求，组织多名集团级首席、资深技术、技能专家和院校教师联合开发了六本轨道交通装备制造教材。

本书采用“项目导向任务驱动式”教学模式构建内容体系，充分吸收企业新型生产技术，将城市轨道交通车辆机械装置检修与维护的关键技能分解到各个项目中，重在培养学生的实践能力，帮助学生养成必要的职业规范，并通过多元评价方式对学生所学知识和技能进行立体化综合考核。全书图形符号、文字符号、量和单位及相关标准、型号均采用国家行业最新标准。

本书作为“城市轨道交通车辆制造与维护”“城市轨道车辆应用技术”专业的核心课程教材，系统阐述、解析城市轨道交通车辆机械装置的检修与维护全景过程，内容包括城市轨道交通车辆检修认知、检修基地工艺设计认知、车辆各关键系统的检修与维护、城轨车辆检修与维护技术的未来发展趋势等。

本书既可作为中等职业学校、高等职业学校及职业本科学校的轨道装备类、铁道运输类、城市轨道交通类等相关专业教学用书，也可作为相关行业领域各类职业培训教材，或供其他相关院校教学人员、企业内训师及技术人员参考。

本书按照“校企双主编”联合开发的原则，由中车长春轨道客车股份有限公司高级工程师隋永锟、中车南京浦镇车辆有限公司高级工程师王磊和常州铁道高等职业技术学校副教授杨海荣担任主编。参加本书编写的还有中车长春轨道客车股份有限公司伊宏伟、赵栩、宋廷宇，中车南京浦镇车辆有限公司朱新荣、黄挺、王旭杰，常州铁道高等职业技术学校许红丹、葛成荣。

本书编者们在协作过程中得到中国中车集团有限公司人力资源中心、中车长春轨道客车股份有限公司人力资源部、中车南京浦镇车辆有限公司人力资源部等单位和部门同志的大力支持，在此对各位同仁表示由衷的感谢。

由于编者水平有限，书中错误、疏漏及其他不足之处，恳请读者批评指正。

编　者

2021 年 5 月

目　录

项目一　城市轨道交通车辆检修认知…… 1

学习任务一　认识城市轨道交通车辆的类型…… 1
学习任务二　认识城市轨道交通车辆检修…… 6

项目二　城市轨道交通车辆检修基地工艺设计认知 …… 12

学习任务一　认识地铁检修车辆段 …… 12
学习任务二　认识地铁检修车辆段布局 …… 14
学习任务三　认识地铁检修车辆段主要检修设施和设备 …… 20

项目三　车体、车门和车钩系统的检修与维护…… 30

学习任务一　车体内装的检修与维护 …… 30
学习任务二　车门系统的检修与维护 …… 42
学习任务三　车钩系统的检修与维护 …… 54

项目四　空调系统的检修与维护 …… 76

学习任务一　空调机组的故障诊断 …… 76
学习任务二　空调机组的检修与维护 …… 81

项目五　转向架的检修与维护 …… 90

学习任务一　转向架的检修概述 …… 90
学习任务二　构架的检修与维护 …… 96
学习任务三　齿轮箱及联轴器的检修与维护…… 100
学习任务四　轮对及轴箱装置的检修与维护…… 102
学习任务五　减振器的检修与维护…… 106
学习任务六　悬挂装置的检修与维护…… 113
学习任务七　空气弹簧的检修与维护…… 115
学习任务八　中央牵引装置和排障器的检修与维护…… 121
学习任务九　转向架整体调试…… 124

项目六　制动装置和高压受流装置的检修与维护…… 129

学习任务一　供风单元的检修与维护…… 129
学习任务二　基础制动装置的检修与维护…… 140

学习任务三　高压受流装置的检修与维护…… 149

项目七　城轨车辆检修与维护的未来发展趋势…… 157

学习任务一　智能化维保的实现方式及模式…… 157
学习任务二　先进工艺装备及车辆服役寿命延长研究…… 163

参考文献…… 168

项目一　城市轨道交通车辆检修认知

城市轨道交通建设已经成为我国许多城市建设中的重要环节，车辆又是城市轨道交通中最重要、最关键的设备，因而车辆的日常维修与保养对城市轨道交通运营的安全与质量至关重要。

学习任务一　认识城市轨道交通车辆的类型

学习目标

1. 知识目标

(1)了解城市轨道交通的概念和特点。

(2)了解城市轨道交通的类型。

(3)了解各种城市轨道交通形式的技术特征。

(4)知道不同类型的城市轨道交通。

2. 能力目标

(1)会分析各种城市轨道交通形式的技术特征。

(2)会有效区分不同类型的城市轨道交通。

3. 素质目标

(1)培养学生的爱国主义意识和科技创新意识。

(2)培养学生认真负责的工作态度和团队合作意识。

知识链接

一、城市轨道交通的概念与特点

城市中，使用车辆在固定导轨上运行并主要用于城市客运的交通系统称为城市轨道交通。在《城市轨道交通运营管理规范》(GB/T 30012—2013)中，将城市轨道交通定义为“采用专用轨道导向运行的城市公共客运交通系统包括地铁系统、轻轨系统、单轨系统、有轨电车、磁浮系统、自动导向轨道系统、城市快速轨道系统。”

城市轨道交通以其鲜明的特点，赢得了城市管理者和市民的青睐。其特点包括：

(1)采用列车编组化运行，运量大。

(2)良好的线路条件和控制体系，速度快。

(3)电力牵引，污染少、环保好。

(4)可采用地下和高架敷设方式，占地面积小。

(5)全隔离的路权方式，安全和可靠性强。

(6)良好的环控体系和候车环境，乘车舒适性佳。

但是城市轨道交通也存在如建设投资大、建设周期长、路网结构不易调整、运营成本高、技术条件要求高等特点。

二、城市轨道交通的类型

按照《城市公共交通分类标准》(CJJ/T 114—2007)将城市轨道交通按照系统形式、载客工具类型、客运能力分为地铁系统、轻轨系统、单轨系统、有轨电车、磁浮系统、自动导向轨道系统、市域快速轨道系统。

1. 地铁系统

地铁(图 1-1-1)是一种大运量的轨道运输系统,是由电气牵引,采用钢轮钢轨体系,标准轨距为 1 435 mm,车辆编组主要运行在大城市地下空间修筑的隧道中(当条件允许时,也可穿出地面在地上或高架桥上)运行。

图 1-1-1　南京地铁 1 号线

按照选用车型的不同,地铁可分为常规地铁和小断面地铁;根据线路客运规模的不同,地铁可分为高运量地铁和大运量地铁。地铁车辆的基本车型为 A 型车、B 型车和 L_B 型车(直线电机)三种,主要标准及特征见表 1-1-1。

表 1-1-1　地铁车辆的标准及特征

项　　目	标准及特征		
车型	A 型	B 型	L_B 型
车辆基本宽度/mm	3 000	2 800	2 800
车辆基本长度/m	22.0	19.0	16.8
车辆最大轴重/t	≤16	≤14	≤13
列车编组/辆	4～8	4～8	4～8
客运能力/(万人次·h^{-1})	4.5～7.0	2.5～5.0	2.5～4.0
供电电压及方式	DC 1 500 V 接触网供电	DC 1 500 V/750 V 接触网或三轨	DC 1 500 V/750 V 接触网或三轨

注:客运能力按行车间隔 2 min 和列车额定载客量(站立 6 人/m^2)计算。

2. 轻轨系统

轻轨系统(图 1-1-2)泛指高峰时单向客运量在 1.0 万～3.0 万人次/h 的中运量的轨道运

输系统，采用钢轮钢轨体系，主要在城市地面或高架桥上运行，线路采用地面专用轨道或高架轨道，也可进入地下与地铁接轨。相对于地铁而言，轻轨因其车辆轴重较轻和对轨道施加的载荷较轻而得名。

图 1-1-2　香港轻轨

3. 单轨系统

单轨系统是指车辆与特制轨道梁组合成一体运行的中运量轨道传输系统，轨道梁不仅是车辆的承重结构，同时是车辆运行的导向轨道。单轨系统的类型主要有两种，一种是车辆跨骑在单片梁上运行的方式，称为跨座式单轨系统，如图 1-1-3 所示；另一种是车辆悬挂在单根梁上运行的方式，称为悬挂式单轨系统，如图 1-1-4 所示。

图 1-1-3　跨座式单轨

图 1-1-4　悬挂式单轨

单轨系统适用于单向高峰最大断面客流量1.0万～3.0万人次/h的轨道交通，具有占地面积少、投资费用少、建设适应性强的优点。其缺点是：运能较小、速度低、道岔等结构复杂、发生事故时疏散和救援工作困难。

4.有轨电车

有轨电车（图1-1-5）是一个由电力牵引、轮轨导向、单车或车辆间靠铰接运行在城市路面线路上的低运量城市轨道交通系统。有轨电车轨道主要铺设在城市道路路面上，车辆与其他地面交通混合运行，根据街道条件，又可区分为三种情况：

（1）混合车道。

（2）半封闭专用车道（在道路平交路口处，采用优先通行信号）。

（3）全封闭专用车道（在道路平交道口处，采用立体交叉方式通过）。

图1-1-5　苏州有轨电车1号线

5.磁浮系统

磁浮系统（图1-1-6）是指利用电导磁力悬浮技术使列车上浮，采用直线电机驱动行驶的轨道交通系统。磁浮系统的车厢不需要车轮、车轴、齿轮传动机构和架空接触网，主要在高架桥上运行，特殊地段也可在地面或地下隧道中运行。

图1-1-6　长沙磁悬浮列车

6. 自动导向轨道系统

自动导向轨道系统(图 1-1-7)是一种车辆采用橡胶轮胎在专用轨道上运行的中运量旅客运输系统，其列车沿着特制的导向装置行驶，车辆运行和车站管理采用计算机控制，可实现全自动化和无人驾驶技术。

图 1-1-7　上海 8 号线三期车辆

7. 市域快速轨道系统

市域快速轨道系统(图 1-1-8)是指把城市市区与郊区，尤其与远郊区联系起来的城市轨道交通系统。市域快速轨道系统是一种大运量的轨道运输系统，客运量可达 20 万～45 万人次/d。

图 1-1-8　南京 S7 市域线

三、各种城市轨道交通形式的技术特征

城市轨道交通的形式不同，也导致了技术特征的不同，见表 1-1-2。

表 1-1-2　各种城市轨道交通形式的技术特征

交通形式	地铁系统	轻轨系统	单轨系统	有轨电车	磁浮系统	自动导向轨道系统	市域快速轨道系统
支撑导向	钢轮钢轨	钢轮钢轨	胶轮单轨	钢轮钢轨	直线电机轨道/常导或超导	胶轮导轨	钢轮钢轨
运量	2.5 万～7.0 万人次/h	1.0 万～3.0 万人次/h	1.0 万～3.0 万人次/h	小运量	1.5 万～3.5 万人次/h	1.5 万～3.0 万人次/h	20 万～45 万人次/d

续上表

交通形式	地铁系统	轻轨系统	单轨系统	有轨电车	磁浮系统	自动导向轨道系统	市域快速轨道系统
车厢编组	4～8 辆	2～6 辆	4～6 辆	1 节或铰接	4～10 辆	2～6 辆	8～12 辆
平均运行速度	≥35 km/h	25～35 km/h	20～35 km/h	15～20 km/h	100～500 km/h	≥25 km/h	50～100 km/h
线路类型	地下隧道	高架、地面或地下	地面或高架铁路	地面铁路	高架或地面	高架或地下隧道	地面或高架
路权形式	全封闭	全封闭/专用车道	全封闭	半封闭	全封闭	全封闭	半封闭

学习任务二　认识城市轨道交通车辆检修

学习目标

1. 知识目标

(1)了解城市轨道交通车辆检修模式。

(2)掌握日常维修各级修程。

(3)理解均衡修概念和定期维修各级修程。

(4)掌握城市轨道交通车辆的检修模式。

(5)掌握城市轨道交通车辆的检修类别。

2. 能力目标

(1)会区分城市轨道交通车辆不同的检修类型。

(2)会区分城市轨道交通车辆不同的检修模式。

(3)能简要概括各项修程的工作内容。

3. 素质目标

(1)培养学生“以预防为主”“以可靠性为中心”的维修思想。

(2)培养学生不怕困难、勇于探索的精神。

知识链接

一、维修理论简介

自 1969 年 10 月 1 日北京开通第一条地铁线以来，车辆的运用检修一直处于积累经验和逐步完善与总结的过程，基本上是依照车辆供货商建议的维修保养计划以及参照国有大铁路的检修模式，按照定点(在车辆段)、定时(按运用时限或公里数)、定量(不论车组技术状况如何，一律按检修规程进行分解、检查、修理、组装、试车、竣工交验)的方式进行。这种检修体制基本上是沿袭了从 20 世纪 50 年代初向国外学习、引进的一种检修模式。随着我国科学技术和生产技术不断发展，新材料、新工艺的广泛使用和国内检修观念不断更新以及国外先进检修理念的引进，国内各地铁公司的检修体系也在不断地充实、完善、优化。

1. 车辆检修理论

地铁车辆作为地铁运营的主要工具,其技术性能、技术状态,运用效率,将会直接关系到运营的效率、质量。地铁车辆在使用过程中,部分零部件因各种原因而失去原有的功能,需要修复或更换,但部分零部件却能完好无损地正常工作,因此,车辆维修制度是否合理是衡量地铁运营的社会效益与经济效益高低的重要因素之一。目前,可以总结出国内外主流的地铁车辆检修理论有以下四种方式:

(1)事后维修

事后维修也可以称为故障修,即在故障发生后采取的维修策略。对于设计安全余量大、使用比较可靠,不易发生故障的部件可以采用此维修策略。

(2)计划预防维修

计划预防维修基于车辆的磨耗理论为基础,按照时间计划对装备进行分解检查、更换修理。随着地铁车辆装备的部件数量增多、工作机理更加复杂、若发生故障停机将造成重大影响,计划预防维修也成为国内地铁车辆大量采用的维修策略。这种维修与事后维修相比,显然在防止故障、减少停时、提高效益等方面有较大的优势。

(3)状态维修

状态维修是指根据先进的状态监测和诊断技术提供的设备状态信息,判断设备的异常,预知设备的故障,在故障发生之前进行检修的方式。只要设备运营参数在规定的状态限界之内,就一律不进行。

实施状态修的确可以规避预防性维修可能会出现的“过修”“欠修”的问题,但需要采用大量的新技术、新设备、新材料、新工艺,提高设备的可靠性和使用寿命,并且要实现检测方法现代化,制定合理的检测周期,准确掌握运营参数的动态,使设备始终处于受控状态。

(4)可靠性维修

以可靠性为中心的维修理论(RCM)于20世纪60年代末起源于美国航空业,后广泛运用于美国军方及国内的军用装备的维护工作。其基本目标是以最少的资源消耗保持设备的可靠性和安全性。为达到上述目的,需对设备各系统进行功能及故障分析,明确系统故障后果;用规范化的逻辑决断程序,确定各种故障后果的预防性对策。

由于目前国内车辆新产品、新技术、新工艺的使用,各地铁公司已经不再按照单一的检修类别开展车辆维修工作,主要以预防性为主、其他检修类别配合使用的方式开展车辆维修工作。通过“混合”运用的方式进一步降低车辆的维保成本、提升工作效率,更为科学地开展车辆的维保工作。

2. 车辆检修模式

地铁车辆的架大修模式分类方法很多,从不同角度和立场出发,有不同的分类方法,并各有特点。目前国内地铁车辆架大修维修模式有以下几种:

按车辆架大修地点划分为分散修和集中修;按维修方式划分为原件修和换件修;按维修能力划分为自主修和委外修。

(1)分散修和集中修

①分散修指车辆架大修时各个部件在各自所在架大修基地进行维修。该维修模式的特点为不需要长途运输,各自在本架大修场地进行检修,节约了检修时间,能结合整车架大修检修流程进行,检修灵活,效率高,但会出现重复投资。

②集中修,一为检修地点集中,二为检修专业集中,将需要对专业的检修部件送至指定的单位统一维修。该模式便于集中专业人才,提高维修质量,充分利用专业设施,减少装备重复投资,但建立专业化的检修设备设施投入较大。

(2)原件修和换件修

①原件修指对故障或损坏的零部件进行调整、加工或其他处理,使其恢复到所要求的功能后继续使用。该维修模式的特点是对于维修耗费比购置新建经济或在没有备件的情况比较适用。

②换件修指使用完好的备用零部件或模块更换故障部件。该模式的特点能满足及时和快速维修的要求,对维修级别和维修人员的技能要求不高,缩短维修停时,保证维修质量,节省人力。但其维修成本较高。

(3)自主修和委外修

①自主修指使用地铁公司自身配置的厂房、设备设施、人员完成车辆架大修修程所规定的所有维修内容。其特点是有利于对整个车辆架大修的进度把控,员工的维修水平能得到极大的提高,但因没有利用市场成熟配套资源,整车的维修成本较高。

②委外修(部件委外、整车委外)指车辆部分维修项目或整车委托外部厂家负责维修的模式。委外修是各地铁公司通常采用的一种维修模式,该模式可以降低设备的购置,充分利用外部资源为轨道交通运营维修服务。

二、车辆检修类别

目前我国城市轨道交通车辆,包括地铁车辆、城际车辆基本的检修制度为计划预防修,其思想是:在严格的设备设计制造规范和完全计划形式的生产体制条件下,为预防设备的故障和事故损失,企业对设备采取强制性计划维修,但是由于其检修周期偏短、修理频率过高的缺陷,需要逐步向状态修制度转变。状态修的基本含义就是依据车辆上先进的检测设备、故障诊断信息系统来准确的预知车辆设备状态及故障情况,以此来决定针对目前车辆状态所应该采取的检修措施。

1. 日常维修

《地铁设计规范》(GB 50157)中对车辆的日常维修规定见表 1-2-1。

表 1-2-1 车辆检修修程和检修周期

类 别	检修修程	检修周期	
		走行里程/万 km	时间间隔
日常维修	日检	—	每天或两天
	双周检	0.5	0.5 月
	三月检	3	3 月

根据标准,国内地铁车辆的日常维修检修主要分为日检、双周检、月检(三月检)。但随着国内各地铁公司车辆运营管理体系的不断优化,国内地铁车辆的定修工作正在逐步弱化(运行里程 15 万 km 或运行时间 1.25 年),将其列为日常维修的范畴内。日常检修时高级别检修包含低级别检修的内容,例如周检包含日检的工作内容,月检包含周检的工作内容。日常维修各级修程的主要工作如下:

(1)日检:车辆每天运营结束,回到停车场后进行的例行性能检查。日检的内容主要是司机室功能检查、客室功能检查、制动功能检查及主要部件的外观检查,停时较短,通常需要在当晚完成,以保证第二天的运营供车。日检一般按作业空间分为车底、车上和车顶三个层面进行。

(2)双周检:车辆每运用2周,进行周检作业。周检包含日检的工作内容,并增加了各主要部件的维护性测量和检查,包括受电弓、空调、车钩、转向架、空气压缩机等部件的检查。

(3)月检(三月检):月检在包含周检作业的基础上,会对各主要部件进行维护性测量和检查,包括受电弓、空调、车钩、转向架等部件的检查以及车门功能检查、客室功能检查等,其中主要零部件分为无电检查作业部分和有电检查作业部分。

(4)定修:对车辆的各系统进行状态检查、检测和功能调整,对各部件全面检查、清洁、润滑。部分部件如空调机组要进行清洁、测试和维修。年检时车辆要进行静、动态调试。

目前,各地铁公司为了应对车辆运用的压力,都在通过均衡化的手段,将一年内车辆的维保任务切分至每月或每1.5月开始实施,以此开展缩短车辆的停修时间,最大限度地利用运营"窗口"时间开展车辆日常维修工作,提高车辆上线率。上海地铁的"均衡修"、香港地铁"A/B检"的日常维修修程比较有均衡化的代表意义。香港地铁的参考修程见表1-2-2。

表1-2-2 香港地铁的参考修程

检修修程	检修周期	
	走行里程/万km	时间间隔
A1检	—	5天或7天
A2检	0.5	0.5月
B1	1.5	1.5月
B2	3	3月
B3	4.5	4.5月
B4	6	6月
⋮	⋮	⋮
B8	12	12月

2.定期维修

定期维修是以使用时间或运行里程两个维度作为检修期限,只要车辆使用到预先规定的时间或运行的里程,不管车辆的技术状态如何,都要进行规定的检修工作。根据《地铁设计规范》(GB 50157)中对定期维修内修程的定义,主要包含定修、架修、大修三个修程开展定期维修作业。定期维修的修程见表1-2-3。

表1-2-3 定期维修的修程

类别	检修修程	检修周期	
		走行里程/万km	时间间隔
定期维修	定修	15	1.25年
	架修	60	5年
	大修	120	10年

定期维修逐步被国内各地铁公司纳入日常维修类别，国内地铁公司开展定期维修主要包含架修、大修两部分工作。

（1）架修

车辆运行公里数或运行时间达到规定数值时，对车辆重要部件（走行部件、车钩缓冲装置等部件）进行分解、清洗、检查、探伤、修理，并对车辆进行全面检测、调试及试验，以恢复车辆综合性能，达到规程要求和质量验收标准的检修，称为架修。

架修工作涉及预检、解编、上下体分离、部件分拆，对重要系统和部件进行检查维修。对车辆的重要部件，特别是转向架及轮对、电机、空调机组、制动系统等进行清洗、检查、探伤、修理、更换报废零部件，对电子部件进行清洗测试，对蓄电池进行清洗及充放电作业，对车辆各系统进行全面检测、调试及试验等。

（2）大修

车辆运行公里数或运行时间达到规定数值时，对车辆进行全面的分解、清洗、检查、探伤和整修的综合修理，并对车辆进行全面检测、调试及试验，以恢复车辆原设计标准，或在原技术等级范围内局部改善，达到规程要求和质量验收标准的检修，称为大修。

车辆大修的目的是对车辆做彻底的检查和修理，使其恢复新车出厂时的功能和标准。大修除了覆盖架修内容外，还要对主要部件按大修限度进行更换或彻底修理，例如更换车轮、轴承、内饰和橡胶件等零部件。另外，如果通过长期运营后发现车辆的个别部件设计有问题，或有的零部件其应用技术经过 10 年时间后已经被淘汰，还需要对车辆进行必要的现代化技术加装或改造，以提高现有车辆的质量。

3. 临修

临修属于事后维修。临修是指维修计划之外的故障修理和事故修复，包括在检修车辆段内进行的故障修复和在地铁运营线路上对车辆突发故障进行的抢险。地铁车辆虽然实行定期计划预防维修制度，但由于各方面的原因，运行中总会有偶发性故障出现，为了保证地铁运营的连续性和高效性，必须对偶发故障进行快速处理。地铁车辆临修一般分为三种情况。

①在正线运营车辆发生故障不能正常运行，但经过短时间修复可以恢复正常性能维持运行，这类故障一般由车辆段轮值班驻站维修人员进行处理。

②在线运营车辆发生故障，但不影响车辆正常运行，这类故障一般继续维持运行，待车辆回库后再处理故障。这类故障由司机在运行日志或列车状态卡上登记，车辆回库后向检修调度报告，进行维修。

③运营中地铁车辆发生严重故障，不能维持正常运行，且短时间内无法有效处理，为了不耽误车上乘客太长时间和保证地铁线路的正常运行，有必要清客，利用故障车自身动力或其他列车、工程车将其牵出运营线路退出服务，进行检修。

巩固与练习

一、选择题

1. 下列哪种不属于架大修修程的维修模式（　　）。

A. 分散修　　B. 故障修　　C. 委外修　　D. 自主修

2. 下列哪一种不属于计划性维修（　　）。

A. 日检　　B. 架修　　C. 大修　　D. 临修

二、判断题

1. 三月检时为确保车辆的运行状态，要进行整车的静态功能调试。（　　）

2. 双周检包含日检的工作内容。（　　）

三、简答题

1. 简述城市轨道交通车辆的特点和类型。

2. 简述城市轨道交通车辆的检修理论。

3. 简述日常维修各级修程的工作内容。

4. 定期维修各项修程的工作内容是什么？

项目二　城市轨道交通车辆检修基地工艺设计认知

城市轨道交通车辆的检修维护基地称为车辆段综合基地(简称车辆段或车辆基地,一般称为车辆段),是城市轨道交通安全运行的配套系统。本项目主要介绍地铁检修车辆段、工艺布局及主要检修设施和设备,为后续车辆检修做准备。

学习任务一　认识地铁检修车辆段

学习目标

1. 知识目标

(1)了解地铁检修车辆段的概念。

(2)知道地铁检修车辆段的主要功能。

(3)理解地铁检修车辆段线路布置原则。

(4)掌握地铁检修车辆段线路布置方式。

2. 能力目标

(1)会区分地铁检修车辆段的工艺布局。

(2)会区分地铁检修车辆段线路的布置方式。

3. 素质目标

(1)培养学生诚信、敬业、吃苦耐劳、严谨的工作态度。

(2)培养学生的团队精神、协作精神和责任感。

知识链接

一、地铁检修车辆段的概念

地铁检修车辆段(图 2-1-1)是城市轨道交通系统(包括地铁、城市轻轨)中对轨道交通车辆进行运营管理、停放、检查、整备、运用和维修、保养、修理的管理中心所在地,同时也是车辆段工作人员的办公场所,包含临时住宿等。当技术、经济条件满足时,也可以两条或两条以上线路共设一个车辆段。

部分地铁因运行线路较长(超过 20 km),为了便于运营管理和分担车辆的检查清洗工作量,地铁公司会在运行线路的另一端设停车场。该停车场一般不具备复杂的维修作业条件,仅能满足部分车辆的停放、运用检查和整备工作。

除检修基地以外,地铁还设有综合维修中心、物料总库和职工技术培训中心等基地,各地铁公司会根据自身条件尽量将它们与车辆段规划在一起。

图 2-1-1　地铁检修车辆段鸟瞰图

二、地铁检修车辆段的主要功能

根据《地铁设计规范》(GB 50157)中的规定，车辆段(depot)是具有配属车辆，以及承担车辆的运用管理、整备保养、检查工作和承担较高级别车辆检修任务的基本生产单位。

地铁检修车辆段的主要功能如下：

(1)列车的停放、调车编组、日常检查、一般故障处理和清扫洗刷、定期消毒。

(2)车辆的日常检修、月检、定检、临修。

(3)车辆段内通用设施及车辆维修设备的维护管理。

(4)乘务人员组织管理、出乘计划的编制、列车回段折返、备乘换班的业务工作。

(5)段内设备和机具的维修及调车机车的日常维修工作。

(6)设置紧急救援抢修队和相关设备。

(7)一般车辆段会预留车辆架修、大修场地，以供后续车辆架修、大修时使用。从经济性、专业性、可靠性等多个角度综合考虑后，多采用委外检修的方式。

(8)负责地铁系统在运营过程中，所需各种材料、设备器材、备品备件、劳保用品以及其他非生产性固定资产的采购、储存、保管和供应工作。

停车场(stabling yard)是具有配属车辆，以及承担车辆的运用管理、整备保养、检查工作的基本生产单位。

仅用于停车和日常检查维修作业的停车场，管理上一般附属于车辆段，规模较小，其功能主要如下：

(1)列车的停放、调车编组、日常检查、一般故障处理和清扫。

(2)车辆的简单修理维护，月检与临修视停车场工艺能力配备。

三、地铁检修车辆段线路布置原则

地铁检修车辆段的线路布置要根据车辆段作业要求，结合用地特点来布置。一般的地铁检修车辆段布置原则包括以下三个方面：

1. 收发车顺畅

地铁检修车辆段是列车运营的起始和终止场所，其布局设计要根据线路特点保证列车出入的顺畅，满足能力要求。

2. 停车、检修分区合理

在部分运营线路较长的地铁公司，车辆段与停车场的确定需要考虑其位置分布，以保证其运营组织与管理的方便性。

3. 用地布置紧凑

城市轨道交通一般在市区，土地资源稀缺且价格昂贵，车辆段与停车场的设计要紧凑，以降低建设费用。

四、地铁检修车辆段线路布置方式

地铁检修车辆段线路布置方式一般有两种，分别是贯通式和尽端式，如图 2-1-2 所示。它们各有利弊，可根据实际情况来确定。

1. 贯通式

贯通式车辆段两端均可收发列车，两端咽喉通过走行线相连通，能力较大，停车列检库每股道可停 3 列车。

优点：(1)运用和检修作业顺畅方便；(2)调车作业与出入段作业可平行进行；(3)车辆走行距离较短。

缺点：(1)占地较多；(2)工程量较大。

2. 尽端式

尽端式车辆段运用与检修部分横列布置，有时由于规划用地的限制，运用与检修部分只能纵列式反向布置，运用于检修之间需“之”字形折返调车，车辆走行距离较长，能力稍低，停车列检库每股道一般可停 2 列车。

优点：充分利用规划用地，占地较少，工程量较小。

缺点：运用和检修作业不方便；调车作业与出入段作业有干扰；运用与检修部分纵列式反向布置时车辆走行距离较长。

图 2-1-2　贯通式与尽端式

车辆段根据其布局还可分为多层式与平面式两种。多层式用地减少，但技术复杂，工程费用较大。

学习任务二　认识地铁检修车辆段布局

学习目标

1. 知识目标

(1)了解地铁检修车辆段各线(库)的分类。

(2)知道地铁检修车辆段各线(库)的用途。

(3)掌握地铁检修作业内容及流程。

(4)了解地铁检修车辆段的基本布局。

2. 能力目标

(1)会区分地铁检修车辆段的各线(库)。

(2)会进行地铁检修车辆段作业。

3. 素质目标

(1)培养学生严谨的工作作风和标准化操作意识。

(2)培养学生的安全意识、质量意识、环保意识。

知识链接

一、地铁检修车辆段布局概述

地铁检修车辆段是对车辆进行运营管理、停放及维修养护的场所，其规划布局如图 2-2-1 所示。车辆段主要分三大部分：停车库、检修库、办公生活区。

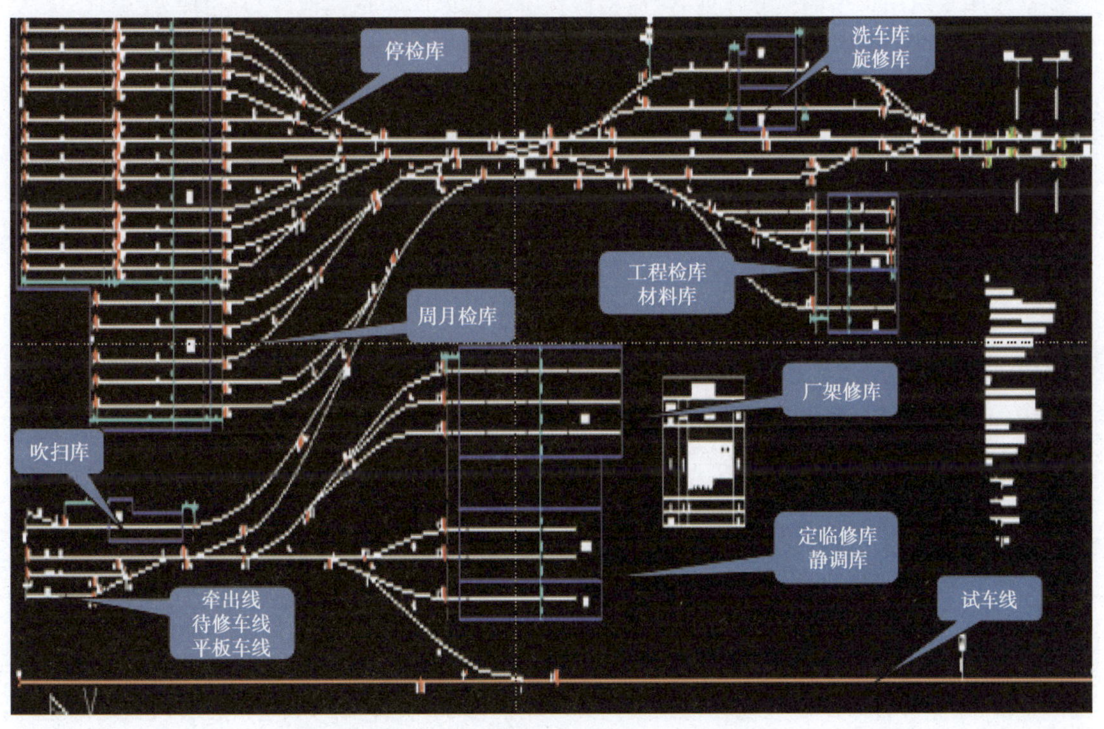

图 2-2-1　地铁检修车辆段规划布局图

1. 停车库

停车库是用于运营结束收车后停放车辆的库位，可对车辆进行简单的维修保养作业，如车辆编组、清扫、整备、日常管理工作。停车库含停车线、检车线、洗车线、列检线等线路。

停车线(图 2-2-2)为停车库内专门用于停车的线路；检车线为停车库出入口布置的临时停车线，股道有效长度一般为$(L+8)$ m(注：L 为列车长度，预留司机可视安全距离及调机长度)，配有调车信号机，可以作简单的维护保养作业；洗车线是设置于停车库与运行线路之间，专门用于车辆清洗的线路；列检线是专门用于一般检查的停车线。

图 2-2-2 地铁检修车辆段停车线

2. 检修库

检修库专门用于车辆检修作业，配有检修设备。检修库包括列检库、月检库、定修库、架大修库，以及车体整修线、出入库线、试车线、旋轮线、检修线等线路。

车体整修线是完成分解车体、喷丸除锈、结构整修、车体组装等作业的线路；出入库线是检修库与停车库，或直接与正线连接的线路；试车线是完成定修、架修、大修等修程后的车辆进行试车检测的线路；旋轮线是专门针对转向架轮对尺寸超标时进行旋修恢复的线路；检修线是设在各检修库内的若干线路。

3. 办公生活区

办公生活区主要包括信号楼、管理人员和司乘人员工作、休息的场所。其中信号楼又称调度室或信号所，用于正线车站与车库之间的调车作业。其中 DCC（场段调度）负责协调车辆在车辆段内的调车作业，OCC（正线调度）负责协调车辆在正线上的运行、信号、调车等作业。

二、地铁检修车辆段作业内容及流程

地铁检修车辆段的布局与车辆配备数量以及从事的检修作业量等息息相关。下面对地铁车辆检修作业内容及流程进行简单介绍，为后续布局奠定基础。

1. 检修作业内容

根据《地铁设计规范》（GB 50157），车辆检修制度一般分为预防性计划检修制度和纠正性检修制度两种。目前预防性计划检修主要分为列检（日检）、双周检、三月检（月检）、定修（年检）、架修、大修（厂修）。有些地区地铁公司开展均衡修工作，即取消双周检、三月检、定修这样固定周期模式的检修，而采用将其作业内容均衡分配到每个月维护作业中。

（1）列检：主要对与车辆行车安全相关的部分进行日常性技术检查。

（2）双周检：主要对易损件和磨耗件进行检查，部分部件清洁、润滑。

（3）三月检：主要进行车辆的重点部件及系统状态检查，部件清洁、润滑，更换磨耗件。对车辆易损部件进行检查更换；对牵引、制动、控制系统进行全面检查、调试；对蓄电池根据需要进行检查，添加蒸馏水或离子交换水。

（4）定修：主要进行车辆的各系统状态检查、检测；各部件全面检查、清洁、润滑、部分部件的修理及车辆的调试。重点对受电弓、空调机组、电气控制、牵引、制动、走行部等关键部件进行局部分解、检查、修理、测试，检修后进行静、动态调试。

(5)架修:对车辆的重要部件,特别是走行部进行分解,全面检查、修理,并更换部分部件。对车辆各系统进行全面检测、调试及试验。架车后对转向架、受电弓、空调机组、空压机、牵引电机、制动系统、车钩缓冲装置、车门、座椅和各种电气控制装置等部件进行分解、检查、修理、更换、试验,对仪表仪器进行校验,对车体及其余部件的技术状态进行检查修理,检修后对车辆进行静、动态调试。

(6)大修:对车辆包括车体在内进行全面的分解、检查及检修,结合技术改造对部分系统进行全面的更换,对车辆各系统进行全面检测、调试及试验。车辆各修程均以整列车为一检修单元,采用定位检修作业,部分零部件根据检修工艺需要采用流水作业。

2. 工艺流程

地铁检修车辆段运用整备工艺流程如图 2-2-3 所示。地铁检修车辆段检查、检修工艺流程如图 2-2-4 所示。

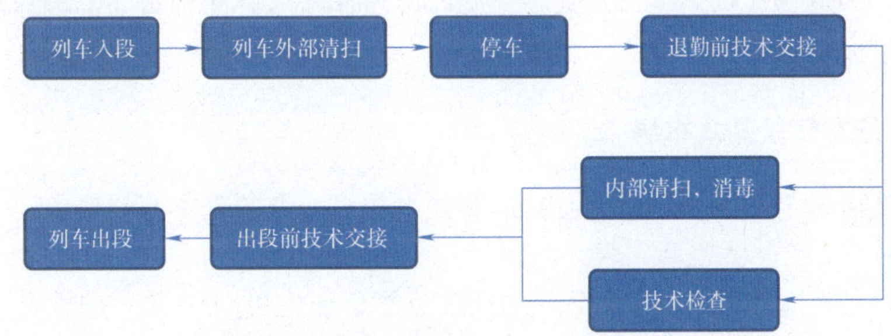

图 2-2-3　地铁检修车辆段运用整备工艺流程

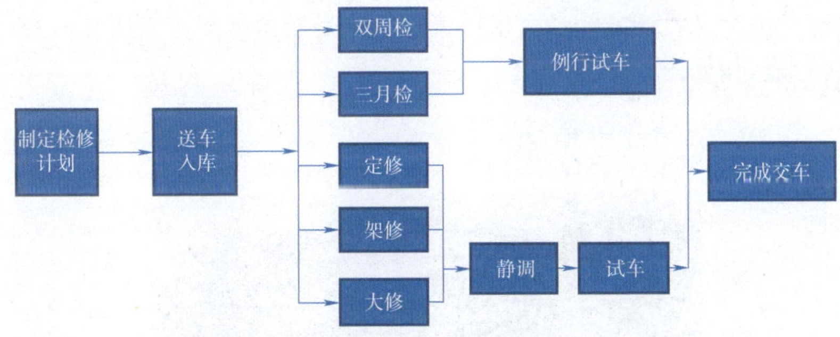

图 2-2-4　地铁检修车辆段检查、检修工艺流程

(1)列车静调作业和动调作业

静调作业在专门的静调库或静调线内进行,主要对列车重要部件及连线进行低压通电检查,对车门、空调及列车控制等系统功能进行调试,对各电器部件动作是否符合技术要求进行测试。动调作业是在试车线上对整列车的运行性能、状态及车载通信信号设备进行检测、试验,试车线长度需满足列车试验速度从 $0\sim v_{max}\sim 0$ 的需要。

调试作业工艺流程:单元静调→连挂静调→连挂动调→交验。

(2)双周检或三月检工艺流程

列车整列入库→测试→全面技术检查→更换易损件→补充电或更换蓄电池→交验→出库。

(3)定修工艺流程

列车吹扫、冲洗→列车由调机推送入库→列车预检交接→列车架车局部解体→全面检查、测试→蓄电池检修充电→组装测试→落车调整→送不落轮旋修库旋轮→送调试库单元/连挂静调→试车线动调→交验→出库。

(4)列车旋轮工艺流程

待旋轮列车自行牵引或由调机送入旋轮线→专用牵引装置与列车连挂→列车由牵引装置牵引停车轮对定位→轮对检测进行定位测量和磨耗测量→轮对旋修→轮对加工精度检测→其他轮对旋修→全部轮对旋修完成验交→列车出库。

(5)架修/大修工艺流程

车辆吹扫、冲洗→车辆由内燃机车推送入库解编→车辆预检→车辆架车→局部分解→落转向架→列车全部或局部解体→各零部件送检修间分解、检查、修理、更换、组装、试验→车体全面检查、除锈、刷漆、整修、喷漆→各零件组装→落车调整→补漆→单元或连挂静调→试车线动调→交验→出库。

三、地铁检修车辆段基本布局

对于各地铁检修车辆段,结合作业内容,有如下相对一致的基本布局要求:

1. 出入线

出入线一般是按双线设计,但规模不大的辅助停车场也可只设置一条线。为了保证行车作业安全,出入线与正线一般为立交。出入线平、纵断面设计应执行《地铁设计规范》(GB 50157)中的规定。出入线应为列车留有信号(列车驾驶模式)转换作业的长度。两条平行线路间都设有一组交叉渡线或“八”字形单渡线。这是场内行车进出所必须的,实现出线、入线、临时调整运行进路,如图 2-2-5 所示。

图 2-2-5 地铁检修车辆段出入线

2. 停车列检线

停车列检线包括停车线、列检线,由于其功能相近,通常设在同一库内。停车列检线的设计必须保证列车出路段顺畅,每条线路都应该接通出入线,也可以设置两个线群,使两线出入作业量较为均衡。按照车库每跨线路数,按线束型布置,不仅使咽喉区布局紧凑,还有利于接触网的布设。

3. 月检线

《地铁设计规范》(GB 50157)中，把月检线列入车辆运用整备设施，认为月检线具有停车功能。不论月检线与运用库组合或与检修库组合，每条月检线都需要挂设接触网。由于列车靠自身动力行驶，月检线应与出入线有直接的通路，使按计划进行月检的列车能从正线上直接进入月检库。

4. 洗车线和不落轮旋轮线

洗车线与停车线类似，分为贯通式和尽端式两种类型。贯通式洗车线一般并联在入段线的外侧，两端分别与入段线和运用库前咽喉区头部连通。洗车线是一条独立作业进路，不和其他作业交叉。尽端式洗车线可单独设置在停车列检库外侧，或与不落轮旋轮线并联，位于停车列检库和联合检修库中间，场内道路在洗车线有效长度外。同时该两线束的连接线与出入线、牵出线连通。这样可以保证车辆入段时直达洗车线，或利用牵出线在运用库和洗车库(或旋轮库)之间转线。

5. 检修线

当检修线与停车列检库为顺向并列布置，且设有牵出线时，检修线(含定临修线、架大修线、静调线、吹清扫线、油漆线等)集中在牵出线引出后分线束延伸向各自车库内。由于待检修地铁车辆自身不具有动力行驶能力，需采用牵引车进行牵引或推送。调车作业均经牵出线转线于各车库之间。

架大修库可以与定临修库、月检库顺向并列组合成联合检修库。也可依据地形条件以联接线延伸至一个合适位置分线设库，并配合设置油漆线和待修线。油漆线可在架大修库旁适当位置单独分叉设置，也可在架大修库内，设置利用移车台转移车辆。

静调线、吹清扫线可与定临修线、月检线组合成联合检修库。库前设置一个咽喉区。根据工艺流程，为减少调车行程，最好将静调线和吹扫线布置在月检线和定临修库中间。吹扫线也可单独布置在检修库的外侧，线路在检修线咽喉区外侧，尽量减少库间调车行程。

6. 工程车线及平板车线

工程车线是为工程车辆及轨道车、调机而设置的。段内工程车线可设置在运用库与检修库线群之间的空隙地段，该线束往往在运用库咽喉区外侧的线路上出岔，保证工程车直接出库上线，也便于调机与牵出线有直接通路。

平板车线一般与工程车线设置在一起，设置在运用库或检修库的咽喉道岔区外侧。同时最好靠近综合维修中心，以便物料及机械设备装车、及时上线，尽量避免走“之”字路线。

7. 牵出线

牵出线是供段内调车作业而设置的线路。段内需要用调机牵引、推送列车的有关线路应集中在牵出线上分叉。对于实现全自动化运行的线路，车辆段牵出线作为段内全自动化运行区和人工驾驶区的联络线路，以实现驾驶模式的转换。牵出线数量应根据调车作业方式和工作量确定。对仅承担列车运行、停放、列检工作并有洗车线的停车场，应根据出入线的通过能力决定是否设置牵出线。在《地铁设计规范》(GB 50157)中，对困难条件下牵出线的最小平面曲线半径没有具体规定，在布局时中可按车场线的规定设置，但宁大勿小。

8. 试车线

为减少调车行程，避免列车转线而切割出入线，试车线最好设在联合检修库外侧的适当位置。但限于试车线设计条件或者地形条件，往往先选择试车线的线位，再进行车辆段总体布置。

9. 列车转向设施

有些车辆段需要设置列车转向设施，列车转向设施的类型和位置应视地形总体布置等具体情况而定。一般采用迂回线或三角线形式，迂回线可结合段内两主库并列布置总宽度，在主库两侧线束最外线路上出岔，采用许可的最小平面曲线半径。图 2-2-6 是某地铁检修车辆段鸟瞰图，仅供参考。

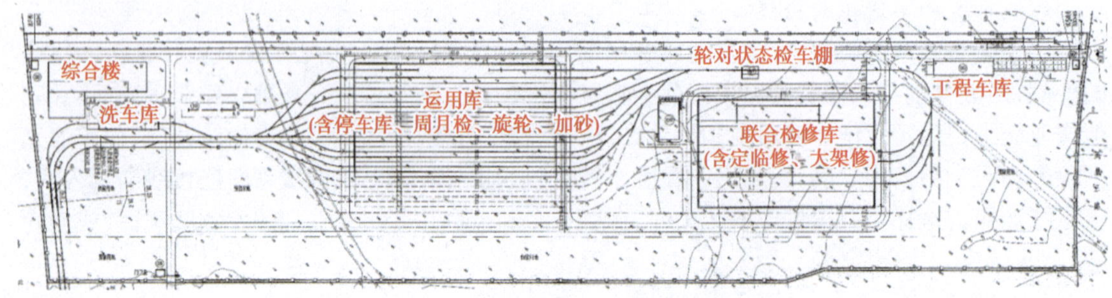

图 2-2-6　地铁检修车辆段鸟瞰图

学习任务三　认识地铁检修车辆段主要检修设施和设备

学习目标

1. 知识目标

(1)理解设施与设备的区别。

(2)知道地铁检修车辆段设施的基本要求。

(3)知道地铁检修车辆段检修设备的分类。

(4)认识地铁检修车辆段常用的检修设施与设备。

2. 能力目标

(1)会区分设施和设备。

(2)会操作地铁检修车辆段常用的检修设施和设备。

3. 素质目标

(1)培养学生“按需配置”的检修理念。

(2)培养学生作业规范、团结协作和一丝不苟的工匠精神。

知识链接

一、地铁检修车辆段检修设施设备概述

1. 设施与设备

设施是指为某种需要而建立的机构、系统、组织、建筑等。

设备是指可供人们在生产中长期使用，并在反复使用中基本保持原有实物形态和功能的生产资料和物质资料的总称。

从它们的定义不难看出，设施比设备所包含的范围更加广泛，实质上设施其实就是一个大的系统，而设备则可以说成是该系统中的一些组成元素。

2. 地铁检修车辆段的设施与设备

对于地铁检修车辆段而言，主要的设施与设备如下：

(1)车辆段主要运用检修设施

车辆段运用检修设施主要有：停车列检库、洗车库、不落轮旋修库、静调库、双周检或三月检库、定临修库或临修库、架大修库、吹扫线、空压机站、内燃机车轨道车库、试车线以及设备维修车间、蓄电池检修库、救援办公室、备品备件库等。

(2)车辆段主要运用检修设备

据不完全统计，全国各城市地铁车辆段与综合基地初步设计中，列明的工艺设备约 400～600 项，累计 1 000～1 380 台(套/辆/组)。对于如此繁多的设备，车辆段组织职能架构中常常需要配置一个专门的设备车间来负责这些检修设备的操作、日常维护维修以及设备大修等工作。车辆段工艺设备主要有：数控不落轮机床、列车自动清洗机、架车及转轨设备、内燃机车、起重运输设备、电源设备、专用工艺装备、机电检修检测设备、仪器仪表电器/电子检测设备、通用机电设备、清洗设备、转向架检修/检测设备以及救援设备等。

图 2-3-1 是某地铁检修车辆段检修线设施设备实物图，可供参考。

图 2-3-1 地铁检修车辆段检修线设施设备

二、地铁检修车辆段检修设施基本要求

地铁检修车辆段各检修场地内部有各种检修设施，设施的配备数量应满足检修作业需求，同时还需要根据作业实施过程的流程性、安全性、规范性等因素进行综合考虑。以某地铁车辆段设计要求为例，按照标准要求进行规划时，考虑了如下因素：

1. 检修平台(图 2-3-2)

(1)采用双侧式平台，以便列车车门等的检修。

(2)预留蓄电池检查位。

(3)平台侧面对开门，可向内活动，不能向外活动，以免进入车辆限界区域造成平台设施及车辆的剐蹭损伤，可采用对地插销加固。

(4)设置适当的平台梯子踏板的宽度，同时避免斜梯过于接近接触网。

(5)底层立柱采用防护瓷片，防脏污侵蚀。

(6)平台边缘的滴水线能防止水流向日光灯。另在护栏边缘加挡板，防止工具等掉落。

(7)平台底层高度适中，避免检修人员行走碰头。

(8)每节车厢处应配备 AC 220 V/380 V 电源以及气源，配备水池。

图 2-3-2　地铁检修车辆段检修平台

2. 检修地沟(图 2-3-3)

(1)检修地沟每节车厢设侧面进出口，便于人员进出地沟。

(2)合理设置进出口台阶(地沟内外落差约 400 mm)，以防影响进出和通行的安全。

图 2-3-3　地铁检修车辆段地沟

3. 检修库通道

应明确检修库墙边通道的宽度和高度标准，若达不到标准，或受安装设备的防碍，则相应处应设置围栏。

4. 空调清洗区

大修库内设空调清洗区，墙面贴防护瓷片，以及设排水沟。

5. 调机库地沟

调机库工程车检修地沟要求：

(1)地沟长度应满足磨轨车(20 磨头，25 m)、网轨检测车(25 m)的检修要求，设置 2 列位长的地沟。

(2)调机库地沟设计深度 125～150 cm。

6. 厂内机动车

厂内蓄电池搬运车、叉车采用集中维修，分区停放、充电。

(1)设置两侧式厂内机动车检修平台。

(2)在检修库设置合理的停放及充电点，满足日常使用需求。

7. 水池

运用库、检修库、大修库、调机库等的水池全部设置为落地式，以方便清洁工具的使用。

8. 库房

(1)车体间、蓄电池充电间、机加工间等，房门的设置应留有足够的高度和宽度。车体间库门(移车台间)考虑车辆大修需使用工艺转向架，要求高不小于 5 m；蓄电池充电间等有叉车进出，叉车要求宽不小于 2 m，高不小于 2.5 m。

(2)库房顶边缘的设置，应避免飘雨问题影响库内作业、设备运行。

(3)库房内所有平交道设置橡胶道口板，大修库内股道设置道口板。

(4)月检库因 24 小时工作，列车出入端不需设置库门；静调库、定临修库需设置库门。

9. 吹扫库、喷漆库

吹扫库、喷漆库顶需密封设置，配备通风设备、吸尘设备，符合环保要求。

10. 库顶灯

库顶灯的安装需要进行维修检查方面的考虑，高空作业平台、路径行驶和停位，作业难度等，主要考虑以下情况：

(1)避免安装在轨道、斜坡、接触网、基坑、楼梯间顶部等。

(2)避免与信号灯、登车平台防碍。

(3)避免库房顶灯安装过高，高空作业平台达不到。

11. 车辆装卸平台

列车采用汽车运输的方式运送到车辆段的，应预先评估运输车辆在车辆段内的行驶路径，以及车辆卸车吊装平台的设置。

12. 天车(图 2-3-4)

大修库的天车设置应考虑固定架车机架车后的净空距离，确保天车驾驶室不存在与架升车辆发生干涉的安全隐患。

13. 空压机

(1)采用分区供气方式及螺杆空压机，车间内设置输气管网，管网可全通及选择区域内局部通气(设若干开关)。

(2)压缩空气取气应从主气管上部接分支管。

(3)排水口附近不应设置设备电源。

14. 洗车线(图 2-3-5)

洗车线：(1)条件允许时，洗车线应设置为通过式；(2)洗车机为单方向洗车，但需满足洗车线的双向行驶。在不洗车情况下，不影响列车双向通行，以提高调车效率。

洗车机：应合理布置设备位置，避免过滤塔等防碍洗车机房的门口进出。

15. 架车线(图 2-3-6)

(1)应采取措施防止库外雨水沿股道倒灌，导致地坑积水，影响设备运行。

(2)临修库移动架车线地坑两侧区域地基应考虑最大承重和地坪坡度等要求(单机设计至少承重 16 t)，增大地面承重区域。

图 2-3-4　地铁检修车辆段检修线天车

图 2-3-5　地铁检修车辆段洗车线

16. 旋轮线(图 2-3-7)

充分考虑旋轮线的接触网设置,使列车能够依靠自身动力行驶至旋轮线库内,提高作业时的调车效率,同时确保回流对旋床的影响。

图 2-3-6　地铁检修车辆段架车线

图 2-3-7　地铁检修车辆段旋轮线

17. 隔离开关接地桩

(1)应留有足够的挂拆地线作业的空间,接地桩位置避免与检修地沟阶梯等过近,避免站立不便。

(2)五防锁挂耳的设置，应便于挂锁和开锁的作业。

18.地板漆、警示线、标识、围栏、围网

(1)不落轮旋床、轮对线设备、空压机间等设备安装基坑和地面应涂漆，防水防潮。

(2)设备安装完成后，工作区域应涂警示线。

(3)检修平台、地沟、楼梯、工字钢等易发生碰头、尖角刺伤的地方，应采取措施整改，并贴警示标识。

(4)洗车机区域、三轨区域应设置围网，以及贴警示标识。

19.低压配电

(1)段内低压配电的图纸发生变更时，及时知会生产部门，以便日后的线路维护。

(2)应充分计算设备的总功率，确保开关容量满足动力负荷需求。

(3)检修地沟应采用具防水性能的日光灯、插座。

(4)库房内插座箱、插座的安装高度应符合标准。

(5)段内线缆的敷设应尽量走电缆沟、钢套管，避免直接埋在地下。

20.零轨

(1)零轨的设置标准宜分直线电机段和非直线电机段。

(2)限界门前后保证一节车长的零轨。

21.供电区设置

段内各检修区域的接触网分区设计，避免检修作业时，造成大面积停电，给车辆检修计划安排带来影响。

22.接触网

避免段内各库房的接触网与附近的各类楼梯的距离过近，考虑检修人员携带长工具通行的情况，要确保安全距离。

23.救援汽车停放点

设置救援汽车的停放点，避免下雨、高温天气对车内各类设备的影响。

三、地铁检修车辆段检修设备分类清单

1.设备类型

地铁检修车辆段的设备可以根据其功能分为如下几类：

(1)运输设备：轨道平地两用电动牵引车(图 2-3-8)、移车台、轨道车、转轨设备等。

(2)升降设备：架车机、落轮升降台等。

(3)清洗设备：洗车机、转向架冲洗机、各种高压清洗机、超声波洗涤机。

(4)修理加工设备：不落轮旋床、轮对压装机、焊接机、轨道打磨机。

(5)检测设备：超声波轮对探伤仪、轮缘轮距测量仪、车门驱动空气压力测量装置。

(6)试验设备：列车静调试验台、转向架试验台、车钩缓振器试验台(图 2-3-9、图 2-3-10)等各种试验台。

(7)列车救援设备:车辆复位救援设备、扶正装置、牵引装置、气垫、剪扩钳、车轴推进器、轮对故障行走小车、轨道运输小车、发电及照明设备、人员防护装备、救援辅助设备等。

图 2-3-8　电动牵引车(调机)

图 2-3-9　转向架综合试验台

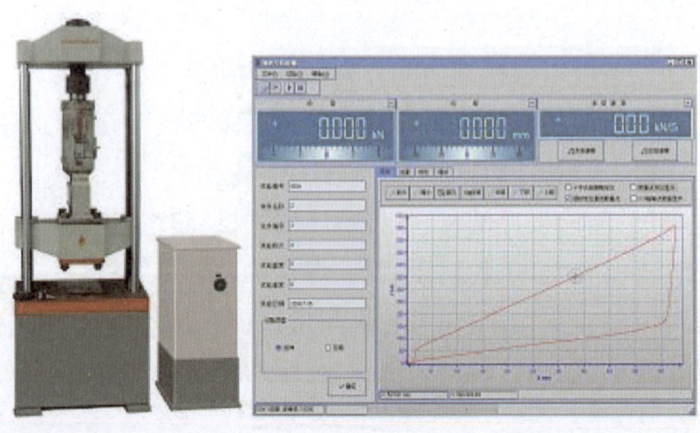

图 2-3-10　车钩缓振器试验台

2. 设备清单

表 2-3-1 为某地铁检修车辆段检修设备清单。

表 2-3-1　地铁检修车辆段设备清单

序号	设备类型		设备名称
车辆段工艺设备			
1	数控不落轮机床		数控不落轮机床、遥控公铁两用车
2	列车自动清洗机		列车自动清洗机
3	架车及转轨设备		地下固定式架车机、移动式架车机、浅坑移车台、公铁两用车
4	内燃机车		内燃调车机车
5	起重运输设备	起重机	电动双梁桥式机、电动单梁桥式机、电动单梁悬挂式起重机、伸缩臂悬挂式吊车
		汽车	救援指挥车、工程救援车、救援设备运输车、工具汽车、载货汽车、大客车、轿车
		叉车、搬运车	蓄电池叉车、蓄电池搬运车、手动液压搬运车
6	电源设备	静调/周月检电源设备	静调/周检/月检电源设备
		充放电设备	充电机、放电机、充放电机配套设备
		稳压电源	直流稳压电源、交流稳压电源
7	专用工艺装备		车辆轮廓限界检测装置、线路设备限界检测装置、工艺转向架、转向架提升台、移动式液压升降平台、移动式车钩架托机、转向架转盘、轮对转盘、移动式作业平台、移动式车体支座、单柱式校正液压机、吊具(转向架/空调/受电弓)
8	机电检修检测设备	车门检修测试装置	车门密封条检修台、可移动式车门测试装置
		受电弓检修测试装置	受电弓检修试验台、便携式受电弓测试仪
		空调检修测试装置	可移动式车辆空调测试装置、空调冷媒充放装置、空调机组及部件清洗槽
		气制动设备检修测试装置	空压机试验台、单元制动装置综合试验台、固定式单阀试验台、可移动式制动装置测试设备
		电机检修测试装置	电机检修试验装置、牵引电机空载试验装置
		逆变器试验装置	可移动式 VVVF 试验装置、可移动式 SIV 试验装置
9	仪器仪表及电器/电子检测设备	仪器仪表	静调仪器仪表、月检库检测设备、接地兆欧表、示波器、单双臂两用电桥
		电器/电子检测装置	速度表及传感器试验台、压力表及传感器试验台、转速传感器试验台、电量传感器试验台、仪表检测及试验设备、主断路器试验装置、电器开关元件综合试验台、驾驶员控制器试验台、电子检修综合试验台、移动式耐压试验台、电热鼓风干燥箱、电热干燥箱
10	通用机电设备	空压机	固定式空压机、移动式空压机
		金属机床设备	车床、铣床、刨床、摇臂钻床、立式钻床、磨床、带锯床、弓锯床、剪板机
		电气焊设备	电焊机、气焊/气割设备、焊接配套设备
		钳工设备	台式钻床、除尘式砂轮机、划线平台、压装设备、电动套丝机、弯管机
		通用机械	管道机械、磅秤、台秤、液压千斤顶、吸尘器、排风扇、升降梯

续上表

<table>
<tr><th>序号</th><th colspan="2">设备类型</th><th>设备名称</th></tr>
<tr><td colspan="4">车辆段工艺设备</td></tr>
<tr><td>11</td><td colspan="2">清洗设备</td><td>车下吹扫设备、高压喷射清洗机、构架清洗机、轮对清洗机、轴箱清洗机、轴承清洗机、超声波清洗机</td></tr>
<tr><td rowspan="6">12</td><td rowspan="6">转向架检修/检测设备</td><td>探伤设备</td><td>构架探伤设备、轮对探伤设备、轴承探伤设备</td></tr>
<tr><td>拆装、压装设备</td><td>轴箱拆装机、轴箱压装机、退轮高压注油装置、轮对压装机</td></tr>
<tr><td>检测设备</td><td>构架检测平台及专用工装、转向架静载试验机、轴承检测仪器设备、轴承检测平台、轴箱检测平台、轮对跑合试验台、轮对动平衡机</td></tr>
<tr><td>机加工设备</td><td>数控车轮车床、数控立式车床、数控车轴车床</td></tr>
<tr><td>组装设备</td><td>构架翻转机</td></tr>
<tr><td>油漆设备</td><td>构架喷漆装置、漆雾净化装置</td></tr>
<tr><td>13</td><td colspan="2">救援设备</td><td>车辆复位救援设备、扶正装置、牵引装置、气垫、剪扩钳、车轴推进器、轮对故障行走小车、轨道运输小车、发电及照明设备、人员防护装备、救援辅助设备</td></tr>
<tr><td colspan="4">综合维修基地主要工艺设备</td></tr>
<tr><td rowspan="2">14</td><td rowspan="2">接触网设备</td><td>接触网作业车</td><td>接触网检修车、架线车、放线车</td></tr>
<tr><td>接触网检测车</td><td>接触网检测车(可以和接触网检修车或轨道检测车组合)</td></tr>
<tr><td rowspan="7">15</td><td rowspan="7">工务设备</td><td>轻型轨道车</td><td>轻型轨道车</td></tr>
<tr><td>轨道平板(吊)车</td><td>轨道平板车、平板吊车、轻型轨道平板车</td></tr>
<tr><td>轨道打磨车</td><td>轨道打磨车</td></tr>
<tr><td>轨道检测车</td><td>网轨检测车</td></tr>
<tr><td>钢轨机械</td><td>锯轨机、焊轨机、弯轨机、钻孔机、液压拉轨器、轨缝调整器、钢轨涂油器</td></tr>
<tr><td>道床机械</td><td>捣固机、起道机、拔道机、铁道螺钉电扳手、电镐、液压方枕器</td></tr>
<tr><td>工务仪器及探伤</td><td>钢轨探伤仪、焊缝探伤仪、轨距水平测量仪、经纬仪、水准仪</td></tr>
<tr><td colspan="4">物资总库主要设备</td></tr>
<tr><td>16</td><td colspan="2">仓储设备</td><td>立体仓储设备、普通可调式工业货架</td></tr>
<tr><td colspan="4">培训设备</td></tr>
<tr><td rowspan="3">17</td><td rowspan="3">计算机及培训设备</td><td>计算机</td><td>台式计算机、笔记本电脑、移动硬盘、打印机、复印机、传真机、扫描仪</td></tr>
<tr><td>电教设备</td><td>固定投影机、便携投影机、数字展示台、电动屏幕、移动屏幕、DVD 影碟机、彩色电视机、功率放大器、音箱、多媒体控制台、中央控制系统、无线手持话筒、会议专用话筒、DVD 光盘刻录机、红外线笔、录音笔、摄像机、数码相机</td></tr>
<tr><td>教具模型挂图</td><td>驾驶员模拟驾驶器、受电弓演示器、动车转向架模型、拖车转向架模型、牵引电机模型、牵引逆变器模型、辅助逆变器模型、高压电路模型、牵引电路模型、自动列车防护(ATP)系统演示模型、自动列车驾驶(ATO)系统演示模型、自动列车监控(ATS)系统演示模型、微机联锁(CBI)系统演示模型、转辙机演示器、气制动演示器、气制动系统原理模型、自动车钩模型、半自动车钩模型、永久性牵引杆模型、车钩缓冲原理演示器、列车空调机模型、车门控制传动系统演示模型、屏蔽门(PSD)控制传动系统演示模型、自动检票机控制模型、传动系统演示模型、扶梯传动原理模型、其他教具/模型/挂图</td></tr>
</table>

巩固与练习

一、选择题

1. 超声波轮对探伤仪属于以下哪种设备类别？（　　）

　A. 清洗设备　　B. 检测设备　　C. 修理加工设备　　D. 试验设备

2. 地铁检修车辆段线路布置方式有哪些？（　　）

　A. 贯通式　　B. 尽端式　　C. 多层式　　D. 平面式

二、简答题

1. 简述地铁检修车辆段的功能。
2. 说明地铁检修车辆段的线路布置原则。
3. 分析尽端式和贯通式车辆段的优缺点。
4. 简述地铁检修车辆段的作用。
5. 简述地铁检修车辆段的组成。
6. 车辆段线路布局受哪些因素的影响？
7. 说明地铁检修车辆段内的线路及作用。
8. 说明设施与设备的区别。
9. 地铁检修车辆段主要的设施与设备有哪些？
10. 说明地铁检修车辆段的设备类型。

项目三　车体、车门和车钩系统的检修与维护

车体、车门和车钩系统是城市轨道交通车辆的重要组成部分，形成车辆结构的主体。本项目讲解各部分的作用、结构和检修知识外引入各部件的检修技能训练，增强读者的动手技能。

学习任务一　车体内装的检修与维护

学习目标

1. 知识目标

(1)知道车体的分类和作用。

(2)了解内装设备锁闭到位时的状态。

(3)了解贯通道的作用，知道贯通道的结构。

(4)知道车体材料种类。

(5)掌握铝车体探伤注意事项。

(6)掌握内装设施部件检修内容。

(7)掌握贯通道的检修。

2. 能力目标

(1)会检修和维护车体。

(2)会检修和维护贯通道。

(3)会进行铝车体探伤操作。

3. 素质目标

(1)培养学生"以预防为主""以可靠性为中心"的维修思想。

(2)培养学生的安全意识、规范意识和团结协作意识。

知识链接

一、车体概述

1. 车体的作用

车体是用于容纳人员、行李、各种设备的场所，主要起承载作用，是车辆的一个重要组成部分。

2. 车体的分类

按材料可分为碳钢车体、铝合金车体、不锈钢车体、碳纤维复合材料车体(图 3-1-1)等；按车辆类型可分为单层车体和双层车体；按强度要求可分为国标车体、欧标车体、日标车体及满足其他国家强度标准的车体；按平台可分为客车结构车体、动车组结构车体、城铁结构车体等。

图 3-1-1　碳纤维复合材料车体

二、车体的基本特征

城市轨道交通车辆是用作城市或近郊客运的专门客运交通工具，因而车体有它独自的特征：

(1)城市轨道交通车辆一般为电动车组，主要有 6 节、8 节、4 节式等为主，个别车组有 7 节和 5 节，有头车(即带有驾驶室的车辆)和中间车，以及动车与拖车之分。

(2)由于城市轨道交通车辆是服务于城市内的公共交通，乘客数量多，旅行时间短，上下车频繁，因此车内设置的座位数量少、车门数量多而且开度大，服务于乘客的车内设备简单。

(3)对车辆的重量限制较为严格，特别是高架轻轨，要求列车重量轻、轴重小，以降低线路设施的工程投资。

(4)为减轻列车自重，车辆必须轻量化，对于车体承载结构一般采用大型中空截面挤压铝型材、高强度复合材料或不锈钢等，采用整体承载筒形车体结构，车辆的其他辅助设施也尽量采用轻型材料和轻量化结构。

(5)城市轨道交通车辆一般运营于城市人口稠密地区，并用于乘载乘客，所以对车辆的防火要求严格，特别是地铁车辆。通常车体的结构采用防火设计，材料需经过阻燃处理。

(6)对车辆的隔声和降噪有严格要求，以最大限度降低噪声对乘客和沿线居民的影响。

(7)用于城市内交通，车辆外观造型和色彩必须考虑城市文化、环境美化，与城市景观相协调。

三、车体的组成

地铁车辆车体分为车顶、侧墙、底架和端墙(包括动力学前端)4 个部分，如图 3-1-2 所示。

车顶结构包括车顶弯梁、车顶横梁、车顶端弯梁及车顶板等。

侧墙由杆件、墙板和门窗组成。杆件包括立柱、上弦梁、横梁和其他辅助杆件，它们与底架的侧梁构成一体。

底架是车体结构和设施的安装基础，承受主要的动、静载荷，因此底架必须具有足够的强度和刚度，是检修作业的重点。

端墙结构与侧墙基本相同，除端梁外，还设有角柱、端立柱、上端梁和墙板等。

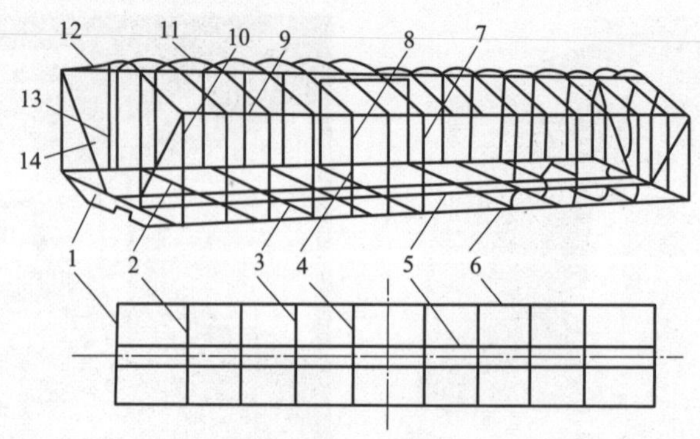

图 3-1-2　车体一般结构形式

1—缓冲梁(端梁)；2—枕梁；3—小横梁；4—横梁；5—中梁；6—侧梁；7—门柱；8—侧立柱；9—上侧梁；10—角柱；11—车顶弯梁；12—顶端弯梁；13—端立柱；14—端斜撑

四、车体钢结构检修

(1)对侧墙和端墙钢结构进行表面清洁，清洁度达到Ⅲ级(以手擦拭，手上无污染)；注意清洗液(中性)不可侵入电气箱等部件。

(2)对列车底部进行清洁，清洁度达Ⅳ级(目视检查无油污、积炭、尘埃)。

(3)对车体钢结构表面状态检查。车体钢结构不得存在变形、裂纹等缺陷；外表面焊缝处无锈蚀、开焊等缺陷；目视检查发现焊缝处出现裂纹时必须脱漆进行处理。

五、内装设施的检修与维护

内装设施主要包含客室侧窗、侧墙、轮椅固定器、侧顶板、中顶板、立罩板、客室座椅、客室间壁、安全锤、灭火器及箱、扶手及吊环、地板及地板布、司机室座椅等部件。

1. 客室侧窗(图 3-1-3)检修

(1)清洁客室侧窗表面，清洁度达到Ⅲ级(以手擦拭，手上无污染)。

(2)玻璃外观良好，有裂纹时更新。

(3)密封胶更新。

(4)检查安装螺栓，无锈蚀、无松脱。

图 3-1-3　客室侧窗

2. 侧墙检修

(1)安装牢固,无松动。

(2)广告框安装牢固,无破损。

(3)全部重新喷漆处理,使用水性漆。

(4)侧墙和侧窗间密封条更新。

3. 轮椅固定器(图 3-1-4)检修

安装牢固,固定功能正常,小门锁闭功能正常。

4. 侧顶板(图 3-1-5)检修

(1)安装牢固,无松动。

(2)开关及锁闭功能正常,当锁芯上圆点与锁闭位标识(红色圆点)对齐时四方锁状态位相差±3 mm 之内为锁闭状态,此时锁舌应与控制柜侧边搭接量≥5 mm,锁芯转到锁闭位后机械卡死,不可越过。手动检查侧顶板及门驱盖板锁闭牢固。

(3)目视无可见的油污、水渍,灰尘及其他异物。

(4)目视检查外观完好,如有损坏需修复,无法修复时更新。

(5)重新喷漆处理,使用水性漆。

图 3-1-4　轮椅固定器

图 3-1-5　侧顶板

5. 中顶板(图 3-1-6)检修

(1)安装牢固,无松动。

(2)目视无可见的油污、水渍,灰尘及其他异物。

(3)目视检查外观完好,如有损坏需修复,无法修复时更新。

(4)重新喷漆处理,使用水性漆。

6. 立罩板(图 3-1-7)检修

(1)安装牢固,无松动。

(2)目视无可见的油污、水渍,灰尘及其他异物。

(3)目视检查外观完好,如有损坏需修复,无法修复时更新。

(4)检查立罩板下部小盖板,折页与小盖板用铆钉连接;上、下两块小磁铁采用螺栓紧固,禁止使用胶粘。

(5)重新喷漆处理,使用水性漆。

图 3-1-6 中顶板

图 3-1-7 立罩板

7. 客室座椅(图 3-1-8)检修

(1)各组成部件齐全,安装牢固,表面无破损、无裂纹。

(2)座椅下罩板拆卸清理,更新座椅胶条。

(3)座椅靠背拆卸检查,检查靠背与钢骨架粘接牢靠,脱胶时修复。

图 3-1-8 客室座椅

8. 客室间壁(图 3-1-9)检修

(1)柜体内部除尘,表面重新喷漆,使用水性漆。

(2)门锁功能正常,锁闭位置正确,当锁芯上圆点与锁闭位标识(红色圆点)对齐时四方锁状态位相差±3 mm 之内为锁闭状态,此时锁舌应与控制柜侧边搭接量≥5 mm,锁芯转到锁闭位后机械卡死,不可越过。手动检查侧顶板及门驱盖板锁闭牢固。

(3)内侧加强筋及铰链安装牢固,无松脱。

(4)踢脚板采用铆钉紧固。

9. 安全锤(图 3-1-10)检修

(1)安全锤配置齐全,状态良好。

图 3-1-9　客室间壁

(2)锤头和把手连接牢固,安全锤夹具无裂纹、损坏;安全锤铅封无破损。

10. 灭火器及箱检修

(1)检查灭火器有效期。

(2)各处灭火器安装座、卡簧和灭火器箱外观状态良好,固定可靠,如图 3-1-11 所示。

(3)灭火器压力在有效范围(绿色),如图 3-1-12 所示。

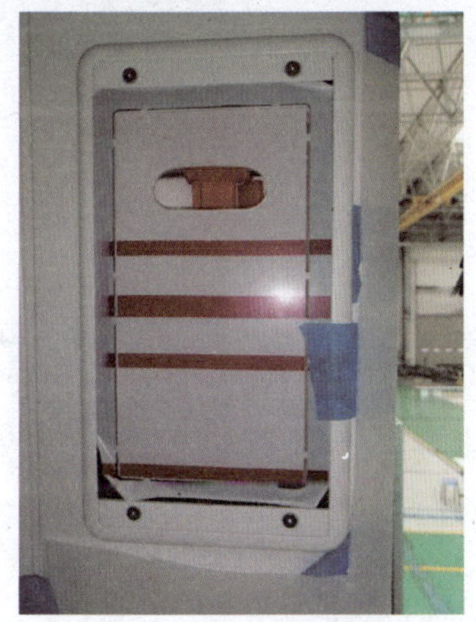

图 3-1-10　安全锤

图 3-1-11　灭火器箱卡簧位置

图 3-1-12　灭火器指示表

11. 扶手(图 3-1-13)及吊环(图 3-1-14)检修

(1)扶手及吊环安装牢固,无变形。

(2)扶手杆立柱十字链接器外表完好、无裂纹。

(3)座椅挡板表面重新喷涂水性漆。

(4)更新扶手附近的荧光应急贴纸。

(5)更新中央立柱扶手安装座。

(6)立柱扶手与地板安装位置加装防水措施。

图 3-1-13　扶手

图 3-1-14　吊环

12. 地板(图 3-1-15)及地板布(图 3-1-16)检修

(1)接缝处无开裂。

(2)客室内地板布表面划痕长度大于 150 mm 且深度大于 2 mm,宽度大于 3 mm 且深度大于 2 mm 时修复或更换。客室地板布有面积大于 50 mm×50 mm 的鼓包时要截换处理,损坏区域面积超过 400 mm^2 也需截换处理,截换的形状须为方形,地板布修复后两条接缝间距离不小于 500 mm。新旧地板布应为同一规格。

(3)地板布清洁平整、无污渍。

(4)地板表面鼓包变形、凹陷、发霉时修复,无法修复时更新。

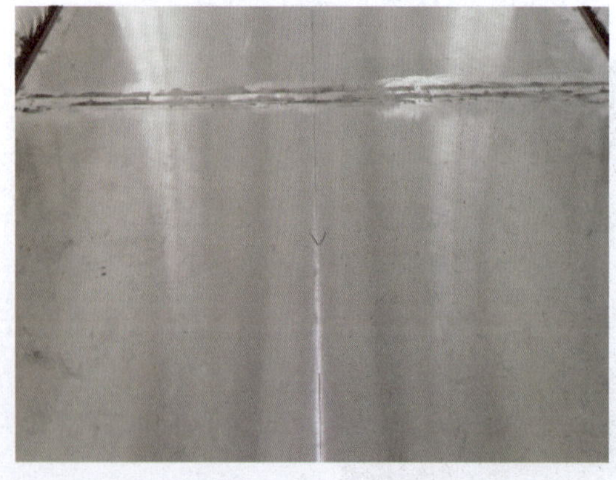

图 3-1-15　地板

图 3-1-16　地板布

13. 司机室座椅(图 3-1-17)检修

(1)分解司机室座椅,清洗司机室座椅上所有的零件。

(2)座椅靠背发泡无破损、粉化,坐垫发泡更新。把手弹簧更新。检查部件无缺失、无损坏;部件有损坏则更新。

(3)座椅高度调节、左右旋转功能、前后调节、倾斜角度调节、扶手调节功能正常。

(4)司机室辅助座椅零部件安装牢固、功能正常,座椅表面无划伤、破损。

(5)清洁并保养座椅真皮蒙面,蒙面表面无破损开线等现象,有面积大于 600 mm^2 的破损时更新。

(6)拆卸的紧固件更新。

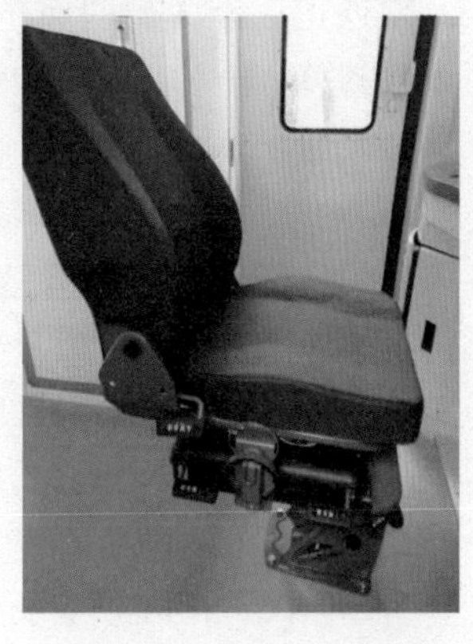

图 3-1-17 司机室座椅

六、贯通道的检修与维护

贯通道装置也叫风挡装置,位于两节车厢的连接处,如图 3-1-18 所示,能够起到防风、防雨、防尘、隔声、隔热等功能,能确保乘客安全地穿行于两节车之间,也有利于车辆采用更小的转弯半径运行。贯通道主要由车体安装框、风挡折棚、顶板、踏板、渡板、渡板连杆、护板组成,如图 3-1-19 所示。

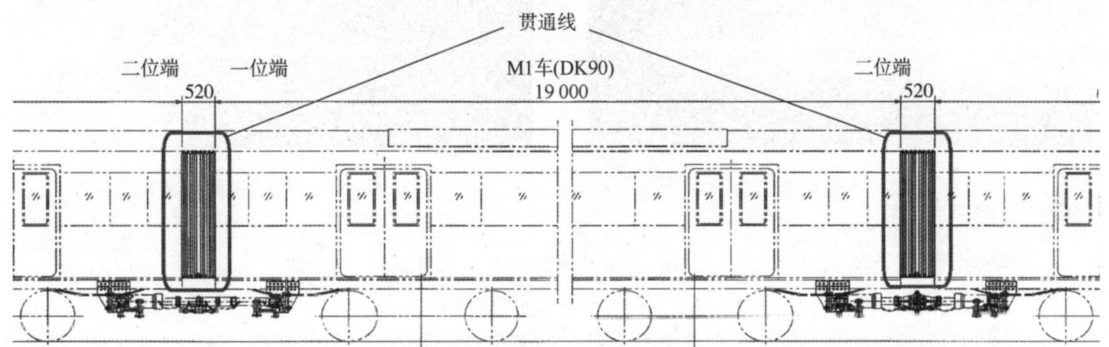

图 3-1-18 贯通道的位置(单位:mm)

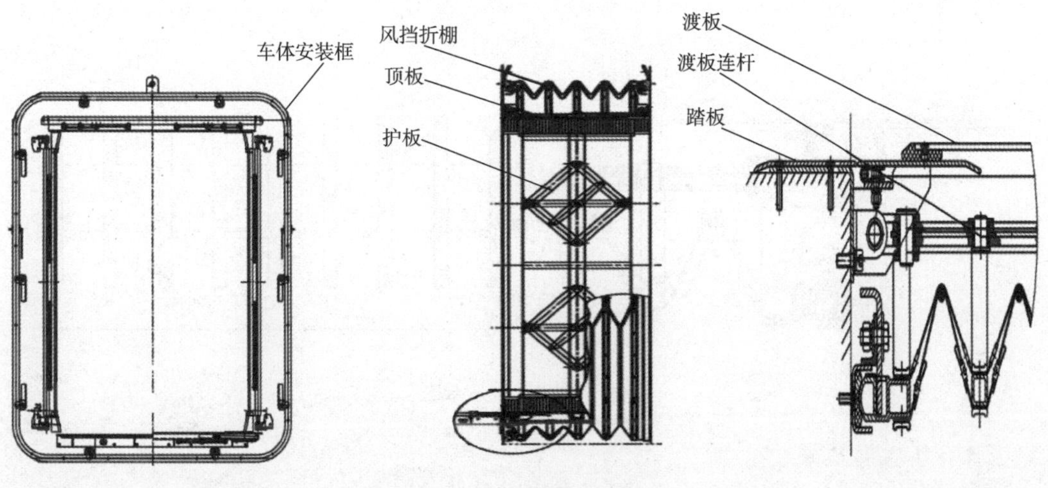

图 3-1-19 贯通道部件

贯通道在架大修时有的是更换，有的是返厂检修，这里重点介绍主要部件的检修，包括踏板组成检修、车体安装框检修和密封条更换。

1. 踏板组成（图 3-1-20、图 3-1-21）检修

（1）将水平尺平置于踏板表面，要求踏板与水平尺之间无间隙，水平尺无翘起，如踏板平面发生变形则需进行校型及表面钝化处理，使之最大翘曲不超出平面 3 mm。

（2）使用游标卡尺测量踏板厚度，再对磨损腐蚀处进行测量，如磨损腐蚀超过厚度 1/3 则需进行更新；使用卷尺测量腐蚀面最长尺寸与相应垂直方向上的宽度，对磨损腐蚀面积进行评估，如果面积大于 10 mm^2，则需进行更新。

（3）用手晃动踏板组成与车体连接紧固件，要求紧固件无晃动。目视踏板支承座，检查有无裂纹，用手晃动踏板支承座，要求支承座无晃动。

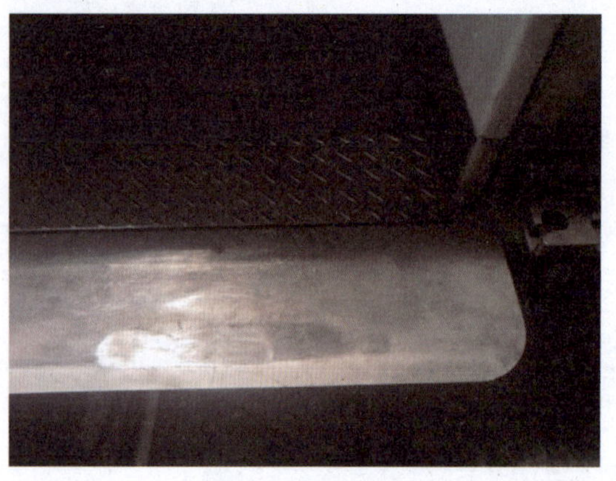

图 3-1-20　踏板上表面

图 3-1-21　踏板下表面

（4）将水平尺一端置于踏板组成花纹面（客室侧）上表面，另一端悬于光面之上，拉开卷尺，使卷尺零位端抵住水平尺下表面，另一端自然下垂，测量踏板光面端点距水平面的距离。

（5）在踏板表面相邻等距离进行多次测量，如踏板组成较踏板平面下沉超过 5 mm，则检查踏板组成折页有无变形，并对变形折页进行更新，如图 3-1-22 所示。

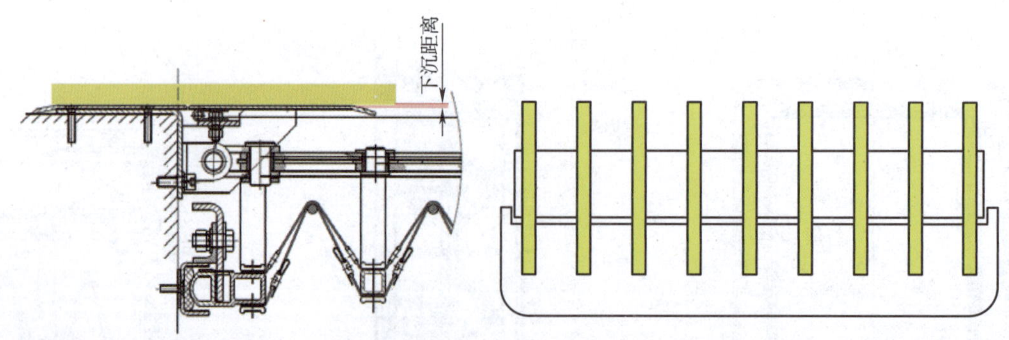

图 3-1-22　测量示意

2. 车体安装框检修

（1）目视检查车体安装框表面漆膜，如发现破损需及时修复。

(2)用手转动折棚锁(图 3-1-23 是锁闭状态,图 3-1-24 是解锁状态),要求折棚锁能够正常进行转动开闭,锁闭过程有轻微阻力,折棚锁无晃动;目视检查锁座并用手轻微晃动,要求锁座牢固无损伤。

图 3-1-23　锁闭状态

图 3-1-24　解锁状态

3. 密封条更换

(1)拆除密封条,清除密封胶

①找到密封条压接首端(图 3-1-25),将密封条(图 3-1-26)从车体安装框 U 形槽逐步撕下,并做报废处理。

②使用壁纸刀将车体安装框与车体间的密封胶清除干净。

③使用擦拭纸配合清洁剂清洁涂胶面,确保表面无灰尘、油污、切屑等脏物。

图 3-1-25　密封条压接首端

图 3-1-26　胶条

(2)重新涂打密封胶(图 3-1-27)

①用 3M2310 遮蔽胶带保护非涂胶部位,将胶缝预留出适当宽度。

②胶枪嘴切割成 45°左右,沿接缝边缘涂密封胶进行填角,得到近似的填角形状。

③使用刮板刮出缝隙中挤出的多余胶，应紧压在结构表面并沿缝朝一个方向均匀平行地移动，使最终成型的缝外胶光滑，流线、尺寸正确。

④撤去保护胶带，如胶条不规整，可用手蘸洗洁精进行修平，表面要求连续、光滑，无明显胶刺。

⑤密封胶应固化至少 24 h，且固化期间需悬挂警示牌，以免因其他作业影响涂胶效果。

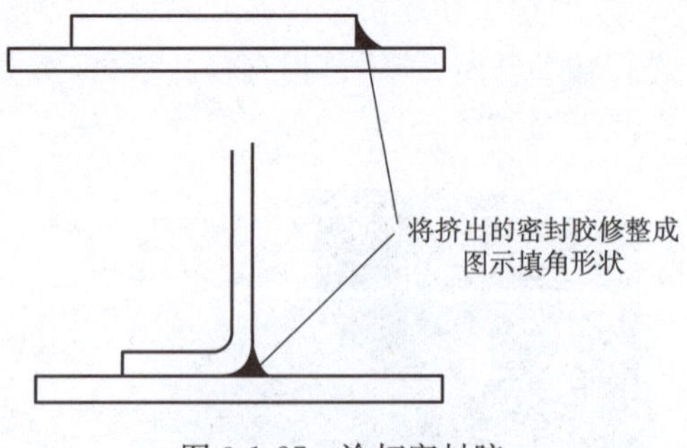

图 3-1-27　涂打密封胶

(3)安装新的密封条

先把密封条正确定位，即两个端头处于车体框正下方中间部位，然后将密封条一端压入安装框 U 形槽中，其余部分逐步压入槽中，直至密封条安装完成，此时密封条两端应在车体框正下方中间部位对接。

技能训练

一、铝车体探伤

1. 准备辅材

脱漆剂、塑料布、3M2310 胶带、3M 工业百洁布 7447C、80 号砂纸、百洁丝、多用途工业用擦拭布。

2. 准备劳保用品

安全帽、工作服、防护眼镜、劳保鞋、防护手套、口罩、安全带。

3. 施工

(1)将需要探伤的部位周围用塑料布、纸胶带进行保护，如图 3-1-28 所示。注意在操作过程中不可伤及车体其他部位油漆。

(2)用砂纸将需要脱漆部位的油漆打乌，如图 3-1-29 所示。

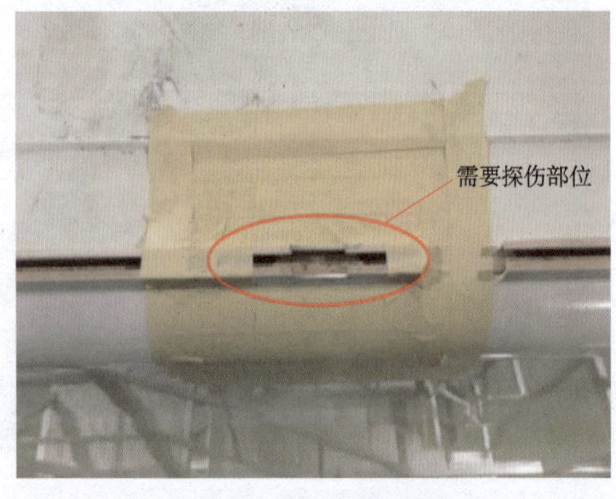

图 3-1-28　保护探伤部位

图 3-1-29　打乌油漆

(3)用脱漆剂对准需要脱漆的部位进行喷涂，如图 3-1-30 所示。注意喷涂过程中避免眼睛距离脱漆剂太近；流下来的脱漆剂要用擦拭布进行擦拭，防止破坏车体其他部位油漆。

(4)喷涂脱漆剂后等待 2～3 min，待油漆面变软后用百洁布或百洁丝进行擦拭，重复多遍，直至油漆全部清除，脱漆时不可伤及车体及零部件，如图 3-1-31 所示。

图 3-1-30　喷涂脱漆剂

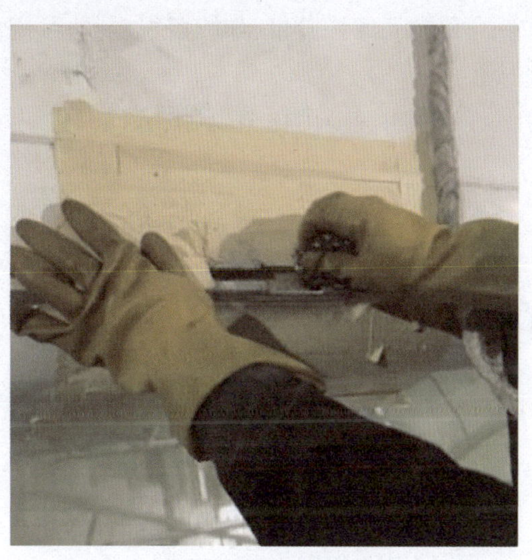

图 3-1-31　清除油漆

(5)油漆清除后用擦拭布将脱漆部位及周围车体擦拭干净，如图 3-1-32 所示。

(6)脱漆后的标准：使被脱漆母材全部外露，无残留油漆，表面清洁无附着物，如图 3-1-33 所示。

图 3-1-32　擦拭脱漆部位

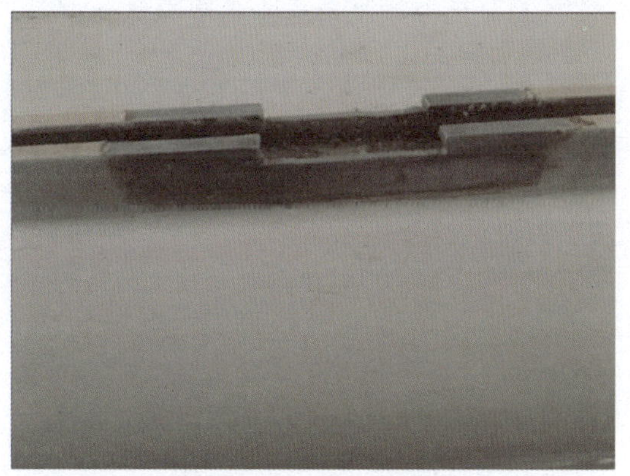

图 3-1-33　脱漆后的车体

二、涂打密封胶

1. 打胶前清洁

(1)使用壁纸刀将车体安装框与车体间的密封胶清除干净。

(2)使用擦拭纸配合清洁剂清洁涂胶面，确保表面无灰尘、油污、切屑等脏物。

2. 打胶

(1)用 3M2310 遮蔽胶带保护非涂胶部位，将胶缝预留出适当宽度。

(2)胶枪嘴切割成 45°左右，沿接缝边缘涂密封胶进行填角，得到近似的填角形状。

(3)使用刮板刮出缝隙中挤出的多余胶,应紧压在结构表面并沿缝朝一个方向均匀平行地移动,使最终成型的缝外胶光滑,流线、尺寸正确。

(4)撤去保护胶带,如胶条不规整,可用手蘸洗洁精进行修平,表面要求连续,光滑,无明显胶刺。

(5)密封胶应固化至少 24 h,且固化期间需悬挂警示牌,以免因其他作业影响涂胶效果。

学习任务二　车门系统的检修与维护

学习目标

1. 知识目标

(1)了解车门的类型。

(2)知道车门各部件的名称。

(3)知道车门各部件的位置及功能。

(4)掌握车门各部件检修的内容。

2. 能力目标

(1)会使用部分检修工具和设备。

(2)会区分城轨车辆车门系统的类型。

(3)会紧固件防松标记的涂打。

(4)能区分车辆的检修类型和级别。

3. 素质目标

(1)培养学生“精细严实”的操作理念。

(2)培训学生独立、上进的从业精神。

知识链接

一、车门的类型

1. 按驱动方式的不同进行分类

(1)电控风动门

电控风动门由压缩空气驱动传动气缸,再通过机械传动系统和电气控制系统完成车门的开关动作。机械传动系统的作用是将传动气缸活塞杆的运动传递至车门,使车门动作。电气控制系统包括气动门控制、再开控制、车门动作监视和列车控制电路联锁等内容,其作用是为了保证车门动作可靠和行车安全。

(2)电传动门

电传动门由电动机、传动装置(轴、磁性离合器、皮带轮和齿形皮带)、控制器、闭锁装置和紧急开门装置组成。齿形皮带与两个门翼相固定,闭锁和解锁所需的扭矩由电动机提供。电气驱动装置为电动机通过一根左右同步的螺杆和球面支承螺母驱动滚珠摆动导向件和与其固定的门翼。

2.按开启方式的不同进行分类

(1)内藏嵌入式对开侧移门

车辆开关门时,门页在车辆侧墙的外墙板与内护板之间的夹层内移动,传动装置设于车厢内车门的顶部。

(2)外侧移门

与上述内藏嵌入式对开侧移门区别仅在于开关门时,门页均处于侧墙的外侧,车门传动机构的工作原理与内藏嵌入式对开侧移门相同。

(3)塞拉门

借助于车门上端的传动机构和导轨,车门在开启状态时,门页贴靠在侧墙的外侧,在关闭状态时,门页外表面与车体外墙成一平面。

(4)外摆式车门

开门时通过转轴和摆杆使车门向外摆出并贴靠在车体外墙板上,门关闭后门页外表面与车体外墙成一平面。

二、车门系统各部件结构及名称

随着轨道车辆的不断发展,现装配车辆常采用塞拉门系统,本书将以塞拉门系统为例介绍车门各部件结构。

1.驱动装置

驱动装置安装在车体上,起到连接门板和承载门板重量并带动门板实现开关门动作的作用,同时门板的锁闭和紧急解锁也由驱动装置内的零部件实现,如图 3-2-1 所示。

驱动装置包括安装底板、侧支撑横梁、运动横梁、机构吊架等部件。

(1)安装底板:安装底板在驱动机构中不是主要承载部件,只是作为导向导轨、紧急解锁组成、各控制开关和机构端子排等部件的安装平台。

(2)侧支撑横梁:功能是与机构吊架连接,承载驱动机构和门板,同时通过直线导轨滑块结构实现运动横梁带动门板外摆。

(3)运动横梁:运动横梁是驱动机构重要运动承载部件,驱动电机、锁闭部件、主从动齿带轮、平移直线导轨滑块机构和辅助锁闭拉杆(六角拉杆)等均安装在运动横梁上。

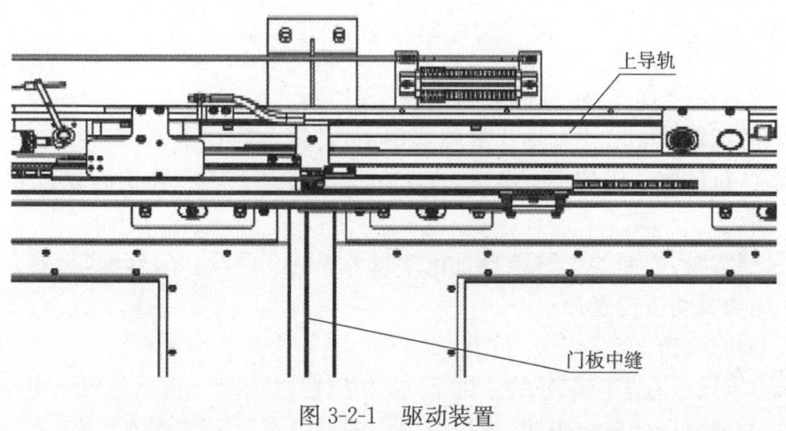

图 3-2-1　驱动装置

2. 锁闭机构

当解锁开门时，电机外壳拉动解锁摆杆摆动，解锁轴承在左摆杆的槽孔内滑动，当滑过锁闭死点位置 B 线后，解锁摆杆、左摆杆和解锁轴承三者的旋转圆心组成的三角形变成非直角三角形，解锁轴承处在大于 90°的位置，摆杆四连杆机构在力的作用下是可以旋转摆动的，从而实现打开门板。

3. 电机组成

电机组成作为整体模块安装于驱动装置组成运动横梁上，给车门系统提供动力，实现车门系统的开关门功能，编码器集成在电机内。

4. 旋转立柱

旋转立柱上转臂装有锁闭轴承，锁闭时与门板辅助锁闭块配合保证门板上部锁闭状态，如图 3-2-2 所示。下摆臂装有滚轮，滚轮在门板下导轨内运动，在门板打开和平移时，支撑门板平稳运动。锁闭时，滚轮拉紧门板，防止门板受力外摆。

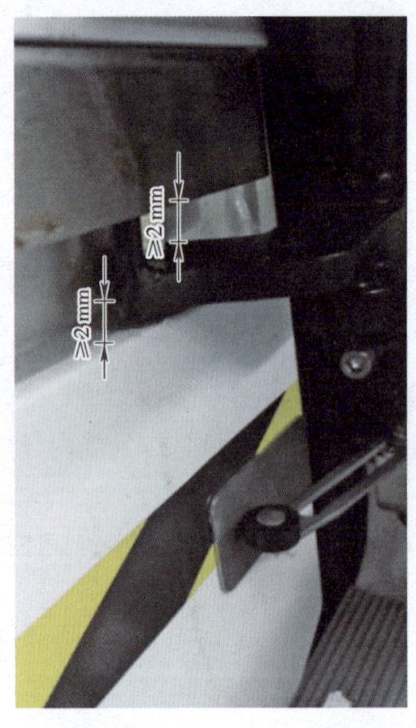

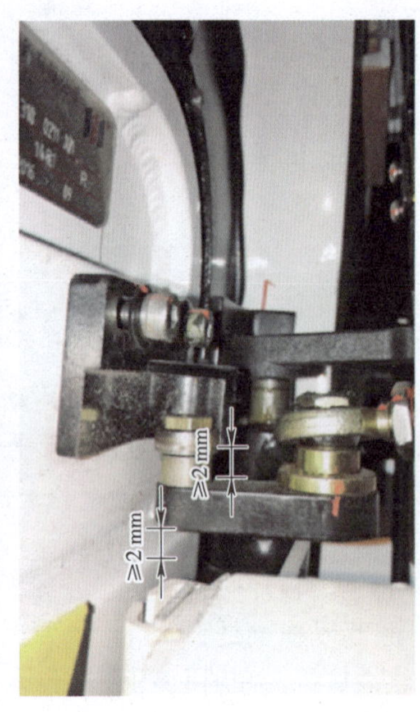

图 3-2-2　旋转立柱安装后状态

5. 紧急解锁装置

(1)内部紧急解锁(图 3-2-3)：打开紧急解锁盖板，拉动解锁手柄，进行解锁。操作后手柄带动钢丝绳运动，拉动驱动机构进行解锁，在车门带电情况下用方孔钥匙复位紧急解锁装置，车门将自动关闭。

(2)外部紧急解锁：外部紧急解锁装置位于每节车的 2 门及 9 门外部，需要方孔钥匙操作，同样使用钢丝绳与驱动机构连接。

6. 单门服务按钮(图 3-2-4)

在车门门控器满足有零速信号的条件下，按动按钮，门开启，再次按动按钮，门关闭(单门服务按钮开关门，蜂鸣器会发出鸣叫，集控开关门的提示音由 PIS 系统给出)。

图 3-2-3　紧急解锁装置

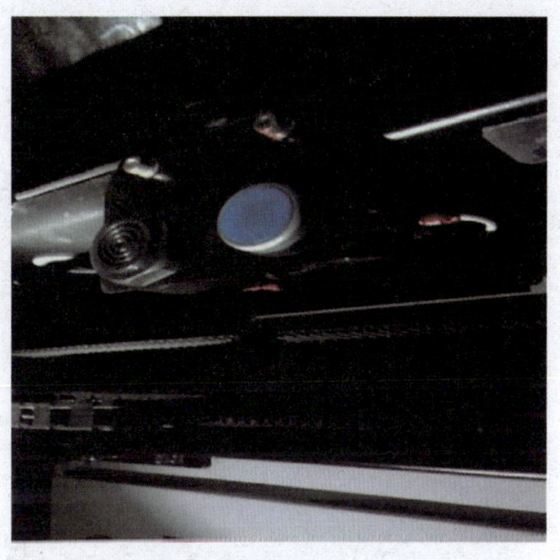

图 3-2-4　单门服务按钮

7. 隔离锁组成(图 3-2-5)

可以用方孔钥匙转动位于门板上的隔离锁组成,使驱动机构组成机械锁闭,并同时触发隔离锁行程开关,将门隔离。当门被隔离后,处于门驱盖板上的隔离指示灯(红色)亮起。

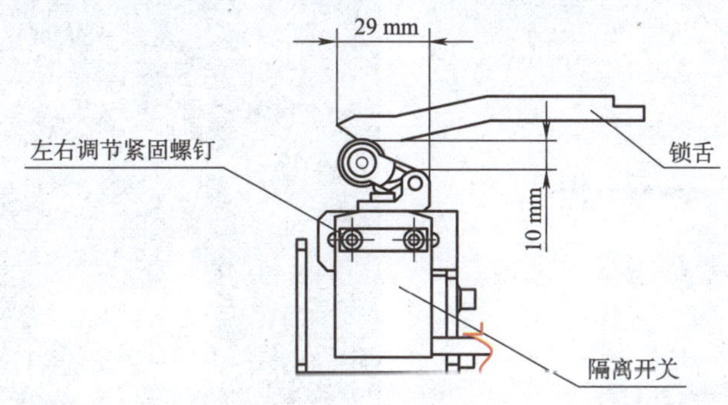

图 3-2-5　隔离锁开关

8. 门控器(图 3-2-6)

在整个车厢内,有 2 个带 MVB 通信接口的门控器,其中一个是 MVB 主门控器,另一个是作为冗余的 MVB 从门控器,同一车厢的其余 8 个为普通 CAN 门控器。MVB 门控器通过 CAN 总线和本车厢的其他门控器通信,并通过 MVB 总线与该车厢的中央控制系统和监控系统相连接,实现整列车门的集中控制和车门状态及故障的监控和显示。门控器根据开闭指令来控制门板开启与关闭动作。

9. 限位电磁铁(图 3-2-7)

限位电磁铁主要用于限制在非零速情况下乘客操作紧急解锁装置。当列车处于非零速状态下,电磁铁带电吸合,挡销阻挡解锁拨片转动,乘客无法通过操作紧急解锁装置解锁车门。

10. 各行程开关

门锁闭行程开关(图 3-2-8)用于检测车门锁闭机构是否锁到位,门板到位行程开关(图 3-2-9)检测门板是否关到位,紧急解锁行程开关检测紧急解锁装置是否被操作,以上 3 个行程开关内的常闭触点串联起来组成单个车门的安全回路,从而判断单个车门是否锁闭到位,隔离行程开关用于当单个车门出现故障时，故障车门被隔离后，提供车门隔离状态信号及新的车门安全回路。

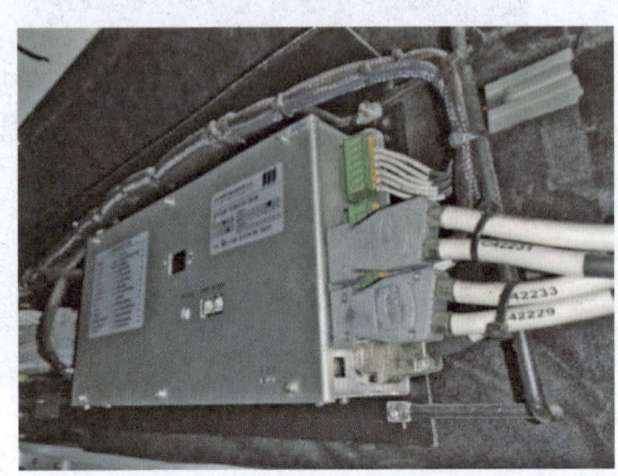

图 3-2-6　门控主机

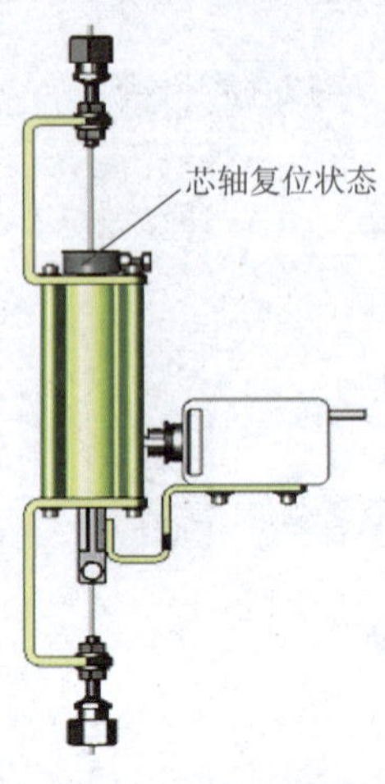

图 3-2-7　限位电磁铁

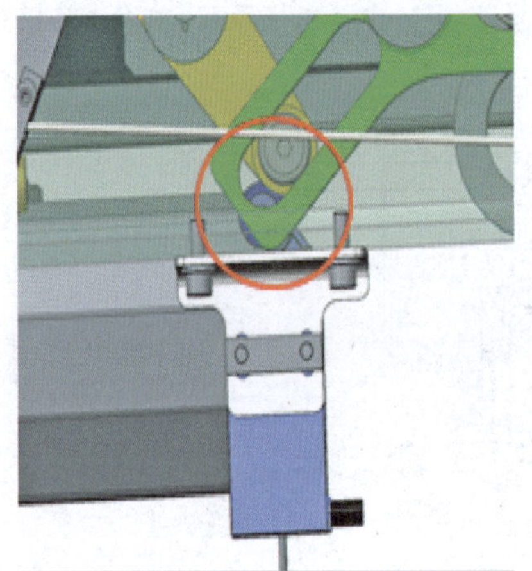

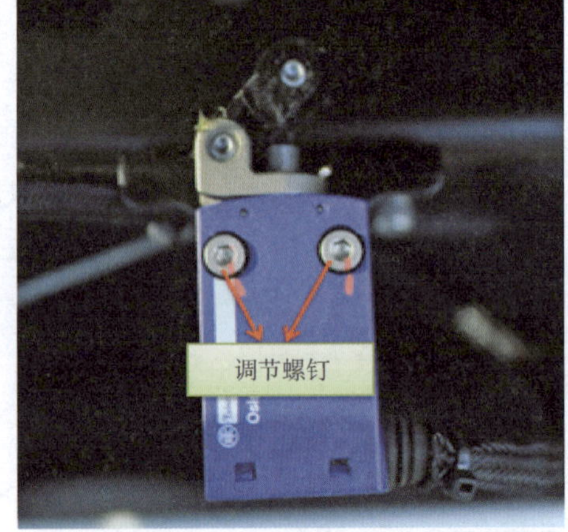

图 3-2-8　锁闭行程开关

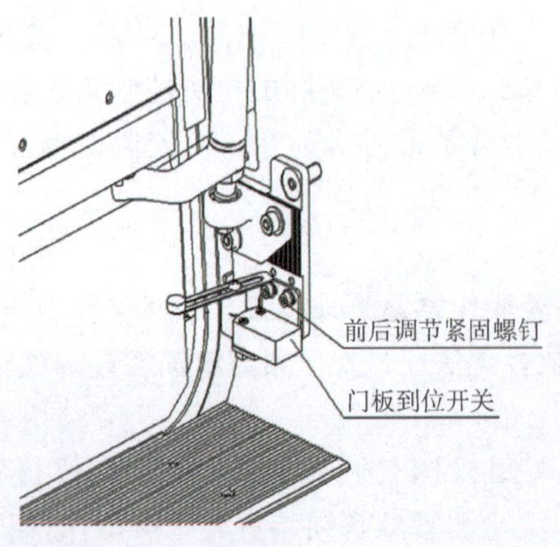

图 3-2-9　门到位行程开关

三、车门部件的检修

1. 门板检修

检查门板漆膜损坏面积不超过 900 mm^2，目视检查门页玻璃、左右门页护指胶条及周边密封胶条外观状态，要求玻璃无龟裂，护指胶条及周边密封胶条无脱落，无贯穿性横向裂纹，纵向裂纹不超过 50 mm。各标识齐全，外观良好，破损长度不超过自身边长的 1/10，缺损面积不得大于 1/100。

2. 门驱盖板检修

(1)目视检查盖板表面裂纹长度不超过 50 mm，漆膜损坏面积不超过 900 mm。

(2)检查盖板开关灵活，检查门驱盖板阻尼弹簧安装螺栓紧固无松动，防松线清晰无错位。

(3)检查锁舌搭接块粘贴紧固无脱落，橡胶止挡无破损，紧固螺栓安装紧固无松动，防松线清晰无错位。

(4)检查门驱盖板橡胶条无破损，压板安装螺栓紧固无松动，防松线清晰无错位。

(5)使用方孔钥匙操作门驱盖板锁，锁体安装紧固，不得转动；锁体固定螺母无松动，防松线清晰无错位；当锁芯上的圆点与锁闭位标识对齐时为锁闭状态，此时锁舌应与门驱盖板侧边垂直；锁芯转到锁闭位后机械卡死，不可越过。锁舌搭接量＞8 mm。

(6)门驱机构及盖板内部清洁无尘，门驱盖板安装稳固。

(7)检查指示灯外观无裂损，卡环无裂纹、无脱落，轻摇螺母无松动；线缆无破损，无烧伤的痕迹，绑扎无脱开。

3. 密封框检修

(1)检查左右密封框安装螺栓紧固无松动，防松线清晰无错位。

(2)检查上方密封框安装螺栓紧固无松动，防松线清晰无错位。

4. 门控器和端子排检修

(1)检查门控器安装牢固，外观无损坏，与其他运动部件无干涉，门控器插头插接紧固无毛刺外露，通信插头紧固螺栓紧固无松动。

(2)手动检查接线端子排及机构端子排组成安装无松动，各接线牢固无毛刺外露。

5. 机构组成检修

(1)机构吊架安装座与车体安装螺栓安装紧固无松动，防松线清晰无错位。

(2)安装底板组成与吊架组成安装螺栓安装紧固无松动，防松线清晰无错位。

(3)支撑横梁与安装底板组成过渡连接板安装螺栓紧固无松动，防松线清晰无错位。

(4)支撑横梁运动滑块与运动横梁过渡连接板安装螺栓挡块安装螺栓紧固无松动，防松线无错位。

6. 纵向滑块检修

(1)滑块动作灵活无卡滞，与驱动机构其他部件无干涉。

(2)滑块注油堵安装稳固无丢失。

(3)导轨表面无刮伤、裂纹和锈蚀。

(4)左侧和右侧纵向滑块注油，使用 MULTEMP SRL 润滑脂(客室车门)，每次操作需注油 1～2 次，使滑块周围有油脂溢出。

7. 旋转立柱上部检修

(1)旋转立柱上部安装座螺栓紧固无松动,防松线无错位;旋转立柱不得低于安装工艺口。

(2)辅助锁闭轴承安装牢固无脱落,固定安装座紧固无松动,防松线无错位。

(3)关门状态下,上部辅助锁闭轴承完全在门板上辅助锁闭块内,且轴承滚轮能正常转动,开关门过程中与连接板安装螺栓无干涉,且使旋转立柱上摆臂距上锁闭块及内门页上沿留有足够间隙,最小间隙大于 2 mm。

(4)旋转立柱不得低于上固定座安装孔,旋转立柱上导臂焊接处无裂纹。

8. 六角拉杆组成检修

(1)六角拉杆轴承固定轴安装座与运动横梁安装螺栓紧固无松动,防松线清晰无错位。

(2)六角拉杆万向节轴承固定轴安装螺栓安装紧固无松动,防松线无错位。

(3)六角拉杆调整螺栓安装紧固无松动,防松线清晰无错位,六角连杆两端万向节端面平行,可自由转动。

9. 齿带及齿带轮组成检修

(1)主动齿带轮及安装座外观无破损,安装螺栓紧固无松动,防松线清晰无错位。

(2)从动齿带轮及安装座外观无破损,安装螺栓、端盖安装螺栓紧固无松动,防松线清晰无错位。

(3)齿带张紧力调节螺栓及支座螺栓、齿带固定夹与齿带之间的安装螺栓紧固无松动,防松线清晰无错位。

(4)齿带夹与连接板安装螺栓无松动,防松线清晰无错位。

(5)在车门完全关闭状态,使用张紧力测试仪对下部齿带进行测量,要求齿带振动频率为 38～44 Hz。

10. 接地线检修

(1)接地线及保护套安装牢固无脱落。

(2)接地线绑扎良好,与其他部件无干涉;接地线与门板安装螺栓紧固无松动。

(3)轨道链外观检查正常,开关门时未脱离拖链护板。

(4)左、右拖链护板运动时无干涉。

拖链支架与安装底板安装螺栓(2 颗)紧固无松动,防松线清晰无错位。

11. 电机检修

(1)电机外观完好无损坏、外壳与驱动装置其他部件无干涉,电机安装螺栓、电机驱动模块安装螺栓紧固无松动,防松线清晰无错位。

(2)电机接线无破损、无毛刺,接地线及保护套安装牢固无脱落;接地线绑扎良好与其他部件无干涉;接地线安装螺栓紧固无松动,防松线清晰无错位。

(3)电机端部绑扎良好、绑扎带无丢失。

(4)检查电机电源端子排安装螺栓紧固无松动,防松线清晰无错位。接线紧固无脱落。

(5)检查锁紧止挡橡胶无脱落和损坏,安装螺栓紧固无松动,防松线清晰无错位。

12. 解锁拉杆及组件检查检修

(1)解锁拉杆驱动固定轴安装螺栓无松动,防松线清晰无错位。

(2)解锁拉杆万向节轴承固定轴及解锁拉杆调整螺栓无松动,防松线清晰无错位。

装底板上方同步拉杆两端调节螺母紧固无松动。

13. 摆杆组件检修

(1)摆杆安装螺栓紧固无松动,防松线清晰无错位。

(2)解锁摆杆滚轮、滚针轴承(螺栓型)安装紧固无丢失,外观无破损、无裂纹,下部螺栓与螺母安装紧固,防松线清晰无错位。

(3)检查摆杆轴承支柱安装紧固,防松线清晰无错位。

(4)检查摆杆外观无裂纹。

(5)解锁摆杆与导向杆连接处开口销无丢失,摆杆辅助锁闭弹簧安装座安装螺栓紧固无松动,防松线清晰无错位;辅助锁闭弹簧无断裂。

14. 紧急解锁行程开关状态检修

(1)紧急解锁行程开关安装座安装紧固,安装螺栓紧固无松动,防松线清晰无错位。

(2)紧急解锁行程开关安装螺栓紧固无松动,防松线清晰无错位,开关动作灵活无卡滞。

(3)紧急解锁行程开关接线牢固、无破损,接线与其他运动部件无干涉。

(4)紧急解锁未触发时,紧急解锁行程开关有效释放,在紧急解锁触发后,滚轮与紧急解锁摆杆凸轮压紧后仍有 1～2 mm 的行程,确保开关没有处于过度压死状态。

15. 紧急解锁装置检修

(1)打开透明盖板,使用内六角拆除紧急解锁装置安装螺栓。

(2)取出紧急解锁装置,用抹布清洁紧急解锁装置背部,确认清洁后表面无积尘及毛絮。

(3)使用润滑脂钢丝绳护套处和换向轮两侧钢丝绳、方孔锁销安装孔处进行喷涂润滑。

(4)使用钥匙操作 3 次紧急解锁,使相关部位润滑充分。

(5)安装紧急解锁装置,确认安装螺栓安装紧固,防松线清晰,锁闭紧急解锁装置盖板。

(6)用反光镜检查紧急解锁限位磁铁安装座安装螺栓、紧急解锁限位电磁铁安装螺栓,穿销定位座安全螺栓无松动,防松线清晰无错位;手拨动穿销动作灵活无卡滞,穿销能限止紧急解锁拨片。

(7)紧急解锁钢丝绳护套上的 2 个固定扎带紧固无丢失,钢丝绳护套未脱出固定座,护套固定座安装螺栓筋骨无松动,防松线清晰无错位。

(8)紧急解锁摆杆安装螺栓紧固无松动,防松线清晰无错位,开口销无磨损;开关门过程紧急解锁拉杆动作灵活无卡滞,两侧膨胀销紧固无松动。

(9)紧急解锁钢丝绳与紧急解锁摆杆安装螺栓紧固无松动,防松线清晰无错位;紧急解锁手柄无损坏、松脱,安装螺栓紧固无松动,防松线清晰无错位。

(10)用反光镜检查解锁拨片上钢丝绳限位球形止挡无裂纹、无脱落;检查钢丝绳限位挡块安装螺栓紧固无松动,防松线清晰无错位。检查复位弹簧安装紧固,无脱落。

紧急解锁手柄无损坏、松脱,安装螺栓紧固无松动,防松线清晰无错位。

16. 导向导轨检查

检查导向导轨安装螺栓紧固无松动,防松线清晰无错位。

17. 开门止挡状态检查

(1)开门状态下检查开门止挡齐全,橡胶无裂纹、无破损;紧固螺母紧固无松动,防松线无错位,如图 3-2-10 所示。

(2)导向轮转动灵活、无损坏。

图 3-2-10　开门止挡紧固螺母

18. 蜂鸣器及单门开关按钮检查

蜂鸣器及单门开关按钮支座检查安装螺栓紧固无松动，防松线清晰无错位；蜂鸣器能正常鸣响，接线紧固无松动，如图 3-2-11 所示。

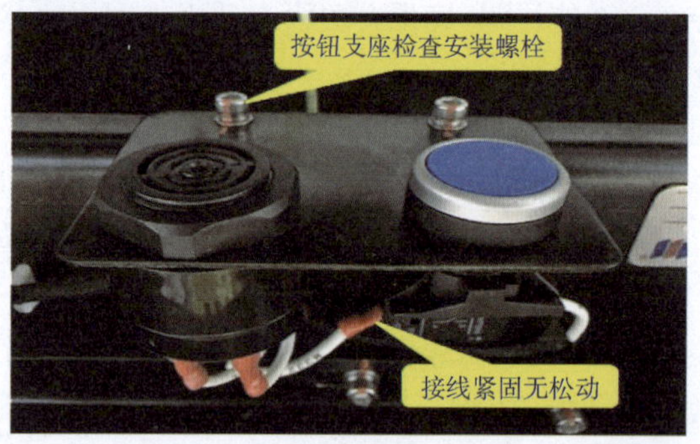

图 3-2-11　单门开关按钮

19. 横向导轨滑块组成检查

(1)横向导轨安装螺栓安装紧固无松动，外观无裂纹、擦伤和锈蚀；滑块注油堵安装稳固未丢失，如图 3-2-12 所示。

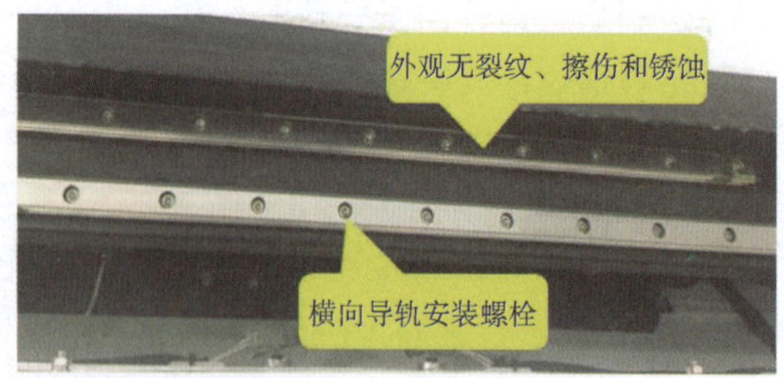

图 3-2-12　横向导轨

(2)滑块安装螺栓紧固、动作灵活，滑块注油堵安装稳固未丢失，与驱动机构其他部件无干涉，上下滑块连接块间隙≥1 mm。

(3)连接板外观无裂纹、无破损。

(4)连接板与门页的安装螺栓、调整块的调节螺栓无松动，连接板与车体外墙无干涉。

(5)连接板与门吊挂板转轴无丢失,卡簧无丢失,开口销无脱落。

(6)门板完全打开位置连接板安装螺栓距车体外表面距离≥5 mm。

(7)滑块注油 MULTEMP SRL 润滑脂。

20. 旋转立柱下部检查

(1)旋转立柱下部安装螺栓、旋转立柱高度调整螺栓、旋转立柱下部安装座紧固螺栓紧固无松动,防松线清晰无错位,如图 3-2-13 所示。

(2)旋转立柱下部导轮外观正常无破损,转动灵活。

(3)旋转立柱下部导臂焊接处无裂纹。

(4)检查旋转立柱下部摆臂与门板下导槽的间隙大于 2 mm,下摆臂底面与门页间隙大于 2 mm。

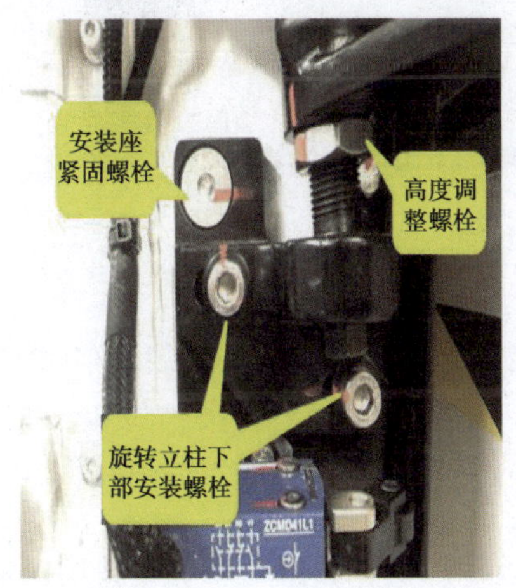

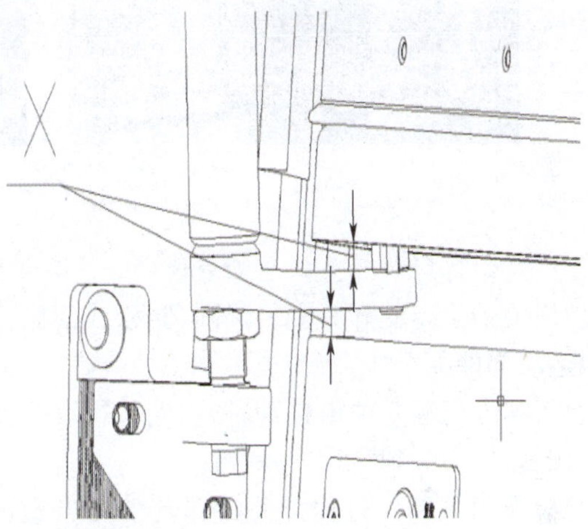

图 3-2-13 旋转立柱

21. 门板下导槽状态检查

手动检查下导槽安装无松动、无变形。目视检查下导槽安装螺栓紧固无松动、无丢失。

22. 下导轮状态检查

(1)手动开关车门 3 次,检查下导轮有无异响。

(2)车门打开在平移段,打开立柱小盖板,一手轻推门页使下导轮处于自由转动状态,一手向上用力推动导轮 3 次,无垂直方向位移、无脱出,状态良好,如图 3-2-14 所示。

23. 手动开关门功能检查

(1)使门页沿开门方向运动,开门顺畅,无干涉和异响。

(2)使门页沿关门方向运动,关门顺畅,无干涉和异响。

(3)手动锁闭车门,从里向外用力推门页(在门页的中部),检查车门不能够解锁。

24. 门页 V 形及对中度检查

(1)将门页沿着关门方向关上(未塞入门框内),两扇门页的底部橡胶条刚好接触时分别测量距离门页顶部安装槽下边缘 120 mm 处门页金属板之间的距离(m)和底部脚踏板上边缘 120 mm 处门页金属板之间的距离(n),门页 V 形尺寸为 $m-n=3\sim5$ mm。

(2)打开两侧小盖板,对门板两侧胶条进行检查,胶条与门框接触面积相同,误差不超过 2 mm。

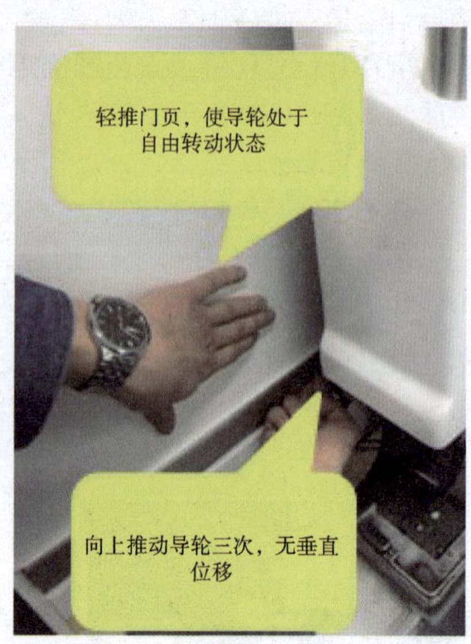

图 3-2-14　车门门板

25. 门关到位行程开关状态检查

(1)门关到位行程开关安装紧固,防松线清晰无错位,动作灵活无卡滞,接线牢固无破损,与其他运动部件无干涉。

(2)门到位行程开关未触发时,门到位行程开关有效释放,手动缓慢关闭车门在门到位行程开关触发时,会听到"嗒"的一声。

(3)检查门关到位行程开关尾部转动时与安装座无干涉,门打开时行程开关摆杆尾部与安装座边缘距离为 18～20 mm,门关到位时行程开关,行程开关滚轮距开关尾部距离为 91～93 mm,滚轮中心距转轴中心间距 59 mm,如图 3-2-15 所示。

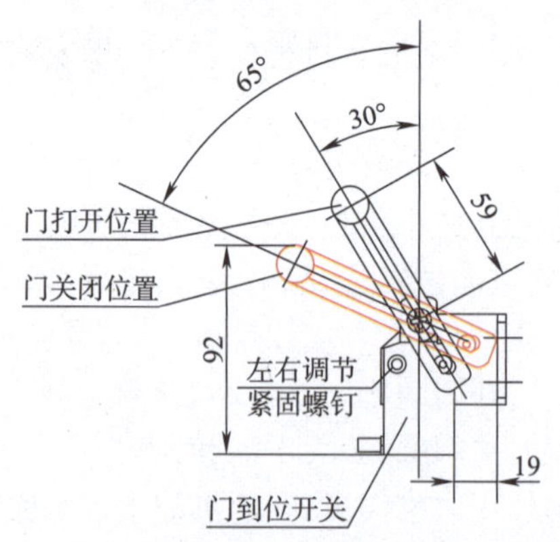

图 3-2-15　门关到位行程开关(单位:mm)

26. 隔离行程开关装置检查

(1)门关好后,隔离行程开关滚轮与隔离锁锁舌弧面不干涉,隔离行程开关及安装座的安装螺栓紧固,防松线清晰无错位。

(2)在切除状态下,隔离行程开关滚轮全部压在隔离锁锁舌上,锁舌卡住密封框(内侧)的长度≥5 mm，调整行程开关使锁舌端面距行程开关长边距离为 28～30 mm，使滚轮与行程开关接触面距行程开关摆杆轴距离为 9～11 mm，如图 3-2-16 所示。

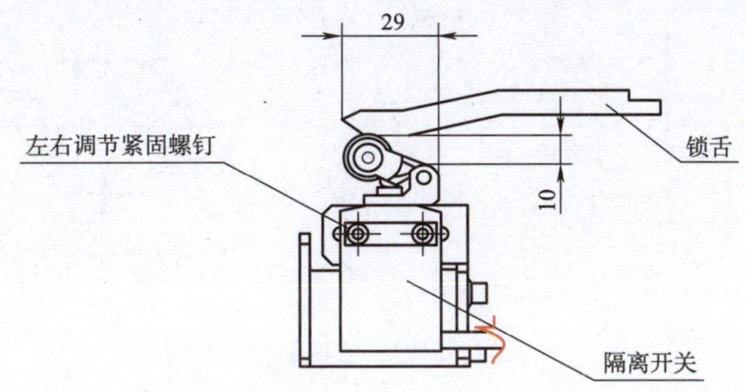

图 3-2-16　隔离行程开关装置（单位：mm）

四、车门部件的维护

1. 部件清洁项点

使用抹布对门驱盖板清洁，密封框（上、左、右）清洁，客室侧门机构清洁，侧导轨支撑梁清洁，机构吊架清洁，滑块（包括横向、纵向滑块）清洁，旋转立柱上固定座清洁，六角拉杆清洁，安装底板组成（下部可视面）清洁，门页连接板组成清洁，门页下导轨清洁，门到位行程开关区域清洁，隔离行程开关区域清洁。

2. 滑块注油、抹油项点

（1）左侧和右侧纵向滑块注油，使用 MULTEMP SRL 润滑脂（客室车门），每次操作需注油 1～2 次，使滑块周围有油脂溢出。

（2）摆杆组件导槽抹油 3 号锂基脂。

（3）横向导轨滑块组成滑块注油 MULTEMP SRL 润滑脂（客室车门）。

技能训练

一、防松标记涂打

1. 防松标记的颜色要求

防松标记的颜色根据技术要求确定：

（1）转向架的防松标记，外表面没有明确颜色要求的涂红色；轴端、齿轮箱内表面的防松标记没有明确颜色要求的涂白色。

（2）车辆装配涂红色。

2. 防松标记宽度

防松标记宽度 W 应为 1.5～4 mm。

3. 螺栓、螺母组成结构防松标记的画法

垂直画在螺栓、螺母和被连接件上面，画在被连接件表面上的长度 H_1 应为 4～10 mm。当两个紧固件外缘之间距离小于 4 mm 时，H_1 长度可以等于这两个紧固件外缘之间的距离。长度 H_2 应小于 10 mm，具体内容如图 3-2-17 所示。

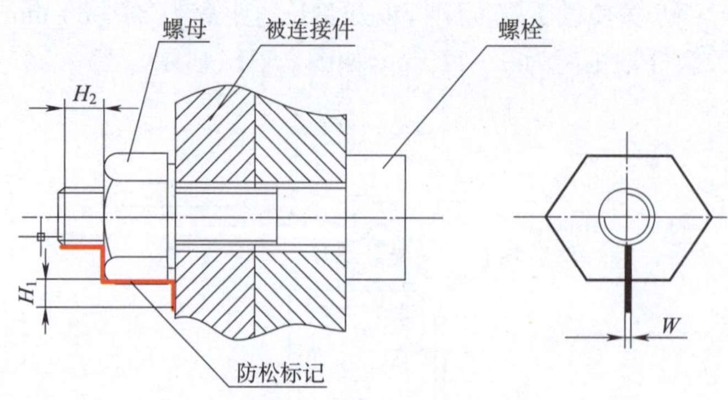

图 3-2-17　螺栓、螺母安装状态

4. 螺钉组成结构防松标记画法

垂直画在螺钉帽和被连接件上面。防松标记画在螺钉帽上面的长度 H_1 应为 4～10 mm，画在被连接件表面上的长度 H_2 应为 4～10 mm。当两个紧固件外缘之间距离小于 4 mm 时，H_2 长度可以等于这两个紧固件外缘之间的距离。当螺钉帽外形尺寸小于 4 mm 时，H_1 长度可以等于螺钉帽外形尺寸，具体内容如图 3-2-18 所示。若为内六角螺钉结构 H_1 等于螺钉凹陷口至边缘的距离。

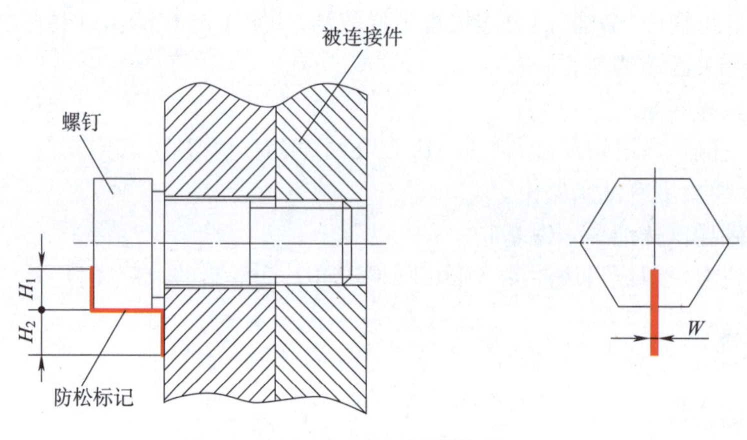

图 3-2-18　螺钉安装状态

学习任务三　车钩系统的检修与维护

学习目标

1. 知识目标

(1)理解车钩装置的概念及分类。

(2)掌握全自动车钩与半自动车钩的区别。

(3)熟悉车钩装置故障诊断及处理。

(4)掌握车钩装置基本配置原则。

(5)掌握车钩机械装置预防性维护工作。

(6)掌握车钩机械装置检修步骤。

2. 能力目标

(1)会区分全自动车钩和半自动车钩。

(2)会诊断和处理车钩装置故障。

(3)会检修车钩机械装置和预防性维护。

3. 素质目标

(1)培养学生对车钩检修有“最小单元维护”理念。

(2)培养学生安全意识和质量荣辱观。

知识链接

一、车钩装置概念及分类

1. 车钩装置概念

车钩装置(又叫车钩钩缓装置)作为地铁车辆最基本的也是最重要的部件之一,是指每辆及每列地铁车辆两端的挂钩,用于连接车辆使之形成一个整体并使车辆之间保持一定距离。车钩装置能够为列车传递制动力和牵引力,能够缓和运行中及调车作业时产生的冲击力,吸收车辆连挂和冲击时产生的能量,并具有一定的转动功能,使列车能够顺利通过曲线轨道。

车钩装置布置:以某 6 辆车编组列车为例,车钩连接方式为 =Tc－M－M＊M－M－Tc=,其中,= 表示全自动车钩;－表示半永久牵引杆;＊表示半自动车钩。

车钩装置的具体位置如图 3-3-1 所示。

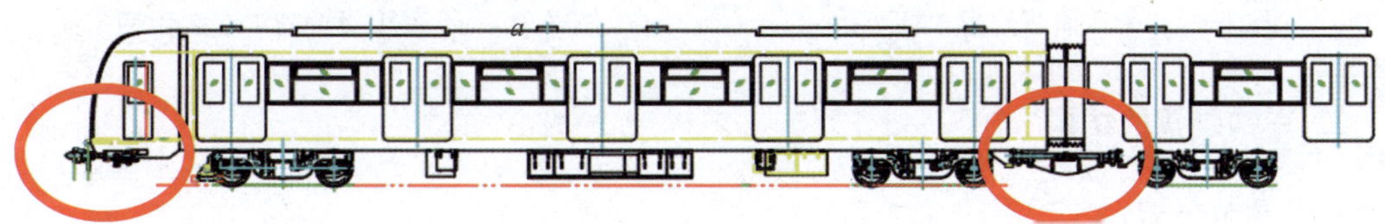

图 3-3-1　车钩装置的位置

2. 车钩装置的分类

地铁车辆车钩装置一般分为全自动车钩、半自动车钩、半永久车钩三种。

(1)全自动车钩(图 3-3-2):位于首车前端,用于和其他列车连接。连挂或解钩时其机械、气路和电路可以实现自动连接或分离,也可人工解钩。两列车的连接只需由一列车轻轻地撞上另一列车即可。而且,当车钩以机械方式挂钩时,空气管道及电气接头也会自动完成连接,故称为全自动车钩。

(2)半自动车钩(图 3-3-3):用于将两个单元连接起来,包括机械连接和气路连接,但不包括电路的连接。在车钩完成机械连接的同时两车的气路会实现连接。但两车的电路必须由人工进行连接。

(3)半永久车钩(又称为牵引杆):用于同一单元内两节车之间的机械连接。两车之间气路和电路的连接不包括在内,需要另外解决。连接和解钩都需要人工用专用工具操作完成。半永久车钩有两种,一种是带压溃管的半永久车钩(图 3-3-4),一种是不带压溃管的半永久车钩(图 3-3-5)。

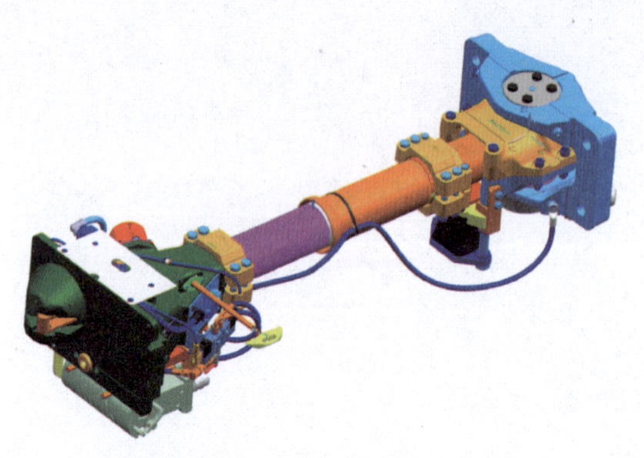
图 3-3-2 全自动车钩

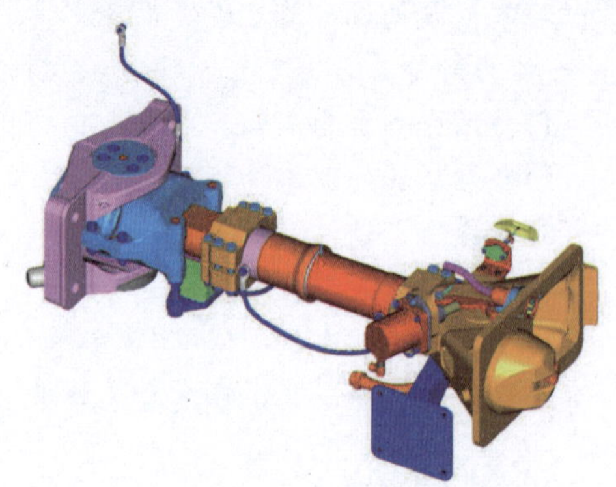
图 3-3-3 半自动车钩

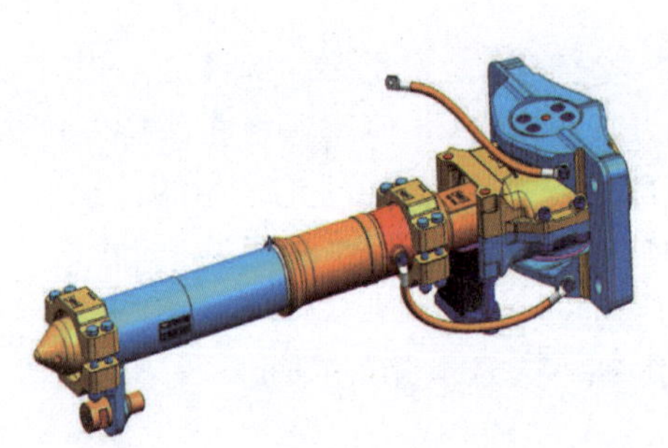
图 3-3-4 带压溃管的半永久车钩

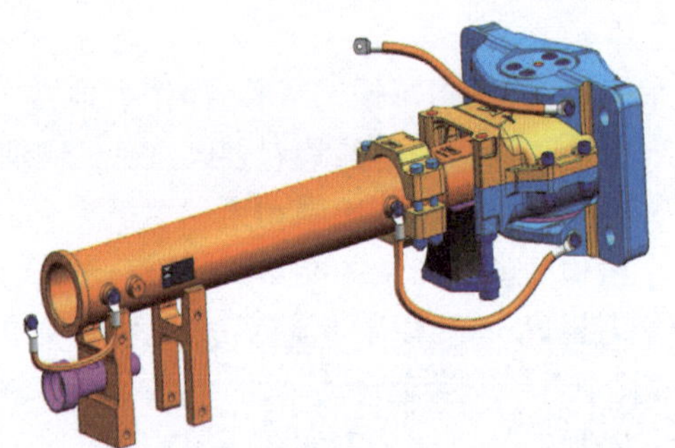
图 3-3-5 不带压溃管的半永久车钩

二、车钩装置的结构

1. 全自动车钩

全自动车钩(图 3-3-6)的主要部件比较多,具体见表 3-3-1。

(1)车钩头

车钩头的车钩锁确保两节车厢之间的机械连接。表面有凸锥和凹锥,允许车钩自动对齐和同心,在水平和垂直方向提供一个大的连挂范围。

表 3-3-1 全自动车钩主要部件

序号	部件名称	序号	部件名称	序号	部件名称
1	车钩头	8	电动头	20	安装构件
2	解钩气压缸	9	钩头盖	28	电气装置
4	风管接头	10	对中装置	36	卡环连接件
5	电动头的操作装置	13	风管接头	43	接地系统
6	车钩牵引杆	15	气动装置	60	减径管
7	橡胶垫缓冲装置	17	防旋转锁	61	转动接头

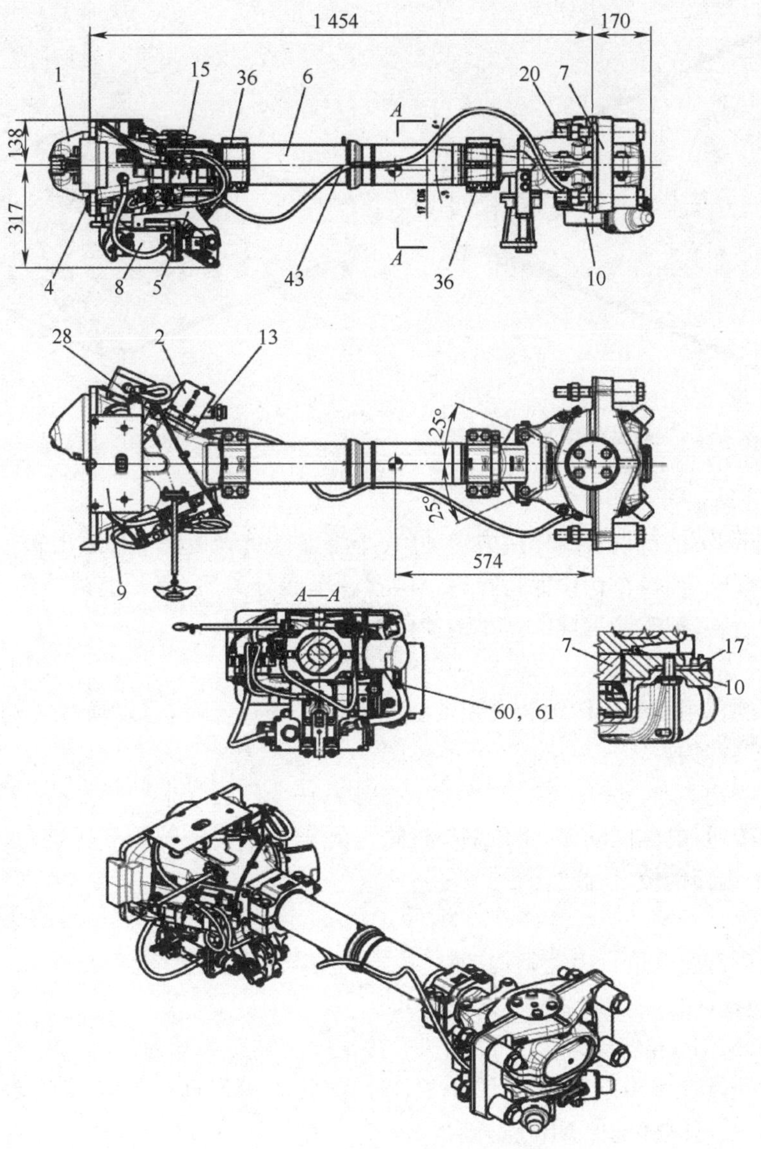

图 3-3-6　全自动车钩部件图(单位:mm)

车钩锁有三个操作位置:

①准备连挂(图 3-3-7)

钩舌腹板靠近于凸锥边缘。钩板通过拉簧压入,顶住车钩头外壳里的止挡。

②已连挂(图 3-3-8)

当车钩表面配合时,钩舌被压向对侧车钩的钩板上。车钩锁抵抗拉弹簧的作用力转动,直至将钩舌与钩板槽啮合。此后钩板受拉弹簧的作用,向后转动到已连挂位置,车钩锁闭锁。因此,这种类型的车钩锁被称为只有一位的锁。

当车厢连挂后,锁紧装置会形成一个平行四边形形状,这样可以将牵引荷载均匀地分布在两个钩锁装置上。意外解钩是不可能的。车钩锁只受到拉伸负荷的影响,负荷均匀地分布在平行四边形的两个钩舌上。普通的磨损不会影响车钩锁的安全。

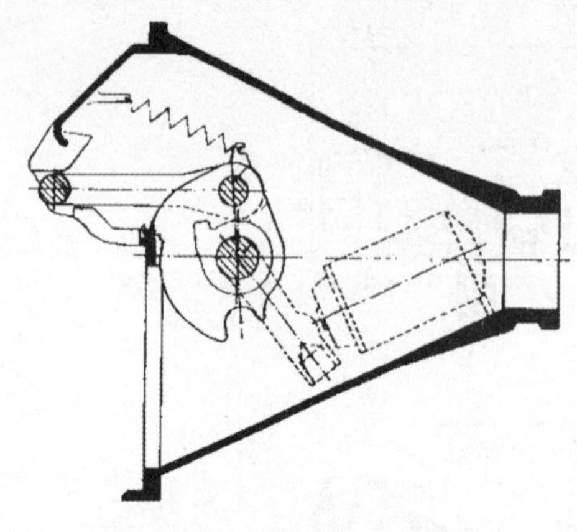

图 3-3-7　准备连挂

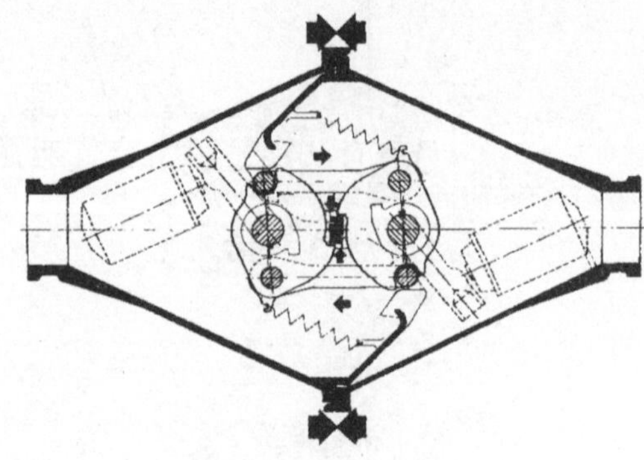

图 3-3-8　已连挂

③解钩(图 3-3-9)

解钩时,车钩锁抵抗拉簧的作用力转动,直至将连杆从钩板槽中释放出来。当其中一个钩舌在钩板槽后部啮合时,车钩锁保持在这个位置。车厢分离后,解开上锁的钩舌,通过使用拉簧允许钩锁向后转,把车钩舌推前。车钩锁再次准备连挂。

(2)解钩装置

解钩装置的作用是解除钩锁装置锁紧状态(图 3-3-9)。解钩可以通过司机室内解钩按钮或在轨道旁手动解钩。

①司机室解钩

启动一个按钮,电磁阀动作,将压缩空气输送到车钩头内的解钩气压缸中,使活塞杆向前移动,并转动车钩锁钩板以释放钩舌。

②手动解钩

只能在紧急情况下进行手动解钩,通过拉扯钩头上的解钩拉环。

(3)风管连接(图 3-3-10)

主风缸管(MRP)和解钩风管(UP)的风管接头安装在车钩端面。

总储气管的风管接头配备有压力阀,在车钩解钩时可以确保 MR 管的闭合。在连挂期间,配套车钩的簧压阀杆确保 MR 管开启。

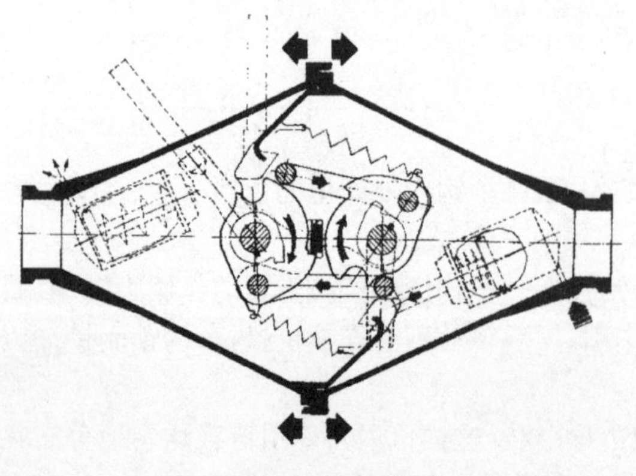

图 3-3-9　解钩

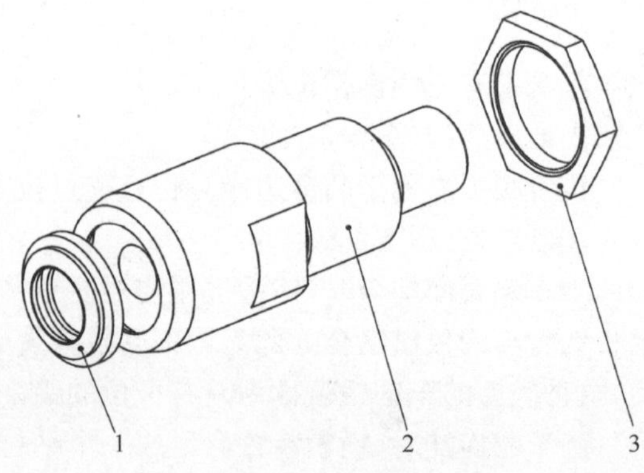

图 3-3-10　风管连接

1—密封垫;2—风管接头;3—螺母

解钩管的风管接头仅在解钩操作期间传导空气，因此不包含压力阀。

(4)电动头的操作装置

电动头操作装置使电动头前后向移动。

只有在进行了机械连接之后才可以将电动头向前移动。解钩期间，电动头首先缩回，然后机械连接被分离。

电动头向前推的同时，推进机构移入死点位置，以避免运行期间电动头退回。

(5)橡胶垫钩尾座

橡胶垫钩尾座包括一个缓冲装置(EFG3)和一个垂向支撑及支座。它的特殊设计能够允许车钩不超过纵向车轴的竖向和横向摆动以及回转运动。橡胶垫钩尾座的设计目的是为了对限定的牵引力和缓冲力进行缓冲，如果超过了限定的冲程，将把牵引力和缓冲力传向车体。

缓冲装置(EFG3)包括上下壳体、橡胶垫和挂钩。它安装在轴承座上，配有轴颈和免维护衬套，保证车钩的水平旋转机动性。橡胶垫刚性地放置在壳体并且受剪切力，它对牵引力和缓冲力进行缓冲。缓冲装置的工作模式如图 3-3-11 所示。

缓冲装置自由端为法兰盘形状，可装配一个卡环，将该装置与车钩牵引杆连接在一起。

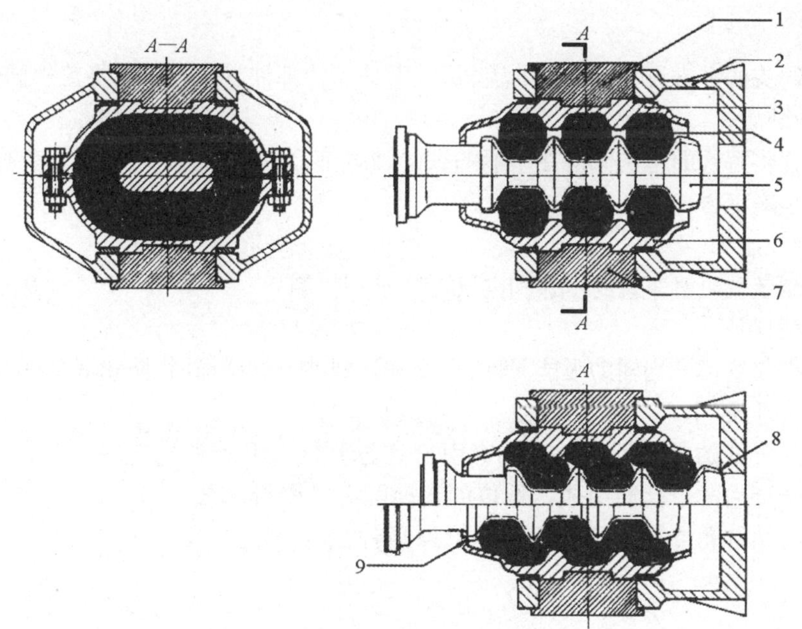

图 3-3-11　缓冲装置的工作模式

1—销轴；2—轴承盖；3—上盖；4—橡胶环；5—牵引杆；6—下盖；7—销轴；8/9—挡圈；3/4/5/6 统称为“缓冲机构”

(6)电动头(图 3-3-12)

利用活动和固定触点将电动头与列车配线相连。电缆与电动头外壳的接头密封且无拉力。利用接线端头将电缆导线与活动和固定触点相连。可以在前侧更换触点。电动头外壳配备有一个带防护罩的放泄塞以排放冷凝水，也可以采用该插塞作为外壳内的通风口。

电动头配备有护盖，在电动头向前及向后动作时，该护盖可以自动开启及闭合。例如，在连挂期间，两个对置的电动头外壳紧紧压在一起，同时将活动触点压在固定触点上。橡胶框构成防水密封件，保护触点不被污染及触摸。

电动头配有带导向杆及导套的对中装置，帮助电动头在连挂过程中实现对准。

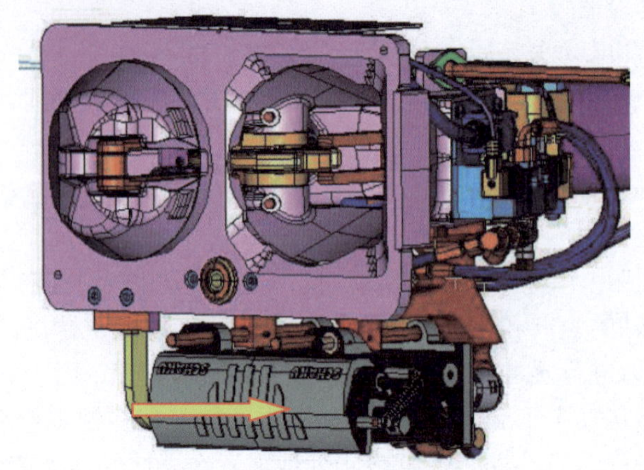

图 3-3-12　电动头(黄色箭头所指)

(7)盖板

在机械钩头的上方设有不锈钢的盖板，以保护车钩部件。通过螺栓将盖板固定在钩头上。

(8)对中装置

对中装置将解钩的车钩保持在车辆的纵向轴线上，并防止它横向摆动。它通过螺钉固定在钩尾座轴承座下方。

(9)车钩控制

车钩控制装置可对车钩的机械和电气连挂进行控制。

(10)过载保护

过载保护装置可充当辅助吸能元件，在受到强烈冲击和碰撞时，防止底架受损。

(11)套管连接(卡环)(图 3-3-13)

一只容易分开的卡环用以把车钩牵引杆连挂到钩头和橡胶垫钩尾座。卡环由两个套筒组成。低位的套筒配有一个排水孔。用 4 个六角头螺钉和带有锁紧垫圈的六角螺母将两个套筒连接在下面。

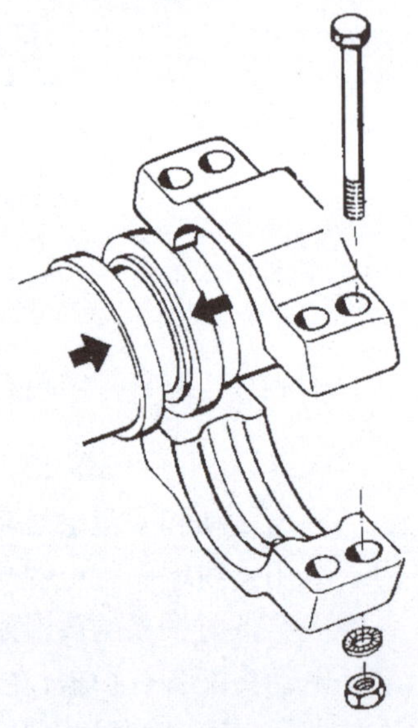

图 3-3-13　套管连接

(12)接地

接地线连接到车钩，以分路电流和绕过非传导性的元件。它们位于：

①车钩牵引杆与车钩头之间。

②车钩牵引杆和车钩牵引杆之间。

③电动头与车钩头之间。

④轴承座和车厢底架之间。

⑤车钩牵引杆和车厢底架之间。

2. 半自动车钩

(1)半自动车钩的组成

①车钩头(A)。

②解钩气压缸(B)。

③主风缸管 MRP 的风管接头(D)。

④车钩牵引杆(F)。

⑤橡胶垫钩尾座(G)。

⑥4 触点电连接器 (H)。

⑦对中装置(J)。

⑧解钩管接头(L)。

⑨卡环(R)。

⑩接地(S)。

其中 A、B、D、F、G、J、L、R、S 与全自动车钩相似。以下只介绍 4 触点连接器。

(2)4 触点电连接器(图 3-3-14)

利用不同类型的触点通过车钩与列车配线相连。它设置在车钩表面的内孔中,并包含两个活动触点和两个固定触点。当车钩头连挂时,固定/活动触点被压向其中一个反向车钩,同时建立电气连接。

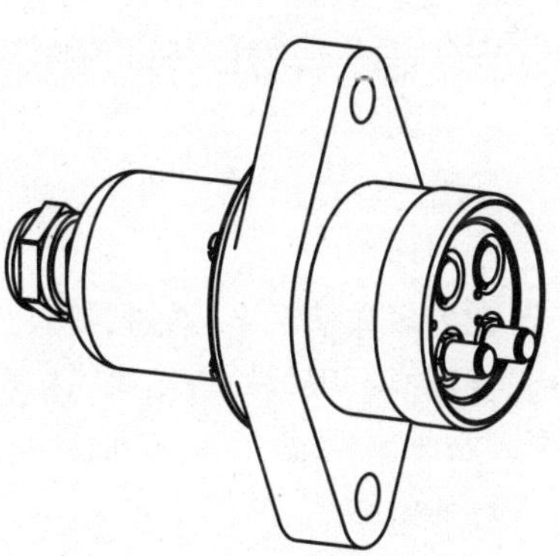

图 3-3-14　4 触点电连接器

3. 半永久车钩

半永久车钩(图 3-3-15)包括以下组件:

①风管接头(4)。

②过道支架(5)。

③车钩牵引杆(6)。

④橡胶垫钩尾座(7)。

⑤卡环(36)。

⑥地线(43)。

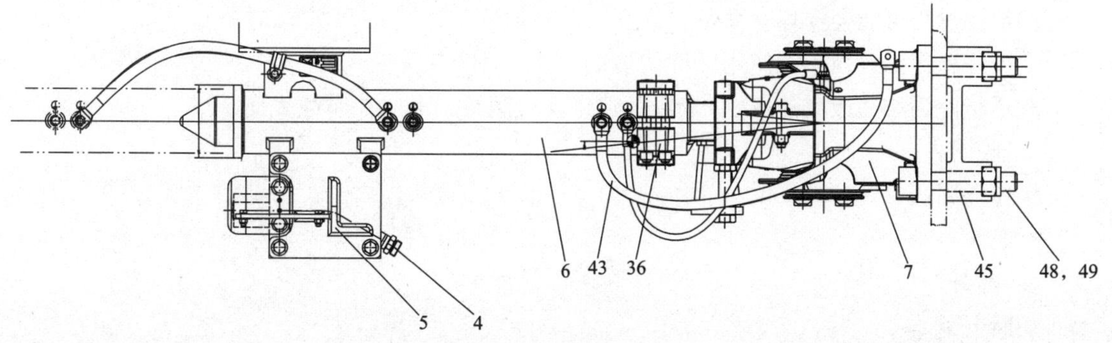

图 3-3-15　半永久车钩

4—风管接头;5—保持架;6—车钩牵引杆;7—橡胶垫钩尾座;36—卡环;
43—接地系统;45—隔套;48—六角螺母;49—内六角螺钉

技能训练

一、车钩机械装置预防性维护工作

通过电动头连接的电线带电，不要触摸电子触头，开始维修之前要切断电源。

1. 目检

(1)准备

①切断电源。

②清洁牵引杆表面。

(2)进行目检

安装好的牵引杆需每年进行一次目检。牵引杆所有可接触到的部件都应进行下列检查。

①腐蚀。

②磨损。

③损坏。

在大多数情况下，通过目检已足够判断零部件腐蚀、磨损和损坏的程度，以确定零部件是否需要更换。根据检查结果，选择合适的维护程序。

(3)收尾

接通电源。

2. 清洁

(1)准备

切断电源。

(2)清洁

每次牵引杆的简单清洁须在目检前进行。进行润滑或目检前要用刷子或皮料抹布清洁零部件。也可使用无油压缩空气或喷雾剂。

注意事项：

①清洁过程可能会损坏表面。

②镀锌和镀铬表面不能使用碱性清洁剂。

③不能使用柴油或汽油(含有苯)，否则将阻止润滑层形成并腐蚀表面。

(3)收尾

接通电源。

3. 润滑

(1)准备

切断电源。

(2)润滑

根据图 3-3-16～图 3-3-18 所示润滑点及表 3-3-2～表 3-3-4 所示润滑要求进行润滑。

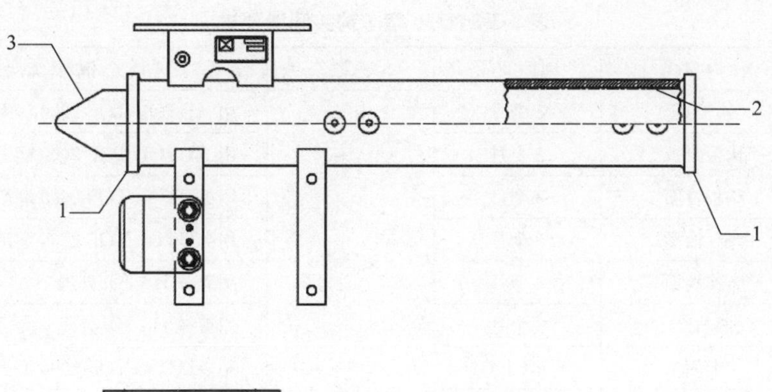

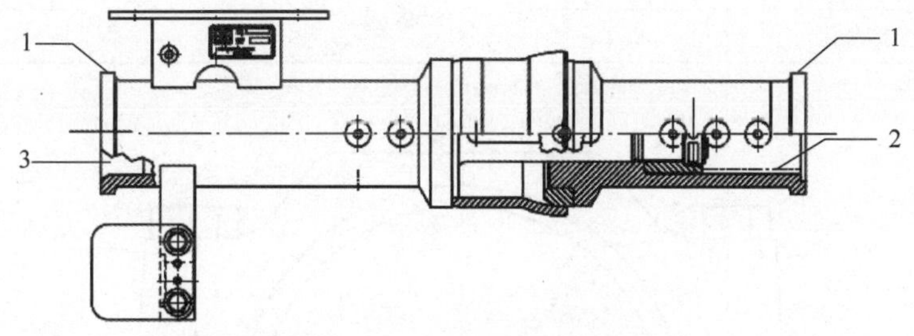

图 3-3-16　330 型机械钩头润滑点

表 3-3-2　330 型机械钩头润滑要求

序号	品名	间隔	数量	润滑剂/涂层
1	轮箍	每次大修	根据要求	用 SAFECOAT DW36X 处理
2	杆的内表面	每次大修		用 AUTOL TOP 2000 润滑
3	锥体(外/内)	每次大修		用 cinc coat HS 300 处理

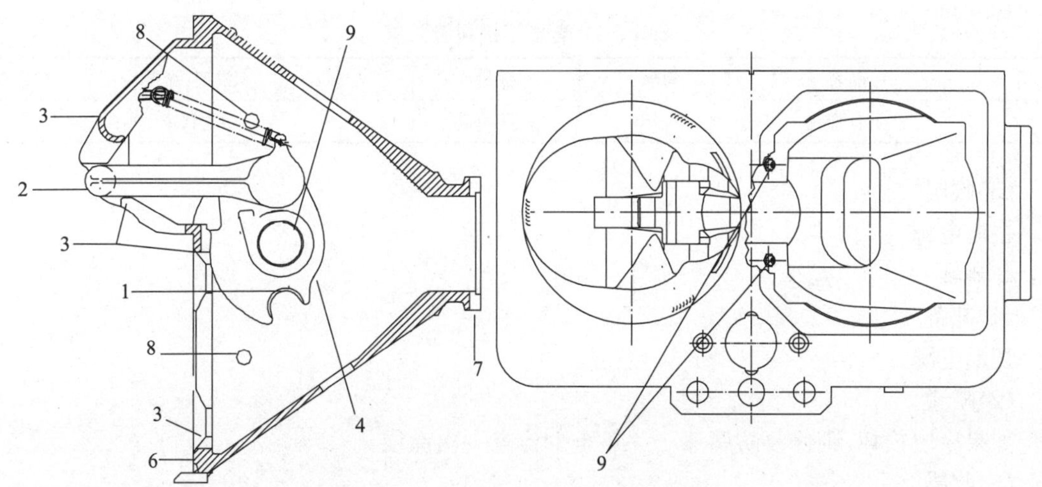

图 3-3-17　330 型车钩头的滑润点

表 3-3-3　330 型车钩头润滑要求

位置	内容	时间间隔	总数	润滑/涂层
1	钩板室	3 个月	按要求	用 AUTOL-TOP 2000 润滑
2	钩舌腹板	3 个月		用 AUTOL-TOP 2000 润滑
4	钩板背面	3 个月		用 AUTOL-TOP 2000 润滑
9	中枢(油嘴)	3 个月		用 AUTOL-TOP 2000 润滑
6	车钩端面	3 个月		用镀锌 HS 300 处理
3	凹凸锥	3 个月		用镀锌 HS 300 处理
7	卡圈	5 年(大修)		用 AUTOL-TOP 2000 润滑
8	排水孔	每年		—

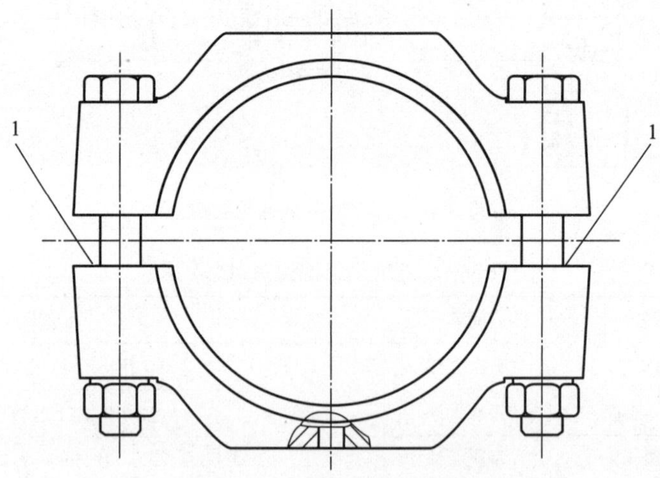

图 3-3-18　套管连接的润滑点

表 3-3-4　套管连接润滑要求

序号	品名	间隔	数量	润滑剂/涂层
1	下套管孔	每年	把孔填满	AUTOL TOP 2000

(3)收尾

接通电源。

4. 油漆

(1)准备

切断电源。

(2)喷漆

如果涂层损坏,则修复防腐漆。一年至少检查一次涂层。

(3)收尾

接通电源。

二、车钩机械装置检修工作

1. 检修准备

(1)将车钩从车体上拆下。

(2)将电动头从车钩上拆除。

(3)更换所有可插软管(可插软管参见部件清单“车钩控制装置”)。

2. 车钩头拆卸及维修

大修期间,必须拆下、分解、清理车钩头,并检查是否受损。应当测量车钩锁的游隙。如果超过许可游隙,则应当更换车钩锁元件。

检修流程如下:

(1)测量钩锁间隙。如超出允许间隙,需卸下并分解钩锁,检查零件是否损坏和磨损,若损坏需更换磨损零件。钩锁间隙测量仪如图 3-3-19 所示。

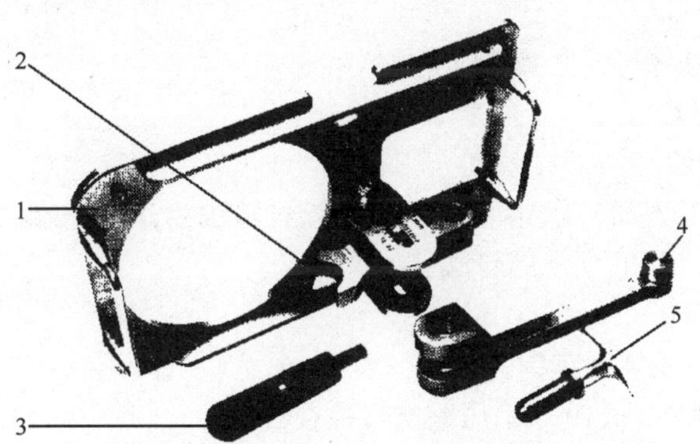

图 3-3-19　钩锁间隙测量仪

1—规体;2—测试钩板;3—手柄;4—连杆;5—连杆销

(2)拆除车钩头。

(3)拆解车钩头。

(4)清理零件:将从车钩上拆解下来的零部件做清洁处理。

(5)检查下列部件有无磨损(只有在必须拆卸车钩锁时):钩舌(孔、腹板)、钩板(中心钻孔、钩板室)、中枢(螺栓轴)、中枢轴套、钩舌销、拉簧。

(6)更换磨损零件。

(7)更换解钩绳。

(8)每两次大修更换中心枢轴轴承衬套。

(9)必要时重新上漆。

(10)依照润滑图表来润滑车钩锁和车钩头部件。

3. 解钩气压缸的拆卸及维修

大修期间,必须将气动解钩气压缸拆下、拆除并检查有无损坏。解钩气压缸的位置如图 3-3-20 所示,操作及检修流程如下:

(1)从车钩头上拆下解钩气压缸。

(2)拆卸解钩气压缸。

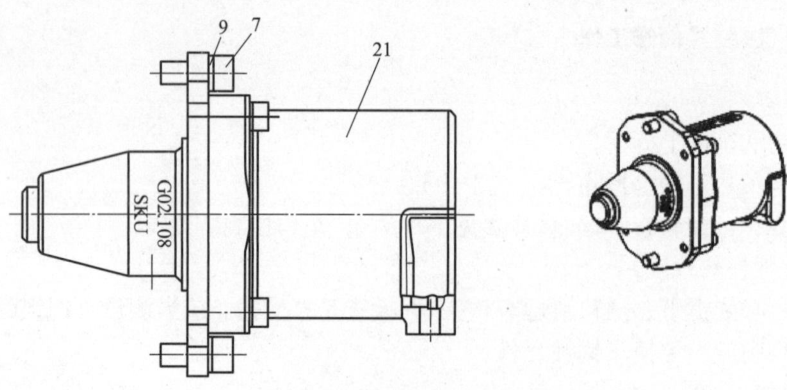

图 3-3-20 解钩气压缸位置

7—内六角螺钉;9—锁紧垫圈;21—解钩气压缸

(3)清理零件。

(4)检查零件的磨损情况,更换磨损零件。

(5)更换活塞O形环。

(6)必要时重新上漆。

(7)用 AUTOL TOP 2000 润滑O形环、压簧、缸盖法兰、汽缸内侧以及活塞杆。

(8)用 RIVOLTA GWF 润滑螺钉端。

(9)装配解钩气压缸。

(10)将解钩气压缸安装到车钩头上。

(11)用皂液和 0.1 MPa(10 bar)压缩空气检查气密性。

4. 主风管(MRP)和解钩管的风管接头的拆卸及维修

架大修时,每次一般检查时须拆下、分解、清理风管接头,并检查有无损坏。必须依照维修进度表定期更换衬垫。大修操作流程如下:

(1)拆卸风管接头。

(2)清理零件。

(3)更换阀挺杆中的橡胶环、密封环、橡皮管衬垫和O形环。

(4)每两次大修更换一次阀挺杆。

(5)检查其他部件有无磨损,必要时更换。

(6)根据需要重新上漆。

(7)用 RIVOLTA GWF 润滑螺钉。

(8)装配风管接头。

5. 电动头的操作装置的拆卸及维修

每次一般检查期间必须拆除、拆卸电动头操纵机构,进行清洁并检查有无损坏和渗漏。

大修规程如下:

(1)拆除气动缸。

(2)拆除并分解传动装置。

(3)拆下电动头。

(4)分解气动缸。

(5)清理零件。

(6)更换弧刷、橡胶环(U形轮廓)和O形环。

(7)检查其他零件的磨损情况,更换磨损零件。

(8)必要时重新上漆。

(9)用 AUTOL-TOP 2000 润滑O形环密封件、活塞杆、气缸内侧以及盖板法兰。

(10)组装气动缸。

(11)清理零件。

(12)检查零件有无损坏。更换损坏和磨损零件。

(13)补防锈漆。

(14)用 RIVOLTA GWF 润滑螺钉端部和螺栓端部。

6.配有减振装置的车钩牵引杆的拆卸及维修

每次一般检查期间,必须对车钩牵引杆进行拆卸、清理和检查受损。如果压溃管变形,则必须分解减振装置。如果车钩牵引杆的长度减少了 5 mm 以上,则必须对车钩牵引杆再次加载。如果车钩牵引杆的长度减少了 5 mm 以上,则必须更换压溃管。

(1)拆下车钩牵引杆。

(2)测量车钩牵引杆。

(3)必要时给车钩牵引杆重新涂漆。

(4)安装车钩牵引杆。

7.橡胶垫钩尾座的拆卸及维修

每次常规检查期间应当拆卸橡胶垫牵引装置,进行清洁并检查有无损坏。每两次常规检查必须更换橡垫子和托簧。

(1)取下橡胶垫钩尾座。

(2)拆卸橡胶垫钩尾座。

(3)用压缩空气或干燥的碎皮清理零件。

(4)检查托簧有无裂纹和损伤:如果裂纹深度超过 3 mm,或者长度超过 10 mm,则更换弹簧。否则在每两次常规检查后更换弹簧。信息如果裂纹深度超过 3 mm,长度超过 10 mm,则更换托簧和橡胶垫。

(5)清洁轴承座。

(6)更换轴承座衬套。

(7)更换擦环和耐磨盘。

(8)用干燥的毛刷清理橡胶垫。用酒精去除顽渍。橡胶垫牙侧磨损属正常现象,无须更换橡胶垫。

(9)每两次大修时,或者裂纹深度超过 3 mm 并且长度超过 10 mm 时,更换橡胶垫。

(10)根据需要对零件重新上漆。

(11)用 AUTOL-TOP 2000 稍稍润滑耐磨盘座圈、擦环、轴颈座圈以及两个筒体的座圈啮合表面。

(12)稍稍润滑轴承座衬套和轴颈。

(13)安装前用 RIVOLTA GWF 来润滑螺钉端部。

(14)用 AUTOL-TOP 2000 润滑拉杆卡圈进行防腐。

(15)装配橡胶垫钩尾座。

(16)安装橡胶垫钩尾座。

8.电动头的拆卸及维修

在拆除并分解组合件之后，必须更换自锁螺母、舌片垫圈、锁紧垫圈、弹簧型直销和锁紧垫圈等标准件。将电动头从车钩上拆除。每次常规检查期间都必须拆除电动头，以便检查电触点和端子有无损坏。无须拆卸电动头即更换受损的触点和端子。

(1)用干抹布清洁触头和接触块，使用触点喷雾以免由于潮湿和灰尘产生漏电流。

(2)用干擦布清洁护盖内外部或使用无油压缩空气。

(3)检查拉簧有无损坏，更换受损拉簧。

(4)用干布清洁电动车钩外壳前侧：借助于无油压缩空气将喷粉从定心衬套上清除。

(5)更换橡胶框。

(6)渗透油润滑接合面及转动点。

(7)如果箱体的绝缘塑料涂层受损，则必须用耐风化二组分聚氨基甲酸酯清漆重新施涂。

9.盖板的拆卸及维修

每次常规检查期间应当必须拆除盖板，进行清洁并检查有无损坏。必须拆除以便触及盖板下的部件。

(1)拆下盖板。

(2)清洁部件并用高压气流清除污垢。

(3)用 RIVOLTA GWF 润滑螺钉。

(4)补防锈漆。

(5)安装盖板。

10.对中装置的拆卸及维修

每次常规检查期间应当拆卸对中装置，以便进行清洁并检查部件有无损坏。

(1)拆除对中装置。

(2)分解对中装置。

(3)用压缩空气或干燥的碎皮清理零件。

(4)用刚性金属线打开排水孔。

(5)检查凸轮盘和衬套有无磨损，更换磨损部件。

(6)检查弹簧是否断裂，更换断裂弹簧。

(7)用 RIVOLTA GWF 润滑螺钉端部和销端部进行防腐。

(8)用 AUTOL-TOP 2000 润滑壳部件和内侧进行防腐。

(9)补防锈漆。

(10)组装对中装置。

(11)安装对中装置。

11.卡环的拆卸及维修

常规检查期间应当分解套管连接。出于修理目的分解卡环(图 3-3-21)时，需清理套筒并检查套筒是否受损。出于安全因素，卡环分解后或螺钉于运行中松脱时，应更换所有螺旋接头。

(1)分解套管连接。

(2)清理套筒，检查套筒是否受损。即使在维护间隔期也需对有裂纹的套筒进行更换。

(3)需要时对套筒外表面重新上漆。

(4)用 AUTOL-TOP 2000 处理卡圈。

(5)用 RIVOLTA GWF 润滑螺钉端。

(6)用清洁剂 LOCTITE 7063 清洁螺钉和螺母的座圈表面。

(7)用刚性金属线打开排水孔。

(8)安装套管连接。

12. 接地装置的拆卸及维修

每次大修期间须拆下和清理地线，并检查有无受损。接地线位置如图 3-3-22 所示。

(1)拆卸所有地线。

(2)更换所有螺钉和垫圈。

(3)检查地线有无损坏，需要时更换。

(4)清理接地标记，如遗失或受损，应更换。

(5)检查接地插口有无腐蚀，需要时清理。

(6)装配地线。

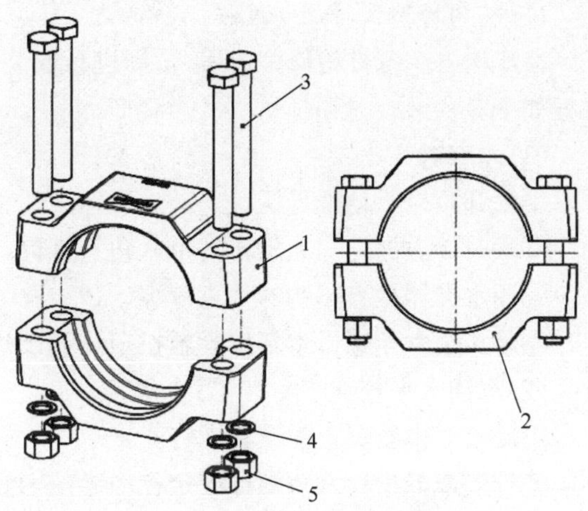

图 3-3-21　卡环

1—卡环；2—卡环；3—六角头螺钉；4—防松垫圈；5—六角螺母

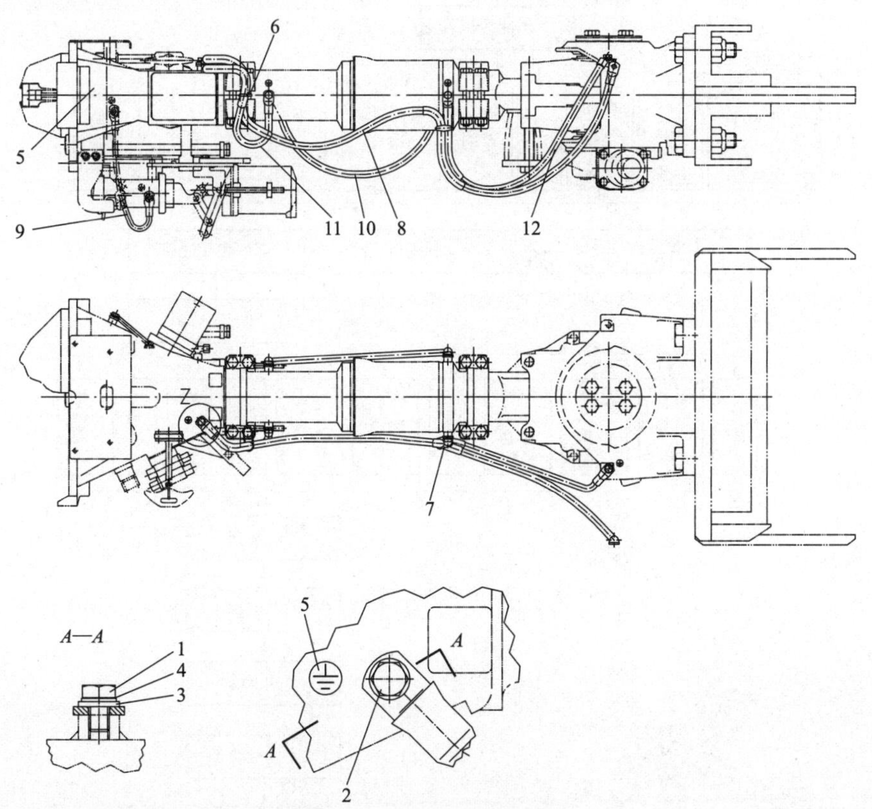

图 3-3-22　接地线位置

1—六角头螺钉；2—接地端子；3—平垫；4—弹垫；5—接地标识；6～7—接地点；8～12—接地线

13. 整钩的测试与调整过程

在车钩各个部件检修完成后，重新进行安装并进行整钩的测试与调整，如图 3-3-23 所示。过程如下：

(1)垂直对齐

①松开 4 个六角螺母。

②顺时针方向均匀地旋转 2 个六角头螺钉，使车钩升高，反之则降低。

③用水准器检查车钩的垂直校准。

④将 4 个六角螺母重新拧紧至扭矩(350±10) N·m。

(2)车钩水平校准

①旋松对中装置上的锁紧螺钉。

②拧入或拧出与六角螺母固定在一起的六角头螺钉，根据纵向车轴水平校准车钩。

③重新上紧锁紧螺钉，固定车钩位置。

对于锁紧螺钉 M10：扭矩为(110 ± 5) N·m

对于锁紧螺钉 M16：扭矩为(300 ± 10) N·m

其他测试。

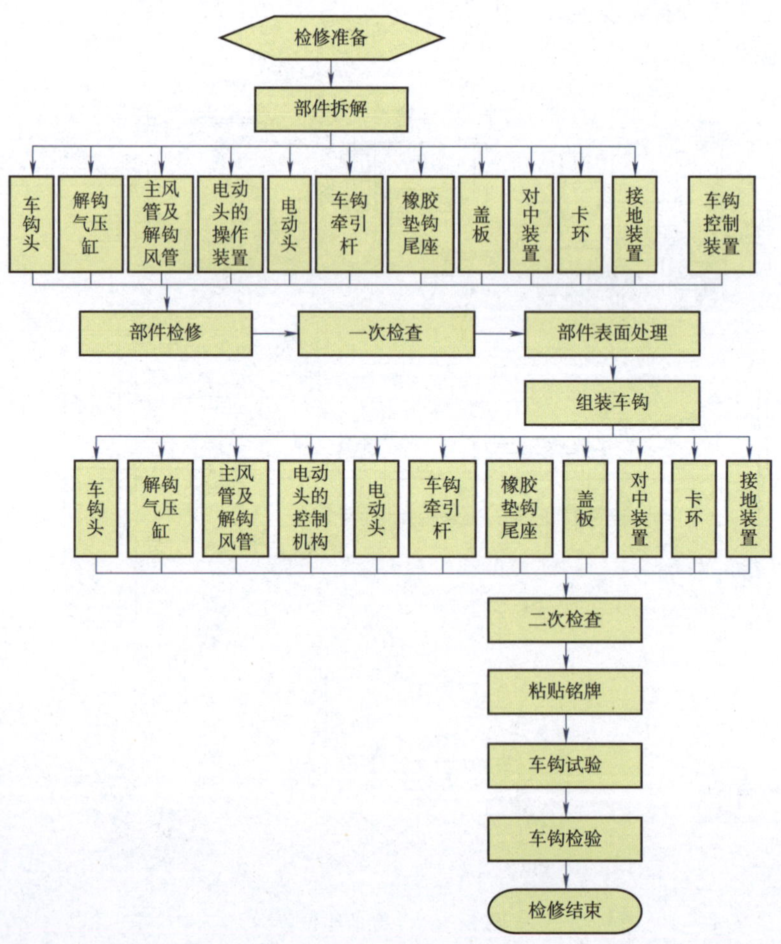

图 3-3-23　车钩装置检修流程

三、车钩装置故障诊断及处理/故障隔离

1. 连挂故障(表 3-3-5)

表 3-3-5　连挂故障诊断

故障类别	可能的原因	排除办法
全自动连挂失败	没有达到连挂需要的最小速度	把车辆分开。连挂前把驾驶的车辆停在静止车辆前 1 m 处,然后重新开始。把速度增加到至少 0.6 km/h
	车钩面上可能有污垢及外来杂质	把车辆分开。清洁钩面,重新进行连挂
	凸锥或锥体上可能有污垢	用空气流喷射清除杂物,重新进行连挂
	钩锁太紧	润滑钩锁(钩板嘴和连接杆板)
	钩锁已经损坏	在车间修理钩锁

2. 解钩故障(表 3-3-6)

表 3-3-6　解钩故障诊断

故障类别	可能的原因	排除办法
手动解钩失败	作用在车钩上的牵引力太大,阻碍了钩锁转动	降低负载(不能给车辆施加制动)
全自动解钩失败	按钮驱动错误	再次按住按钮 5～10 秒钟
	电力不足	切断电源
	作用在车钩上的牵引力太大(车辆制动不均匀)	降低负载(不能给车辆施加制动)
	钩锁太紧	手动解钩检查钩锁是否破坏,润滑钩锁(钩板和连接杆)
	解钩气压缸活塞杆堵塞或弯曲	清扫活塞杆,用 RIVOLTA SKD 3400 润滑活塞杆
	风缸管内压力不足	检查气路系统,增加风管压力[最小压力:0.6 MPa (6 bar)]
	解钩气压缸的连接软管漏气	拧紧螺纹连接处的螺母;使用肥皂液检查是否漏气;使用 Loctite 572 密封剂密封螺纹

3. 主风缸管和解钩气压缸管的风管连接故障(表 3-3-7)

表 3-3-7　主风缸管和解钩气压缸管的风管连接故障

故障类别	可能的原因	排除办法
主风缸管连接漏气	密封圈损坏	更换密封圈(不能拆去风管连接)
	橡胶管损坏	更换橡胶管
	带有橡胶圈的阀凸损坏	更换橡胶圈或阀凸
	压力簧损坏	更换压力簧
	软管、螺纹连接或密封圈损坏	更换渗透管;小心地拧紧螺纹连接;使用肥皂液检查各部件是否漏气;使用 Loctite572 密封剂密封螺纹

续上表

故障类别	可能的原因	排除办法
解钩气压缸管连接漏气	垫圈损坏	更换垫圈
	O形环损坏	更换O形环
	压力簧损坏	更换压力簧
	软管、螺纹连接或密封圈损坏	更换渗透管;小心地拧紧螺纹连接;使用肥皂液检查各部件是否漏气;使用Loctite572密封剂密封螺纹

4. 电动头操作装置故障(表3-3-8)

表3-3-8 电动头操作装置故障

故障类别	可能的原因	排除办法
电动头不能向前或向后移动(气路部分)	球阀关闭	打开球阀
	主风管内无压力	打开车辆上的止挡阀(如果有的话)
	压力不足	检查气路系统,把压力增加到0.6 MPa(6 bar)
	气缸活塞太紧了	检查并且清扫缸盖上的活塞杆导向(用RIVOLTA SKD 3400润滑)
	活塞O形环密封损坏	更换O形环
	5/2位方向阀出故障	检查,使用无油压缩空气清洁或更换阀
	堵塞软管或螺纹连接损坏	更换软管;拧紧螺纹连接;使用肥皂液检查是否漏气;使用Loctite572密封剂密封螺纹
电动头不能向前或向后移动(机械部件)	装置堵塞或损坏	清洁或校直装置。如果必要则要更换,使用不含酸的渗透油润滑连接处
	盖导向有污垢或损坏	清洁盖导向,检查破损情况,润滑并且更换破损件
	导向杆有污垢	干洗并且润滑导向杆

5. 车钩杆(表3-3-9)

表3-3-9 车钩杆故障诊断

故障类别	可能的原因	排除办法
运行时有喀哒声,零部件连接不紧	可压溃管损坏	拆卸车钩杆,更换可压溃管

6. 橡胶缓冲装置(表3-3-10)

表3-3-10 橡胶缓冲装置故障诊断

故障类别	可能的原因	排除办法
车钩与轨道上表面不平行	垂直位置调节不当	调节车钩高度
	支撑簧调节不当	调节车钩高度
	一个橡胶簧磨坏了或破裂(破裂或老化)	更换橡胶簧
	抗摩擦圈磨坏了	更换摩擦圈

续上表

故障类别	可能的原因	排除办法
车钩与轨道上表面不平行	缓冲装置上的橡胶缓冲件磨坏了或破裂了	更换橡胶缓冲件
	中心件损坏	拆下橡胶缓冲装置，检查中心件的破损情况

7. 电动头故障(表 3-3-11)

表 3-3-11　电动头故障诊断

故障类别	可能的原因	排除办法
传导电流不足	电缆芯损坏	检查电缆芯是否连续传导，检测备用电缆芯连续传导情况。如有必要则需要更换电缆
	触头尖有污垢	清洁触头尖。用清洁抹布和触头喷剂清洁堵塞的触头
	活动触头堵塞	用拇指压住触头尖。如有必要则更换触头
	内触头堵塞，塑料衬套损坏	如有必要则更换触头
	外触头损坏	如有必要则更换触头
	固定触头损坏	如有必要则更换触头
短路	触头或绝缘块堵塞	
	触头和绝缘块上有结晶水	用热气流小心地烘干
	由于结晶水引起漏电	使用触头喷剂
	箱体内有水	检查橡胶底架的边缘是否损坏。如有必要则需要更换橡胶底架。用热气流将其烘干
电缆或端子柱烧焦	端子柱的绝缘部分损坏	打开电动头箱，检查端子柱。使用热塑管保护端子柱
	当隔离(缩回)电动头时，触头尖的湿度可能会引发电弧	用无油压缩空气、清洁的抹布、和触头喷剂清洁触头。如有必要则需更换触头
电缆擦破或扭结	电缆的弯曲半径太小	增加弯曲半径。(自由活动电缆：至少是电缆直径的10倍；固定电缆：至少是电缆直径的6倍)
	电缆悬挂不当，车辆上的电缆固定装置拉的过紧	检查悬挂情况和电缆路线
连挂时不成直线	中心销弯曲	拉直中心销
	中心销损坏	更换中心销。因而要拆下绝缘块和箱体，小心地加热中心销。热装上新的中心销
	中心销衬套堵塞	用无油压缩空气清洁中心销衬套
	中心销套磨损	更换衬套
	绝缘块不在直线上	校正绝缘块
当电动头缩回时保护盖关不上	保护盖和箱之间有外来杂质	除去外来杂质
	保护盖轴承太紧	用无油压缩空气清洁保护盖轴承，并使用 RIVOLTA T. R. S. 加以润滑，如有必要则更换轴承

续上表

故障类别	可能的原因	排除办法
当电动头缩回时保护盖关不上	操作装置太紧、损坏或弯曲	用 RIVOLTA T. R. S. 润滑操作装置，将其拉直或进行更换
	控制杠杆弯曲	拉直控制杠杆，如有必要则进行更换
	张力弹簧损坏或丢失	重新安装或更换新的张力弹簧
连挂时保护盖打不开	保护盖已磨损	修理保护盖，如有必要则进行更换
	保护盖轴承太紧	用无油压缩空气清洁保护盖轴承，并使用 RIVOLTA T. R. S. 加以润滑，如有必要则更换轴承
	控制杆弯曲	拉直控制杆，如有必要则进行更换
	操作装置太紧、损坏或弯曲	用 RIVOLTA T. R. S. 润滑操作装置，将其拉直或进行更换

8. 对中装置(表 3-3-12)

表 3-3-12　对中装置故障诊断

故障类别	可能的原因	排除办法
车钩不能重新对中	凸板阻塞	检查并且润滑销、套以及板的凹槽。如有必要的话，就要更换
	凸板磨坏了	更换凸板
	Belleville 弹簧坏了	更换弹簧
	杆太紧了	润滑杆
	套阻塞	清洁并且润滑
	滚子磨损	更换滚子

9. 套管连接故障(表 3-3-13)

表 3-3-13　套管连接故障诊断

故障类别	可能的原因	排除办法
车钩无法对接	套管松动，没有夹紧作用	更换套管连接和螺钉
	紧固螺钉被腐蚀，螺母松动	更换套管连接和螺钉
	紧固螺钉磨坏了	更换套管连接和螺钉

10. 接地保护(表 3-3-14)

表 3-3-14　接地保护故障诊断

故障类别	可能的原因	排除办法
车钩部件带电	固定螺钉损坏或丢失，使接地线松了	使用螺钉把接地线固定到接地连接线上
	接地线磨损	更换接地线

巩固与练习

一、单选题

1. 踏板平面发生变形，最大翘曲不允许超出平面（ ）mm。

A. 3　　B. 4　　C. 5　　D. 6

2. 轨道车辆车门类型，按其开启方式的不同进行区分（ ）种。

A. 4　　B. 3　　C. 5　　D. 2

二、判断题

1. 在踏板表面相邻等距离进行多次测量，如踏板组成较踏板平面下沉超过 3 mm，则检查踏板组成折页有无变形，并对变形折页进行更新。（ ）

2. 螺钉组成结构防松标记画法为：垂直画在螺钉帽和被连接件上面，防松标记画在螺钉帽上面的长度 H_1 应为 4～10 mm。（ ）

3. 门板完全打开位置连接板安装螺栓距车体外表面距离≥6 mm。（ ）

4. 由于车钩装置在日常的运营服务中使用频率较低，为节约成本，后续可以取消对车钩的检修。（ ）

三、简答题

1. 简述车体的作用与分类。
2. 说明车体的组成及各部分的作用。
3. 简述如何对车体钢结构探伤。
4. 内装设施部件的检修包括哪些？
5. 简述贯通道的作用及结构。
6. 说明检修踏板组成的要点。
7. 简述涂打密封胶的步骤。
8. 轨道交通车辆车门的类型有哪些？
9. 简要说明塞拉门系统的结构。
10. 门驱盖板检修的要点是什么？
11. 紧急解锁装置如何检修？
12. 紧固件防松标记的涂打标准是什么？
13. 简述车钩装置的概念和分类。
14. 简述全自动车钩的结构组成。
15. 简述预防性维护工作的内容。
16. 简述车钩机械装置的检修内容及步骤。
17. 简述整钩的测试与调整步骤。
18. 车钩对中装置的故障原因有哪些？如何排除？
19. 解钩的主要故障有哪些？可能的原因及排除方法有哪些？

项目四　空调系统的检修与维护

人们在旅途过程中对乘车舒适度和环境的要求越来越高，就要保证空调系统的安全运行，因此空调系统的维保就显得尤为重要。本项目详细介绍空调机组的的基本结构和功能，通过各部件的故障分析和检修训练，以提高读者的动手技能和分析能力。

学习任务一　空调机组的故障诊断

学习目标

1. 知识目标

(1)了解空调系统的基本功能。

(2)掌握空调系统的基本组成。

(3)掌握空调系统常见故障的判断处理。

(4)了解空调系统故障原因。

2. 能力目标

(1)会查找空调系统故障原因。

(2)会处理空调系统的常见故障。

3. 素质目标

(1)培养学生爱岗敬业、担当奉献的责任感。

(2)培养学生良好的心理素质和克服困难的能力。

知识链接

一、空调系统概述

空调系统是将经过处理后的新风空气，通过车辆管路以一定流速送入客室内，并将轨道车辆内的污浊空气排出车外，以此控制客室内空气温度、湿度以及清洁度，提高车内舒适性，改善乘车环境的设备。

城市轨道交通车辆具有载客量大、停站距离小、开关门频繁、运营工况复杂等特点，因此要求空调系统的设置需考虑车内热负荷频繁变化对空调性能的影响，并最大程度提高乘客乘坐的舒适性。

在地铁列车的整体设计过程中，空调系统在整个车辆设计中占有重要地位，该部件关系着全体乘载人员的舒适性。为了新风的风源质量，空调机组的布置位置通常有两种形式，即安放在车顶的两端或车长的 1/4 和 3/4 处。安放位置取决于车站排热风井的位置，即车辆停站后，尽量保证空调机组冷凝风机在排热风井的正下方，同时，空调机组冷凝排风为侧吸入顶排出的形式。空调机组目前常用的结构有定频和变频之分，主要对应的是压缩机机组以及控制盘有所不同。选用变频空调的最初目的是为了在长期运营过程中节能减排、绿色运营，但通常受到地铁站点多、频繁开关门影响，变频空调在较短站间距时效果不是很明显。

二、空调系统主要结构

空调系统装置按照基本功能分主要包括通风系统、空气冷却系统、空气加热系统、空气净化系统和自动控制系统。为了实现上述功能，地铁车辆的空调系统主要涵盖以下部件：

客室空调机组、司机室空调机组、司机室通风单元、司机室足部加热器(依需)、客室风道、司机室风道、客室排水、车顶排水滤网、司机室排水、客室电加热器(依需)、客室废排、客室送回风等。

1. 客室内气流走向

客室空调机组主要用来处理车内外空气，将新鲜空气及车内回风混合后的空气经过滤后，再经蒸发器冷却除湿作用，最终使得处理后的空气温湿度满足车内舒适性要求。

空调机组按其送回风方式，可分为多种模式，常见的送回风方式有前送下回、前送前回、下送下回。

空调机组的子部件主要包括：不锈钢壳体、制冷管路、滤网、压缩机、蒸发器、冷凝器、通风机、冷凝风机、干燥过滤器、视液镜、温度传感器、电动风阀、节流装置、保护元件和空气净化装置等。

空调系统性能指标主要包括空调机组的性能参数，该性能参数的定义需优先满足项目合同要求。在满足功能要求的同时，应兼顾系统节能设计。空调机组的定量化性能参数主要有：新风量、总风量、噪声、制冷量、制热量及能效比等。对于装车后整车性能，主要包括：静态新风量、总风量、车内正压、设定温度与实际温度的偏差以及同一水平面上任意两点间的最大温差和同一垂直面上任意两点间的最大温差，这些参数需在车辆装车调试后进行验证。

司机室通风循环过程如图 4-1-1 所示。

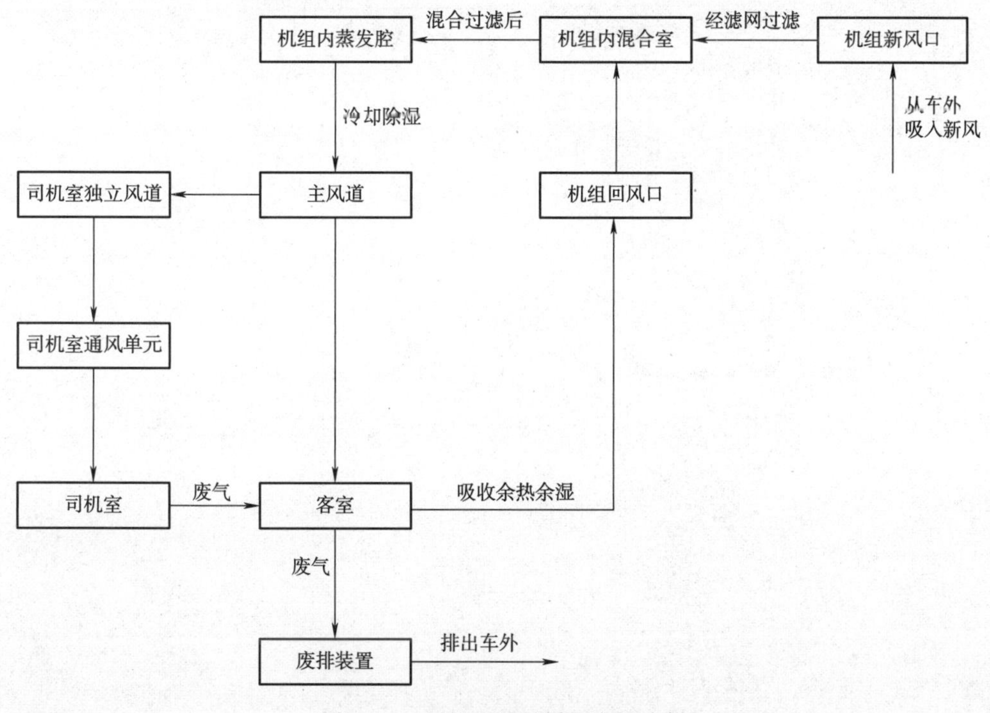

图 4-1-1　司机室通风循环流程示意

车辆的实际气流走势如图 4-1-2 所示。

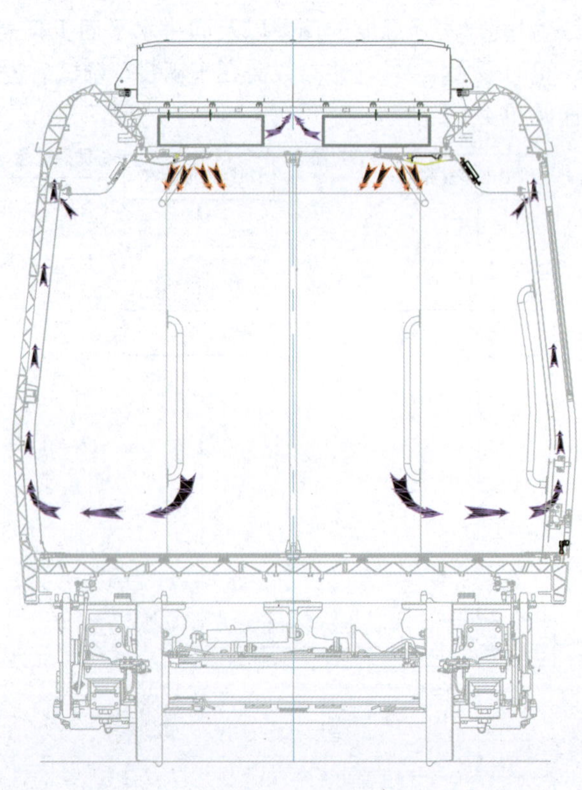

图 4-1-2　气流走势

2. 客室空调机组的功能

客室空调机组的工作主要是基于新风、回风或送风温度传感器的信号反馈进行动作。空调机组将实际车内当前温度与目标温度的对比，空调工作在相应的全冷、半冷、弱冷及通风等工况下。空调温度控制由控制器软件控制，至少包含以下功能。

空调机组一般具有预冷、预热、制冷、制热、通风、紧急通风等功能，制冷模式下车内目标温度可根据 UIC 553 公式计算或司机强制给定车内目标温度。

预冷：如果系统开机即检测到温度高于目标温度，且外温＞25 ℃时，则执行预冷状态，将新风阀关闭，回风阀打开，空调工作在全冷状态。当温度降至低于目标温度 1 ℃或预冷持续 30 min 后，结束预冷状态，将新风阀打开，转入正常制冷模式。

预热：如果系统开机即检测到室内温度低于目标温度，且外温＜15 ℃时，则执行预热状态，将客室新风阀关闭，回风阀全开，空调工作在全回风的采暖状态。当温度升到目标温度以上 2 ℃或预热持续 30 min 后，结束预热状态，将新风阀打开，转入正常制热模式。

三、空调机组的结构组成

客室空调机组组成如图 4-1-3 所示。

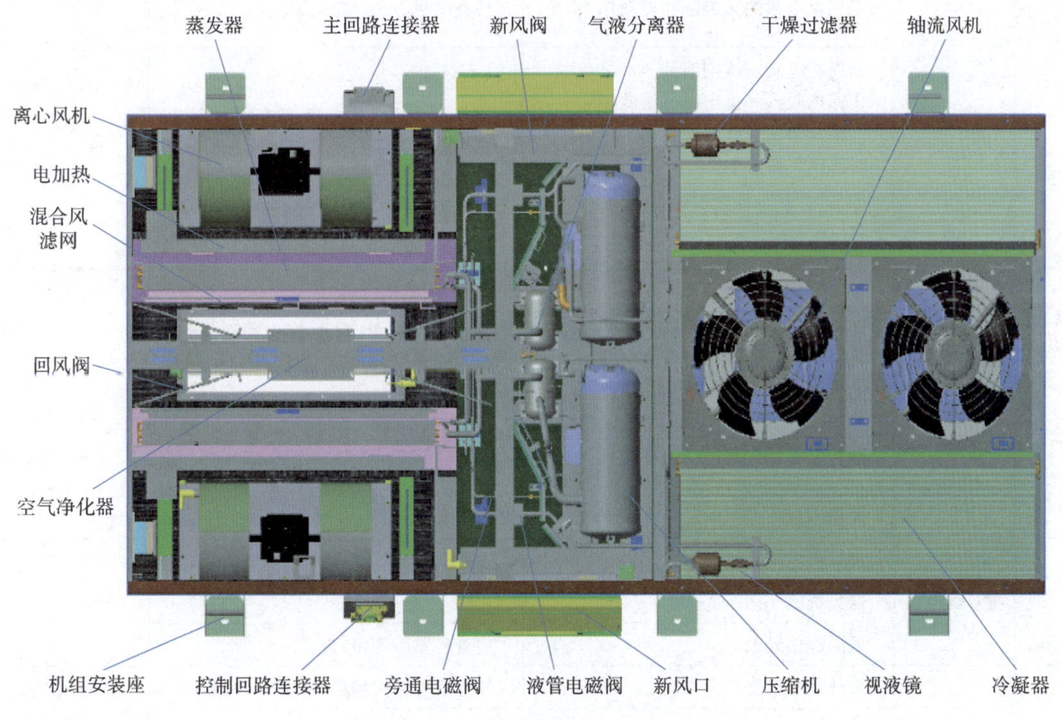

图 4-1-3 客室空调机组组成

技能训练

在客室空调机组出现故障时，可以参照表 4-1-1 的空调机组故障诊断表进行故障分析和处理。

表 4-1-1　空调机组故障诊断表

序号	故障描述	原因	应对措施	注意事项
1	不出风	离心风机的配线方面： ①连接器处断线 ②配线处螺丝松动	查看电路接通情况，修理紧固	
		电动机烧损或断路	测线圈电阻是否平衡，更换电机	
		控制线路及电器故障	检查电路及电器元件，修理或更换	
2	风量小	蒸发器结霜严重或脏堵	检查(目视)，送风运转化冰、霜	
		滤尘网过脏	检查(目视)，清洗	
		风机叶片积垢	检查，清洗	
3	不冷	压缩机电机不转： ①电机断路、烧损 ②高压压力开关动作 ③低压压力开关动作 ④温度传感器失灵 ⑤配线端子螺丝松动 ⑥压缩机机械故障 ⑦风机电机的热磁断路器动作	测定线圈电阻，更换压缩机见第 6 项、第 7 项 检查，更换 查看接通情况，拧紧 检查压缩机，修理或更换 检查电机电流，修理或更换	
		压缩机运转制冷剂泄漏： ①室内吸入和排出空气温度相同 ②蒸发器回气管温度过高 ③压缩机电流小	修理制冷循环系统，重新充注制冷剂	
4	冷量不足	室内、外热交换器积满脏物	检查，清洁	
		蒸发器结冰	检查(目视)，送风化冰	
		设定温度过高或动作不良	检查，调整或修理	
		少量制冷剂泄漏	测定运转电流，根据制冷剂泄漏判定表进行判定，修理制冷剂循环系统，重新充注制冷剂	
		制冷剂充注过多	测定运转电流，电流过大，重新充注制冷剂	
		风量不足	见第 2 项	
5	振动噪声大	通风机电机轴承异常	检查风机的平衡性，修理风机	
		通风机不平衡		
		紧固部位松弛	检查各紧固部位，拧紧	
6	高压压力开关动作	室外热交换器脏	检查室外热交换器，清洁	
		制冷剂充注过多	电流过大，重新充注制冷剂	
		冷凝风机反转	检查，将相序调整正确	
		排气管段堵塞	检查，修理	
		室外冷凝风机不转： ①电机烧损 ②电机的球轴承损伤	测定线圈电阻是否平衡，更换电机 检查，更换球轴承	
		空气或不凝性气体混入系统中	重新充注制冷剂	

续上表

序号	故障描述	原因	应对措施	注意事项
7	低压压力开关动作	制冷剂泄漏	压缩机电流小,修理制冷剂循环系统	
		吸入空气温度太低	蒸发器结霜,重新充注制冷剂	
		风量不足	见第 2 项	
		低压管路堵塞 蒸发器散热片堵塞	检查,处理	
8	不暖	电加热配线方面: ①连接器部断线 ②配线连接部螺丝松动	查看导通情况,修理 查看导通情况,拧紧	
		室内通风机停转	见第 1 项	
		温度开关不良	检查工作温度,在常温下触点闭合,50 ℃以上触点断开,30 ℃时复位,更换配件	
9	漏水	回风口漏水: ①排水口堵塞 ②安装不良密封垫处渗水	检查,清理 检查,进行正确安装	

注:在进行空调系统故障处理开箱检查时,务必注意防范机组突然启动造成的损伤。

学习任务二　空调机组的检修与维护

学习目标

1. 知识目标

(1)了解空调机组的子部件维护项点。

(2)了解空调机组的维护表。

(3)掌握空调机组子部件维护的安全要求。

(4)了解空调机组部件的高级别维修项点。

2. 能力目标

(1)会进行空调机组的子部件维护。

(2)会进行空调机组的高级别维修。

3. 素质目标

(1)培养学生的规范作业、团结协作的工匠精神。

(2)培养学生追求真理、实事求是、勇于探究与实践的科学精神。

知识链接

一、空调机组的维护周期定义

对于空调机组的维护周期建议见表 4-2-1。

表 4-2-1　空调系统的维护周期表

维护周期	日检	周检	半月检	月检	三月检	半年检	年检	2 年检	5 年检	10 年检	15 年检
天数/d	1	7	15	30	90	180	360	720	1 800	3 600	5 400
里程/km	—	—	—	—	—	—	12 万	24 万	60 万	120 万	180 万

注:周期与运行里程参照 GB 50157 或行业内最新标准执行,时间和里程以先到为准执行维护作业。

二、空调系统的维护计划

空调系统在正常条件下，需达到表 4-2-2 所示的维修计划要求，在对应不同项目以及供方产品时，可以同步参考近 3～5 年的故障率趋势，以便在高级别维修时进行重点排故处理，以提升整体车队的可靠性和运营舒适度。

表 4-2-2　维护计划

序号	名称	周期	里程/km	任务描述
1	安全检查	半月检	—	目视检查机组连接器、接地、螺栓紧固外观等
2	排水阀检查	月检	—	检查排水阀老化情况，进行清洁或更换
3	冷凝器和蒸发器的清洁	年检	12 万	检查表面的洁净状况，清除大的障碍物
4	冷凝水排水孔的清理	年检	12 万	清洗疏通排水口，使之不被杂物等堵塞
5	管路固定器的检查	年检	12 万	检查管路固定器的固定螺丝、橡胶垫片
6	保温材料的检查	年检	12 万	检查盖板上、蒸发腔保温材料有无脱落、破损情况
7	螺纹连接件的检查	年检	12 万	检查所有螺纹连接
8	制冷循环泄漏的判断和检查	年检	12 万	系统检漏、抽空、充注制冷剂
9	通风机的检查	年检	12 万	检查通风机固定螺栓、接线盒以及接线端子、轴承等
10	冷凝风机的检查	年检	12 万	检查冷凝风机固定螺栓、连接器、轴承等
11	电加热器检查	年检	12 万	检查电加热紧固件、绝缘电阻
12	压缩机检查	年检	12 万	检查压缩机固定螺栓、清洁压缩机表面
13	高、低压压力开关的检查	年检	12 万	目视检查高、低压开关
14	空气净化器检查	年检	12 万	清除空气净化器上的灰尘，测试确认空气净化器正常工作
15	机组减振器检查	年检	12 万	检查机组减振器橡胶部分有无老化、裂纹现象
16	温度传感器的清洁	年检	12 万	检查温度传感器探头，进行清洁
17	干燥过滤器的检查	5 年检	60 万	检查干燥过滤器进口和出口的温度，判断是否堵塞
18	绝缘电阻检查	5 年检	60 万	检查各部位的绝缘老化情况，进行修理或更换
19	盖板和部件表面的检查	5 年检	60 万	查看蒸发盖板及各腔体内部是否有保温材脱落或缺失，采用适当措施进行修补
20	盖板胶条的检查	5 年检	60 万	检查盖板密封胶条有无破损、老化
21	主、控回路连接器的检查	5 年检	60 万	检查连接器是否松动，松动的话紧固
22	电气连接插头的检查	5 年检	60 万	检查各部件电气连接插头，纠正松动现象
23	风机轴承更换	5 年检	60 万	更换风机轴承
24	空气净化器更换	5 年检	60 万	更换空气净化器
25	排水阀更换	5 年检	60 万	更换排水阀
26	盖板密封胶条更换	5 年检	60 万	更换盖板密封胶条
27	新风滤网更换	5 年检	60 万	更换新风滤网
28	混合风滤网框架更换	10 年检	120 万	更换混合风滤网框架
29	空调机组减振器更换	10 年检	120 万	更换空调机组减振器
30	送、回密封胶条更换	10 年检	120 万	更换送、回密封胶条
31	新风风阀更换	10 年检	120 万	更换新风风阀

续上表

序号	名称	周期	里程/km	任务描述
32	回风风阀更换	10 年检	120 万	更换回风风阀
33	电加热器更换(如有)	10 年检	120 万	更换电加热
34	温度传感器更换	10 年检	120 万	更换温度传感器
35	主、控回路连接器更换	10 年检	120 万	更换主、控回路连接器
36	冷凝风机更换	15 年检	180 万	更换冷凝风机
37	通风机更换	15 年检	180 万	更换通风机
38	高、低压压力开关更换	15 年检	180 万	更换高、低压压力开关
39	冷凝器和蒸发器更换	15 年检	180 万	更换冷凝器和蒸发器
40	气液分离器更换	15 年检	180 万	更换气液分离器
41	电磁阀更换	15 年检	180 万	更换电磁阀
42	干燥过滤器更换	15 年检	180 万	更换干燥过滤器
43	单向阀更换	15 年检	180 万	更换单向阀
44	视液镜更换	15 年检	180 万	更换视液镜
45	管路固定器更换	15 年检	180 万	更换管路固定器
46	螺纹紧固件更换	15 年检	180 万	更换螺纹紧固件
47	压缩机更换	15 年检	180 万	更换压缩机
48	排气温度保护器更换	15 年检	180 万	更换排气温度保护器

技能训练

空调机组的大致布局如图 4-2-1 所示。

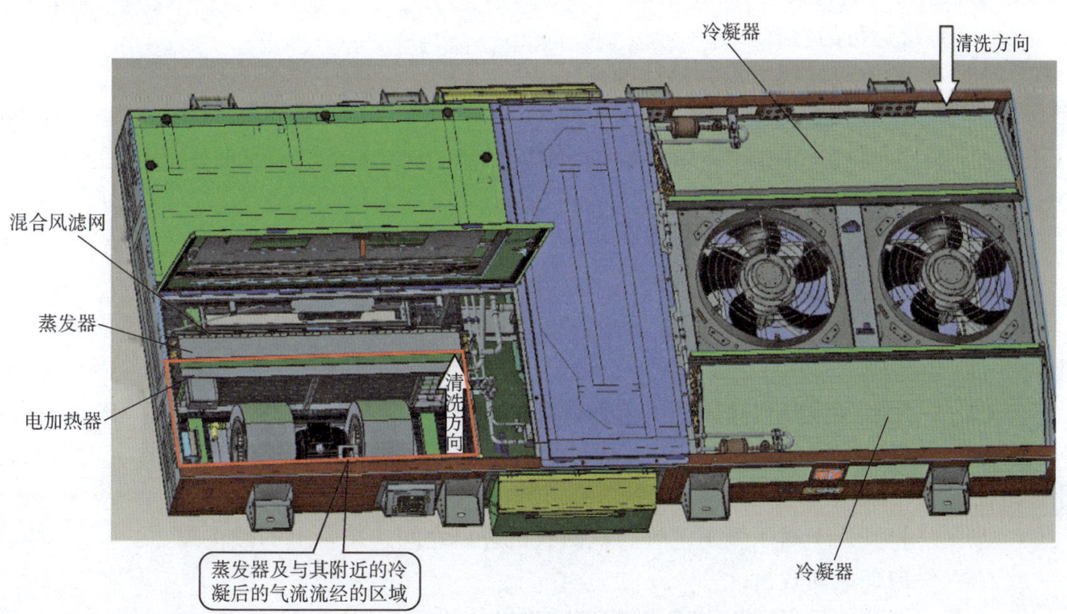

图 4-2-1　空调机组布局

空调系统的子部件涉及内容较多，下文将从制冷循环系统泄漏的判断和检查，风机轴承更换，空调机组减振器更换，高、低压压力开关更换，压缩机更换五个重要的维修内容进行描述。

一、制冷循环系统泄漏的判断和检查

制冷系统设备的连接方式是焊接、螺纹连接、法兰连接。在日常维护作业过程中，制冷系统经常会发生泄漏问题，造成泄漏的原因及多发位置是：材料缺陷（管道）、焊缝裂纹、密封失效（阀件、螺纹连接部位）、管道磨损（弯管外侧）、连接件松动等原因，需要对泄漏位置进行判断和检查。空调系统检漏连接如图 4-2-2 所示。

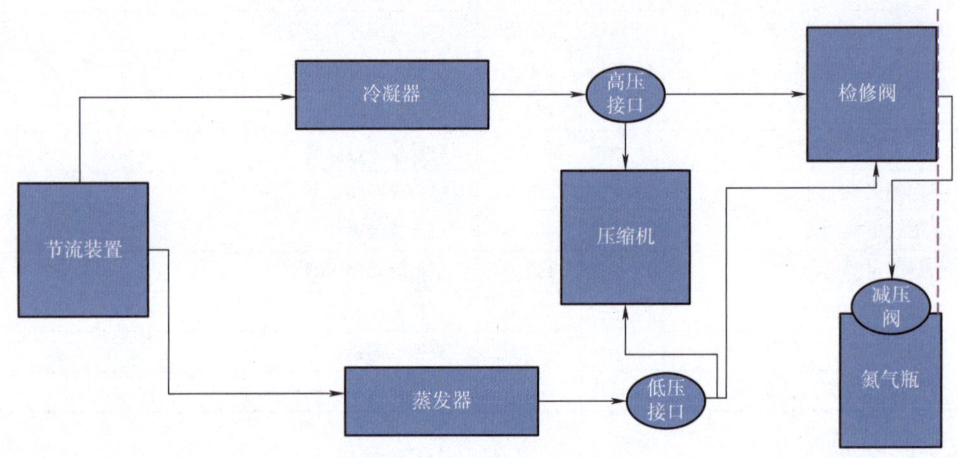

图 4-2-2　空调系统检漏连接

1. 在对制冷位置检修时，需按照如下流程进行：

A——系统运行的检查。

A1——检查视液镜指示并确认颜色。

A2——比较其颜色与标签上的参照颜色。

A3——如果湿度指示器的颜色表示“黄”或“湿”，则表示系统中的水分过多。

B——寻找制冷剂泄漏的位置。

C——完全回收制冷剂。

C1——打开机组压缩机腔盖板。

C2——制作连接管，将针刺钳与截止阀之间使用 ϕ6 mm 铜管（长度根据需求截取）焊接到一起。

C3——用针刺钳夹住高压侧工艺管，将钳头处的针刺入工艺管并夹紧。

C4——将氟回收机的出口与氟回收瓶相连，将氟回收机的进口与连接管上的截止阀相连。

C5——打开处于高压侧工艺管与氟回收机进口之间连接管上的截止阀。

C6——启动氟回收机。

C7——待仪表显示回收完成，关闭氟回收机。

C8——关闭处于高压侧工艺管与氟回收机进口之间连接管上的截止阀。

C9——断开高压侧截止阀与氟回收机的进口的连接。

C10——断开氟回收机的出口与氟回收瓶的连接。

C11——拆下工艺管上的针刺钳。

C12——更换高压侧工艺管。

D——使用钎焊焊开所有与视液镜连接的铜管，使用湿抹布遮挡可能会被火焰影响的区域，以免其他部件受损。

E——清理安装位置，安装新的视液镜。

F——焊接新的视液镜与系统管路的各个连接口。

注意：在操作过程中，注意及时密封系统的管路，不得长时间暴露于空气中。

G——系统检漏、抽空、充注制冷剂。

G1——系统检漏。

2. 为了定位泄漏点，可以采用以下方法，几种方法应视故障的具体情况采用，也可以配合使用，以尽快定位泄漏部位：

(1)外观检漏

制冷系统冷冻油随制冷剂一起在内部循环，若某处有泄漏冷冻油随之漏出，因此从外观上可看出油迹。也可用干净的白纸擦拭检查。

(2)压力检漏

通过充注适当的干燥氮气进行检漏。主要是为了检验系统管路中存在的较大漏点及虚焊产生的漏点。如果在充压过程中，制冷系统充注一定压力后很快降压，表明制冷系统一定有泄漏，必须进行具体的查找，以确定漏点。

(3)肥皂水检漏

这是一种最普通的检漏方法，将肥皂水用毛笔或泡沫塑料涂于被检处进行仔细观察，若有气泡出现即表面该处有泄漏。这种泄漏的前提是空调机给内有残留制冷剂。

(4)检漏仪检漏

制冷系统内部若仍有一定压力的制冷剂而又有泄漏时，可用检漏仪检漏。

卤素检漏仪是一种电子式检漏仪器。适用于空调器的检漏。卤素检漏仪比较灵敏，有的灵敏度可达 5 g/a 以下。当检测到有制冷剂的泄漏时这种仪器会发出蜂鸣报警。使用时，仪器的探口移动速度不大于 50 mm/s。被检部与探口间的距离应为 3～5 mm。由于灵敏度较高，故电子检漏不适宜在有卤素物质和其他烟雾污染的环境中使用。

(5)浸水检漏

这种方法适用于制冷部件的检漏，如压缩机的检漏，在压缩机大修组装以后，向其内部充入氮气(压力 0.8～1.0 MPa)后置于水槽中检漏。

水槽内的水必须干净透明，能见度好，在被检物浸入水中后一定要等表面平静后再进行观察，若有气泡冒出即表明该处是漏点。

二、风机轴承检修及更换

在对空调机组的风机轴承进行更换时，需按照以下步骤进行拆卸。

A——打开电机盖，拆出电机转子。

B——使用适当的拔轮器卡住轴承内圈，将轴承缓慢拆卸下来。

C——拆卸后，取下轴承的保护板和垫圈。

D——使用甲苯和工业酒精(2∶1)的混合液清洗轴承。

E——清洗完毕后,测量轴承的内径,及轴承内外圈的间隙、旋转时的状态。如果轴承状态良好,将 K3N 润滑油涂抹在其两侧,然后装上保护板和垫圈。

F——撕下新轴承外表面和内圈的防锈膜,确保其所有表面均干净。

G——把润滑油涂抹在轴承轴上。

H——可使用木锤轻击轴承内圈,或用铜棒垫在轴承上,缓缓将轴承固定在电机轴的轴径。

注意:不可直接锤击轴承。

I——如果安装轴承十分困难,可将轴承放在油槽中加热到高出室温 70 ℃,但是不应超过 120 ℃。

注意:不要用火直接加热轴承。

J——调整后测试:更换完轴承需要专业人员对风机进行动平衡试验。

三、机组减振器检修

在对空调机组的减振器/垫(图 4-2-3)检修或更换时,需按照以下步骤进行拆卸:

A——松开空调机组与车体固定用螺栓。

B——将空调机组平稳起吊。

C——拆除空调机组与减振器固定螺栓。

D——更换空调机组减振器及其紧固件,所拆下的紧固件作报废处理。

E——装好机组减振器紧固件,涂好防松线。

F——将空调机组与车体紧固,并调平。

G——调整后测试:不适用。

图 4-2-3　机组减振器/垫

四、高、低压压力开关检修

在对空调系统的高、低压压力开关(图 4-2-4)进行拆解检修或更换时,需按照以下步骤进行拆卸:

A——打开压缩机盖板。

B——拆下高压和低压开关的固定器(所拆下的紧固件继续使用,必要时可更换)。

C——从压力开关的快接插头处将接线拆下,拆下高压和低压压力开关。

D——完全回收制冷剂。

E——使用湿抹布遮盖可能会被火焰影响的地方,以免损坏其他部件。

F——使用气焊将高压和低压压力开关焊下。

G——焊上新的高压和低压压力开关。

H——固定好高压和低压压力开关固定器的安装螺栓并用记号笔涂打好防松标记。

图 4-2-4　高、低压压力开关

I——制作高、低压压力开关的连接器接头,接线连接,线束外包裹合适的护套,固定线束。

J——系统检漏、抽空、加氟。

K——线束过墙处涂抹密封胶。

L——盖上盖板,恢复系统。

M——调整后测试,确认高、低压压力开关正常工作。

五、压缩机检修

压缩机在空调系统内的示意图以及内部结构如图 4-2-5 所示。

在对空调压缩机进行拆解检修以及维修时,需按照以下步骤进行拆卸:

A——打开压缩机盖板及冷凝盖板。

B——完全回收制冷剂。

C——使用气焊拆下压缩机及其上方的所有管路以及可能会对更换压缩机有阻碍的管路。

注意:使用气焊时注意对压附近的线缆进行防护,以免烫伤、烧损。

D——拆下压缩机的安装螺栓、抱箍和减振器,所拆下的紧固件继续使用,必要时可更换。

E——拆开压缩机接线盒盖并拆下压缩机的连接电线。

F——将旧压缩机拆出机组。

G——清理安装位置。

H——使用 500 V 兆欧表测量准备安装的压缩机绝缘电阻。

H1——将压缩机任一根引出线与兆欧表的一端相连。

H2——将兆欧表的另一端连接在压缩机外壳的金属部分。

H3——测试绝缘电阻,不小于 5 MΩ 为合格。

I——吊装新的压缩机到安装位置。

J——安装新的压缩机减振器。

K——固定好压缩机的紧固螺栓并涂打好防松线。

L——为压缩机接线,先使用护套包裹电线,再使用扎带捆扎在固线架上,固定好接线盒的紧固螺栓并用记号笔涂打好防松标记。

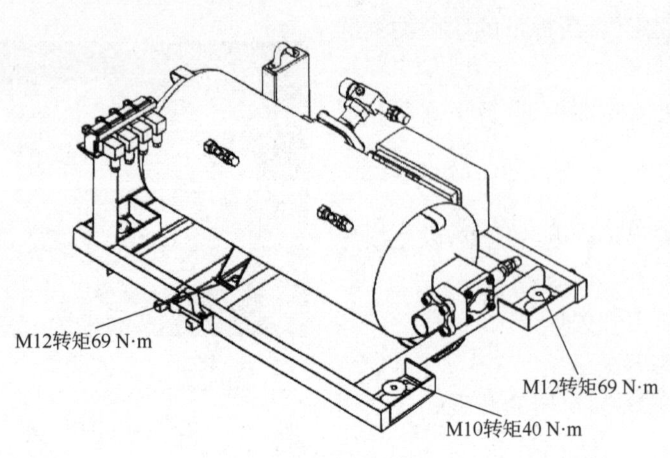

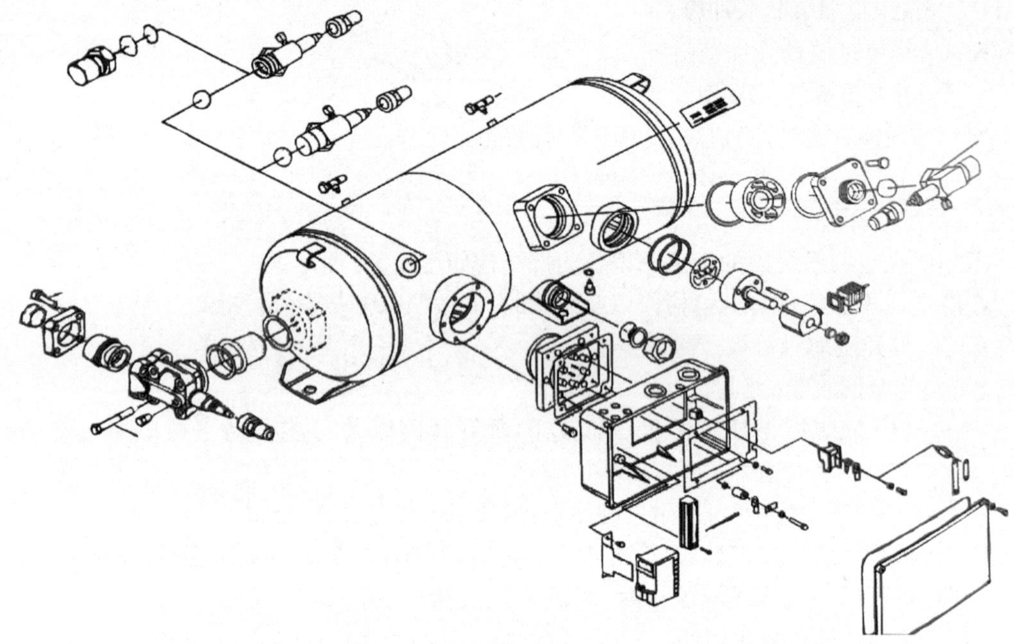

图 4-2-5　空调压缩机

M——安装并焊接管路。

N——系统检漏、抽空、充注制冷剂。

O——调整后测试:运行空调系统,能够正常运转,停机并盖上各盖板,恢复机组。

巩固与练习

一、填空题

1. 根据空调机组的布置,受到运营线路上的影响,通常布置在列车的端部或________位置处。

2. 空调在进行登顶作业时，除了需注意登高作业之外，还需注意拆解空调内部器件时，对________进行固定，避免扇叶突然启动，造成人身损伤。

二、选择题

1. 通常项目执行中需在(　　)对空调的压缩机进行更换。

A. 日常维保每年　　B. 首次架修时

C. 首次大修时　　D. 首次二架维修时

2. 空调机组在出现漏液等故障后，故障处理后续重新添加制冷剂，添注制冷剂后需要等待(　　) min 再次启动空调机组。

A. 立即启动　　B. 5～10　　C. 65～80　　D. 10～20

三、简答题

1. 简述空调系统的基本功能。
2. 简述空调系统的基本组成。
3. 空调机组不出风的原因及应对措施是什么？
4. 空调机组不冷的原因及应对措施是什么？
5. 空调机组制冷循环系统泄漏如何判断和检查？
6. 简述空调机组风机轴承检修及更换步骤。
7. 简述空调机组的检修计划。

项目五　转向架的检修与维护

转向架是轨道车辆结构中最为重要的部件之一，它是保证车辆运行安全稳定的关键部件，因此转向架各部件的日常检修与定期维护就显得尤为重要。本项目讲解转向架的组成等基础知识外引入各部件的检修技能训练，增强读者的动手技能。

学习任务一　转向架的检修概述

学习目标

1. 知识目标

(1)知道转向架的作用。

(2)掌握转向架的组成。

(3)熟悉转向架各组成部分的作用。

(4)掌握转向架的主要检修方法。

(5)掌握转向架各部分的检修工艺流程。

2. 能力目标

(1)会使用部分检修工具和设备。

(2)会区分不同里程检修车的工作模式。

(3)能区分车辆的检修类型和级别。

(4)能对转向架简单的故障进行检测。

(5)能对转向架简单故障进行检修方案制定。

3. 素质目标

(1)培养学生认真负责、一丝不苟的职业精神，提高学生职业素养水平。

(2)培养学生的规范作业、团结协作和安全意识。

知识链接

一、转向架的位置

转向架位于车辆下体部分，通过中央牵引装置、空气弹簧等结构与上体连接，每辆车配置2个转向架，铰接车型除外。

图 5-1-1　城铁转向架一

图 5-1-2　城铁转向架二

二、转向架的作用

(1)车辆采用转向架可以增加车辆的载重、长度和容积,提高列车运行速度。

(2)通过轴承装置使车轮沿着钢轨的滚动转化为车体沿线路运动的平动,并保证在正常条件下,车体都能可靠的坐落在转向架上。

(3)支撑车体,承受并传递来自车体与轮对之间或钢轨与车体之间的各种载荷及作用力,并使轴重均匀分配。

(4)保证车辆安全运行,能灵活地沿直线线路运行及顺利通过曲线。

(5)采用转向架的机构便于弹簧减振装置的安装,使之具有良好的减振性能,以缓和车辆和线路之间的相互作用,减小振动和冲击,提高车辆运行的平稳性和安全性。

(6)充分利用轮轨之间的黏着,传递牵引力和制动力。

(7)转向架是车辆的一个独立部件,在转向架与车体之间应尽可能减少连接件,并要求结构简单,装拆方便,以便转向架独立制造和维修。

(8)对城市轨道交通车辆的转向架来说还要便于安装牵引电机及传动装置,以驱动车辆沿钢轨运行。

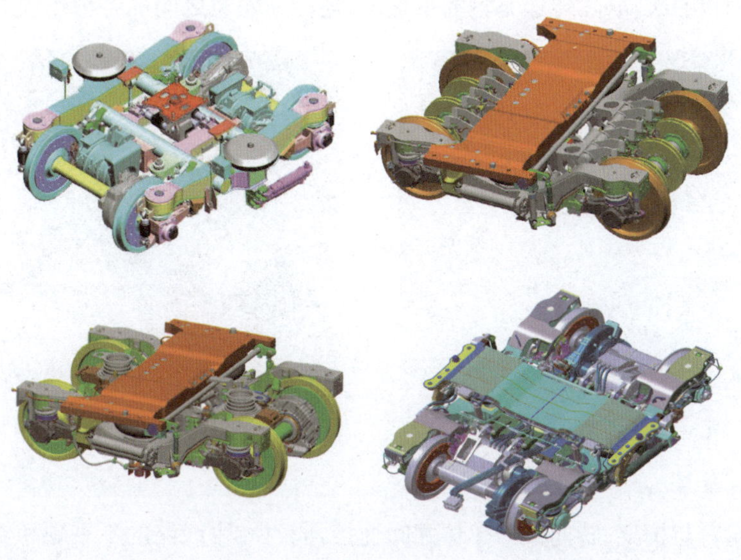

图 5-1-3　转向架

三、转向架的组成

转向架的类型较多，结构各异。但是各种转向架的基本组成和主要功能是相同的。转向架是由构架、轮对轴箱装置、弹性悬挂装置（一系悬挂和二系悬挂）、基础制动装置、牵引电动机与齿轮变速传动装置等部分组成。动车转向架的组成如图 5-1-4 所示。

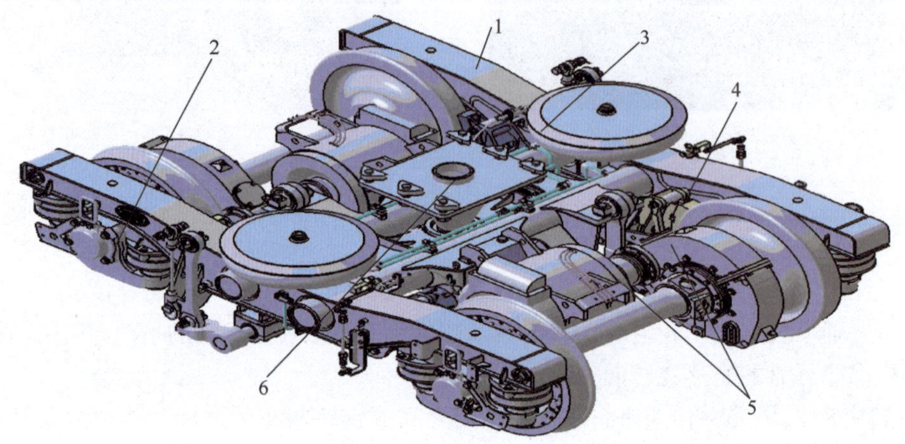

图 5-1-4　动车转向架的组成

1—构架；2—轮对轴箱装置；3—二系悬挂装置；4—基础制动装置；
5—牵引电机和齿轮传动装置；6—中央牵引装置

1. 构架（图 5-1-5）

构架是转向架的基础，它把转向架的各个零部件组成一个整体。构架要承受、传递各种载荷及作用力，其结构、形状尺寸都应满足各零部件组装的要求。

2. 轮对轴箱装置（图 5-1-6）

轴箱与轴承装置是联系构架和轮对的活动关节，它使轮对的滚动转化为车体沿着轨道的平动。轮对沿钢轨的滚动，除传递车辆的重量外，还传递轮轨之间的各种作用力。

图 5-1-5　构架

图 5-1-6　轮对轴箱装置

3. 弹性悬挂装置（图 5-1-7）

为了保证轮对与构架、转向架与车体之间连接，同时减少线路的不平顺和轮对运动对车体的影响，在轮对与构架、转向架与车体之间装设有弹性悬挂装置。轮对与构架弹性悬挂装置又叫一系悬挂装置，转向架与车体间弹性悬挂装置又叫二系悬挂装置。弹性悬挂装置包括弹簧、减振器及轴箱定位装置。

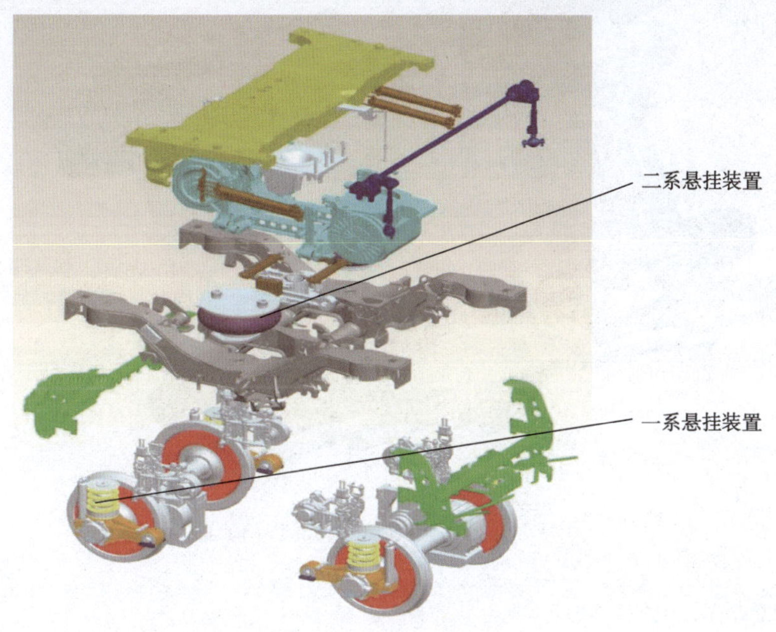

图 5-1-7　弹性悬挂装置

4. 基础制动装置(图 5-1-8)

为使运行中的车辆在规定的距离范围内停车，必须安装制动装置，其作用是传递和扩大制动缸活塞杆的推力，使闸瓦与车轮或闸片与制动盘之间的转向架内摩擦力转换为轮轨之间的外摩擦力(即制动力)，产生制动效果。一般城市轨道交通车辆转向架采用单侧踏面制动单元(闸瓦制动)或单元制动夹钳装置(盘形制动)。

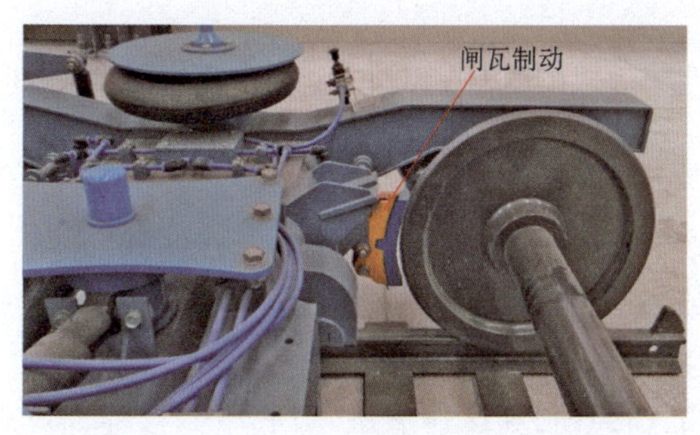

图 5-1-8　基础制动装置

5. 牵引电动机与齿轮传动装置(图 5-1-9)

动力转向架上设有牵引电动机与齿轮传动装置。它使牵引电动机的扭矩转化为轮对或车轮上的转矩，利用轮轨之间的黏着作用，驱动车辆沿着钢轨运行。

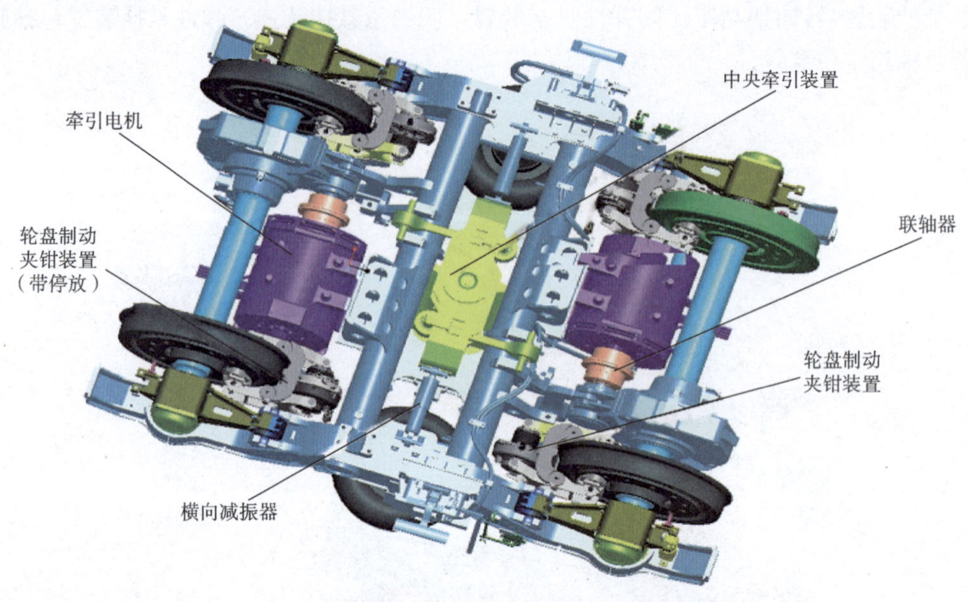

图 5-1-9　牵引电动机与齿轮传动装置

技能训练

为使转向架在其全寿命内运营中保持性能良好、安全可靠，必须定期进行检修。主要检修项点有转向架整体清洗前防护、转向架整体清洗、构架与轮对拆解、轮对整体清洗、构架整体拆解、轮对整体拆解、零部件清洗前防护、零部件清洗、零部件脱漆检修、零部件测量及功能试验、零部件补漆、轮对组装、构架组装、构架与轮对落成组装、转向架静压试验、转向架管路保压试验。

一、主要检修方法

(1)清洗前，拆下牵引电机，对转向架各管路管口、线缆插头、螺纹孔、齿轮箱做防水处理，清洁度达到Ⅳ级(目视检查无油污、积炭、尘埃)。

(2)排净齿轮箱润滑油，排净标准为排油孔出油量 1 滴/min。

(3)更新拆卸的紧固件和分解后的橡胶密封件。

(4)检查涉及部件拆卸的安装螺纹孔，清除螺纹孔内的毛刺、污垢。螺纹损坏(除轴端三孔)不得超过 3 扣(不得连续)，使用工器具检测须在 5 扣内止住。

(5)转向架各部件检修合格后，去除锈蚀、粉尘、润滑脂和探伤痕迹，对脱漆探伤部件及漆膜损坏部位除锈、补漆并进行良好的防腐处理。

二、检修工艺流程

基于对分解、检修、组装车间工艺资源及布局的分析，明确相关工艺流程内容如下。

1. 构架检修

其检修流程简述如下：

(1)拆卸所有零部件、清洗、打砂脱漆，首列车转向架选取一辆动车(2 动车构架)和一辆拖车(2 拖车构架)进行 100%脱漆,其他构架关键焊缝脱漆、构架附加气室内腔结构清洁、并采用防腐液进行防腐处理。

(2)焊修、空气室漏泄试验,对组成关键焊缝(包含:侧梁与横梁连接焊缝、一系簧座与侧梁连接焊缝、牵引电机安装座与横梁连接焊缝、制动托板与侧梁连接焊缝、齿轮箱吊座与横梁连接焊缝、纵向梁下盖板与横梁连接焊缝、牵引拉杆座与横梁连接焊缝、减振器安装座、受流器安装座焊缝)及焊修部位进行磁粉探伤(首列抽取的 2 动 2 拖构架 100%探伤)。

(3)按图纸 3D 检测。

(4)涂装,负责打砂,喷漆,补漆。

(5)总组装。

2. 轮对轴箱装置检修

轮对轴箱装置包括轮对、一系悬挂装置(轴箱弹簧、压盖、吊耳)、轴箱轴承等。轮对轴箱装置的分解检修,各部件分解检修工艺流程如下:

(1)轮对轴箱装置拆解与检修

轮对轴箱装置包含轮对、阻尼器、车轴、车轮、轴箱、轴承。其检修流程为:轮对轴箱装置不分解状态下做防水保护,然后进行清洗。同时,对车轮直径进行测量,若轮径小于 800 mm,则退卸报废处理,若判定旋修后轮径不小于 800 mm,则把轴箱轴承装置、降噪器等零部件从轮对上分解下来,进行车轮踏面旋修。动车车轮需退卸,其中车轮(轮径小于 800 mm)、降噪器按流程报废,其余零部件单独清洗、检修。

(2)车轴检修

车轴检修流程为:

①对退卸的车轴进行清洗、检修。

轴端 3 个螺纹孔进行通、止规检测。

车轴轴颈、防尘挡圈座进行测量,超限报废。用专用工具对轴颈的平直度进行着色检查,超限测量轴颈并判定是否可修,若可修做好标记并记录。轮座处出现 2 mm 以上深度伤则报废,伤深度不足 2 mm 需进行轮座的修复。对车轴脱漆处理,对表面进行目视检查,将毛刺、高点打磨消除圆滑过渡(磕碰伤超限时车轴报废)。对车轴外露表面进行磁粉探伤检查。

②进行轮对压装,进行动平衡试验、电阻检测。

③对轮对做好保护,对车轴轴身表面油漆重新喷涂。

3. 一系悬挂装置分解与检修

一系悬挂装置由轮对、轴箱弹簧、压盖和吊耳等组成。其检修流程简述如下:

(1)在轮对组成与构架组成分离时,将轴箱弹簧、压盖、吊耳等拆下,轴箱弹簧按照流程报废。

(2)压盖、吊耳检修要求:去除压盖、吊耳表面锈蚀并补漆,锈蚀深度超过原设计 10%时或变形时则报废处理。

4. 中央牵引装置检修

中央牵引装置检修流程为:

(1)对中央牵引装置各部件进行拆卸、清洗。牵引拉杆返厂专修,横向挡组成报废,清洗后对牵引梁内孔清理干净并测量直径尺寸,由分解检查员对中央牵引装置各部件的状态进行确认。

(2)对牵引梁进行脱漆处理。

(3)对牵引梁进行磁粉探伤。

(4)对牵引梁体重新喷漆。

5. 排障器组成检修

排障器组成检修流程简述如下：

(1)对排障器组成拆卸，并进行清洗，清洗后由分解检查员对排障器的状态进行目视检查。

(2)对排障器组成进行脱漆处理。

(3)对排障器组成进行磁粉探伤。

6. 齿轮箱及联轴器的检修与维护

齿轮箱、联轴器需返厂专项检修。

7. 驱动装置的检修与维护

电机需返厂专项检修。

学习任务二　构架的检修与维护

学习目标

1. 知识目标

(1)了解转向架构架的作用。

(2)熟悉转向架构架的结构。

(3)知道转向架构架的拆卸流程。

(4)掌握转向架构架的检修流程。

2. 能力目标

(1)会使用部分构架检测、焊修工具和设备。

(2)能区分3D检测和手工检测尺寸的区别。

(3)能对构架的检修流程进行制定。

3. 素质目标

(1)培养学生“精准检修”“务实检修”的维修思想。

(2)培养学生严谨、节约的从业理念。

知识链接

一、构架的作用与要求

构架是转向架各组成部分的安装基础，通过构架把转向架的组成部分组合成一个整体，构架也是转向架承载的主要部件。对其基本要求如下：

(1)部分尺寸精度要求较高，使一些部件安装具有较高的定位精度，如轮对定位，使转向架具有较好的运行性能。

(2)便于各部件及附加装置的安装，包括轮对安装、传动齿轮装置的悬挂、牵引电动机的安装、制动系统的安装。

(3)结构经过设计，具有足够高的强度，承受并传递牵引力、制动力、车体质量以及各种冲击、振动，保证列车运行安全。

二、构架的组成

构架由左、右侧梁，一根或几根横梁及前后端梁组焊而成。没有端梁的构架，称开口式构架；有端梁的构架，称封闭式构架。广州地铁 1 号线车辆转向架的构架组成如图 5-2-1 所示。

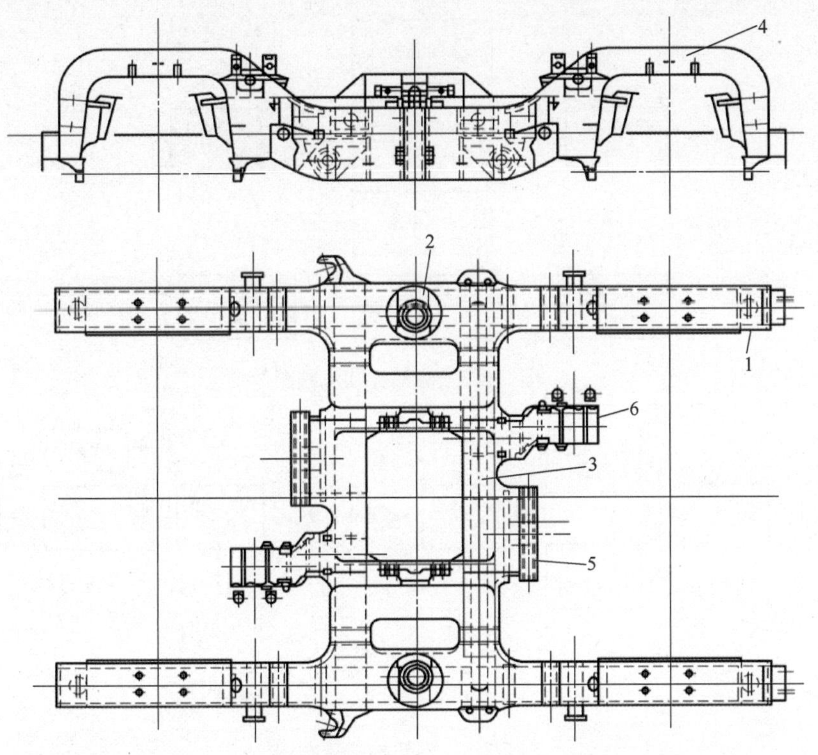

图 5-2-1　广州地铁 1 号线车辆转向架的构架的组成

1—侧梁；2—空气簧座；3—横梁；4—轴箱吊框；5—电动机安装座；6—齿轮箱吊座

技能训练

一、构架的检修

首先对构架进行拆卸，拆卸流程如图 5-2-2 所示。拆卸后清洗检修，检修流程如图 5-2-3 所示。具体检修过程如下所述。

(1)构架组成所有外露表面进行外观目视检查，除焊缝外不得存在任何裂纹，构架组成表面存在划伤、磕碰伤缺陷时打磨消除，确保圆滑过渡；缺陷深度超过钢板厚度的 10%时，焊修或更新，焊后打磨处理，并磁粉探伤检查合格。

(2)目视检查构架组成各外露可视焊缝表面无裂纹。焊缝发现裂纹时需打磨处理，打磨深度不大于 0.5 mm 时，磁粉探伤合格后使用；打磨深度大于 0.5 mm 时焊修，焊修后焊缝表面需打磨处理，并磁粉探伤检查合格。

(3)构架关键焊缝脱漆，对组成关键焊缝进行磁粉探伤检查。构架关键焊缝的位置如图 5-2-4 所示，包含：侧梁与横梁连接焊缝、一系簧座与侧梁连接焊缝、牵引电机安装座与横梁连接焊缝、制动托板与侧梁连接焊缝、齿轮箱吊座与横梁连接焊缝、纵向梁下盖板与横梁连接焊缝、牵引拉杆座与横梁连接焊缝、减振器安装座。对有裂纹的部位进行焊修，焊修后进行打磨，磁粉探伤检查合格。首列车转向架按抽取一辆动车和一辆拖车比例进行100%脱漆探伤，后续车组根据首列车状态确定抽检比例。

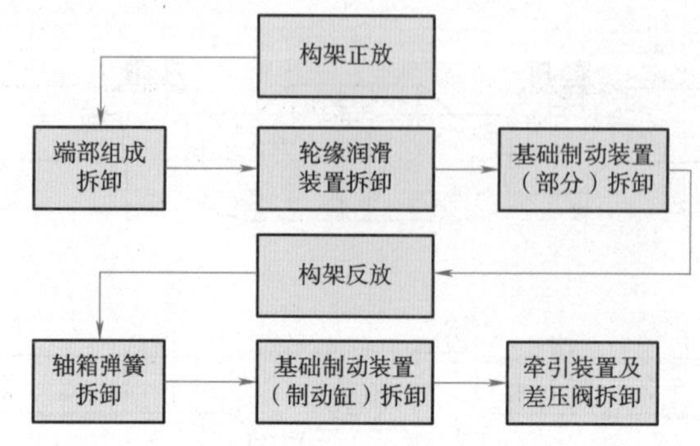

图 5-2-2　构架拆卸流程图

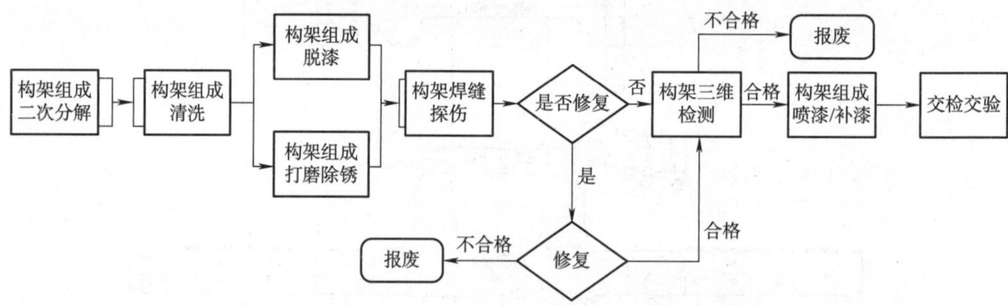

图 5-2-3　构架检修流程图

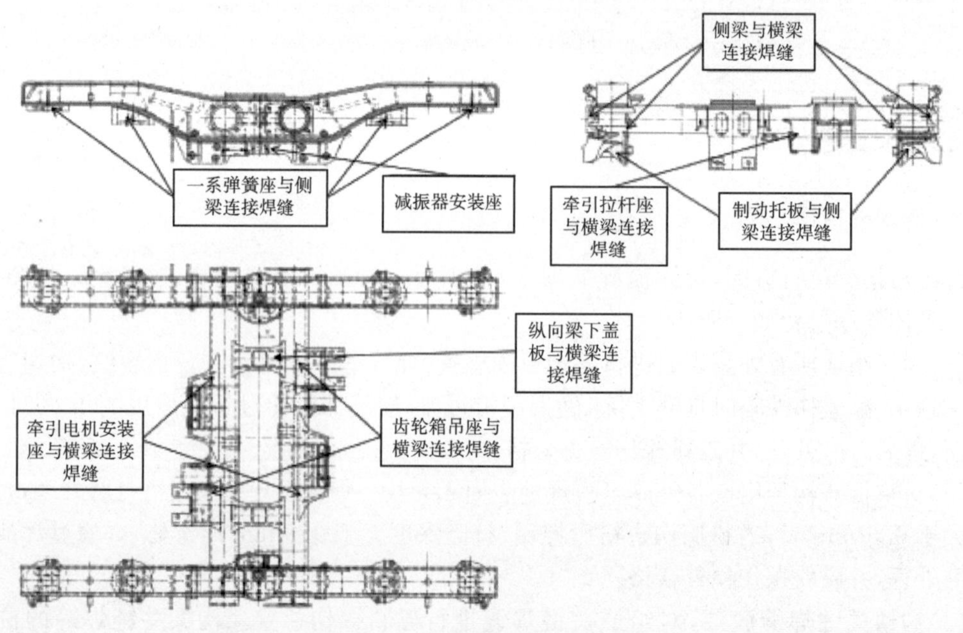

图 5-2-4　构架关键焊缝的位置

(4)对构架脱漆探伤部位及漆膜损坏部位进行除锈、补漆，面漆颜色为欧标 RAL7031，漆膜总厚度 180～300 μm。

(5)构架组成探伤合格后，检测构架组成关键尺寸(图 5-2-5)。首列车转向架进行 100%检测，后续转向架维修过程中，先按每列车抽取一个动车构架及一个拖车构架的比例进行尺寸检测，待查看首列车检测结果后，确认后续车组抽检比例。

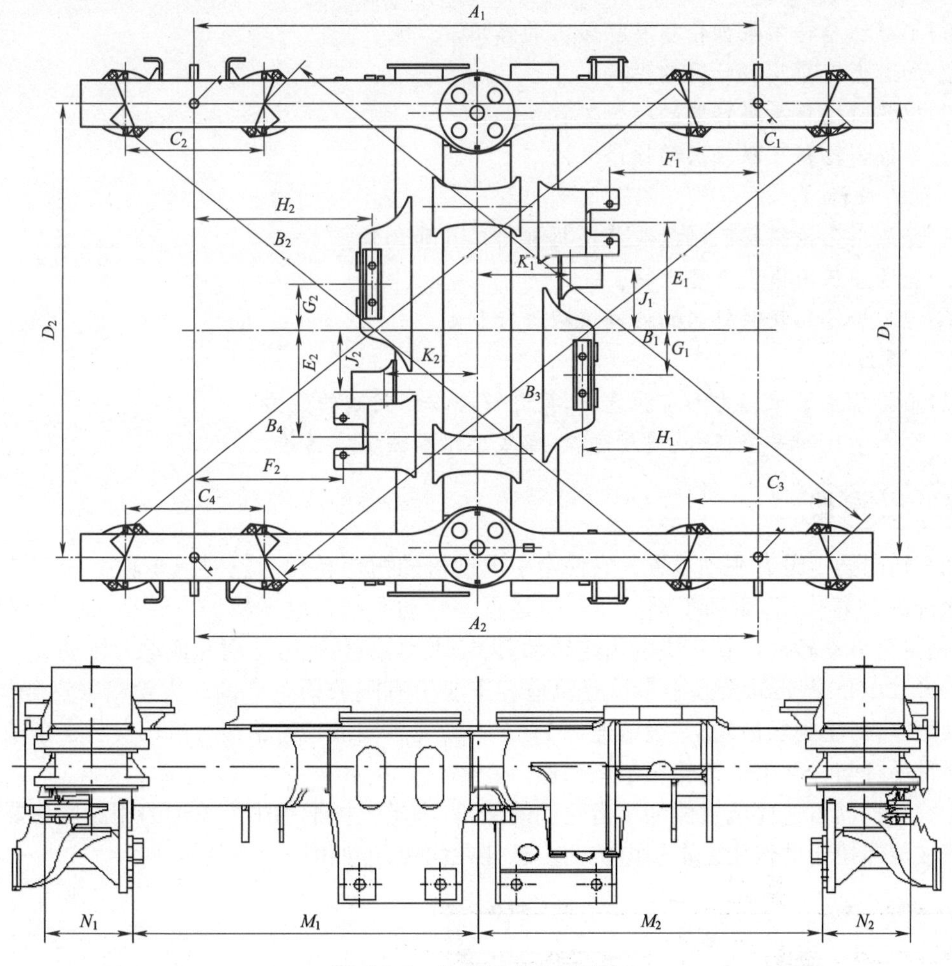

图 5-2-5　构架组成关键尺寸

(6)尺寸检查标准：

①轴距 A_1、A_2：(2 200±1.5) mm

②左右轴距的差 $|A_1-A_2|$：1.5 mm

③两轴颈中心距 D_1、D_2：(1 930±1) mm

④两轴颈中心距前后之差 $|D_1-D_2|$：2.0 mm

⑤一系弹簧座之间对角线差 $|B_1-B_3|$、$|B_2-B_4|$：3 mm

⑥一系弹簧座之间左右差 $|C_1-C_3|$、$|C_2-C_4|$：0.2 mm

⑦一系弹簧座之间距离 C_1、C_2、C_3、C_4：(550±1.5) mm

(7)附加气室内腔结构清洁，并采用防腐液进行防腐处理。

(8)更新转向架各塑料保护堵及附加气室螺堵。

学习任务三　齿轮箱及联轴器的检修与维护

学习目标

1. 知识目标

(1)了解动车转向架齿轮箱及联轴器的作用。

(2)知道齿轮箱及联轴器的结构。

(3)理解齿轮箱及联轴器的拆卸流程。

(4)掌握齿轮箱及联轴器的检修方法。

2. 能力目标

(1)会使用齿轮箱及联轴器组装及拆卸的工具和工装。

(2)能区分压力报表是否合格。

(3)能对齿轮箱及联轴器的检修流程进行制定。

3. 素质目标

(1)培养学生思维能力和工程意识,提升解决工程问题的能力。

(2)培养学生的安全理念、质量意识、底线思维和诚实守信等。

知识链接

动车转向架上设有驱动装置。它使牵引电动机的扭矩转化为轮对或车轮上的转矩,利用轮轨之间的黏着作用,驱动车辆沿着钢轨运行。传动原理是电动机得电转动,带动联轴器转动,联轴器再带动转动齿轮箱中的齿轮转动,齿轮带动轮对转动,从而完成动力传动。

CW2100(D)型转向架是中车长春轨道客车股份有限公司生产的。齿轮箱采用分体式球墨铸铁箱体,齿轮为斜齿轮、一级减速,润滑方式为飞溅润滑。齿轮箱大齿轮安装在车轴上,另一端通过吊杆与构架上的齿轮箱吊座相连。

齿式联轴器可适应电机侧和小齿轮侧的偏角,满足电机轴和小齿轮轴的相对位移要求,同时可完成传递扭矩的作用。牵引电机完全悬挂在构架上,如图 5-3-1 所示。

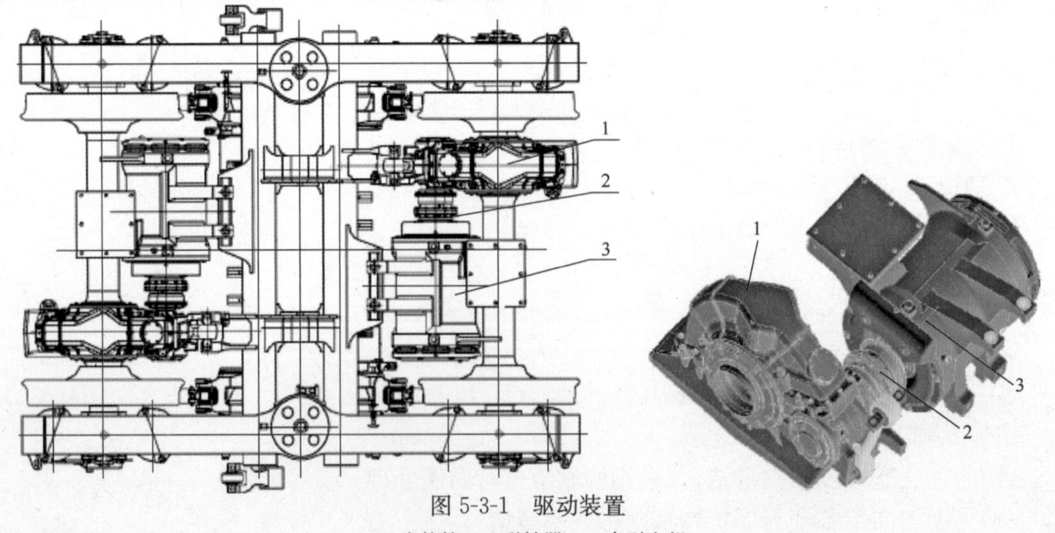

图 5-3-1　驱动装置

1—齿轮箱;2—联轴器;3—牵引电机

技能训练

一、齿轮箱的检修

(1)分解齿轮箱上、下箱体。箱体磁粉探伤检查合格。

(2)分解小轴端部位零件。更新小轴承,检查小轴承座状况,有损伤的更新,密封件更新。

(3)大、小齿轮无裂纹,无断齿,无齿面磨损。大、小动齿轮齿廓、小齿轮轮轴磁粉探伤检测,有缺陷修复,确保使用一个大修周期,达不到要求更换。

(4)更新大轴承。检查轴承配合部位无损伤,若损伤修理后仍超过轴承与轴承座配合量目标值(0.01±0.005) mm,更新轴承座。密封件更新。

(5)更新滑动环。

(6)更新油面计玻璃板及密封垫。

(7)更新观察窗密封垫。

(8)检查注油螺堵、放油螺堵状态,损坏则更新。

(9)更新球面轴承、吊杆销、匝带。

(10)更新吊杆衬套。

(11)更新润滑脂存储套,装入约 80 g EP1 润滑脂。更新球橡胶关节。

(12)更新吊杆螺栓、螺母、弹簧垫圈。

(13)检查吊杆外观良好,磁粉探伤吊杆表面,有裂纹时更新。

(14)分解检查接地装置。更新碳刷及内部接地线。更新推力弹簧。

(15)更新衬垫、绝缘垫、绝缘套管保护带等非金属零件。

(16)检查压线板外观,磁粉探伤无裂纹。

(17)检查软连接无破损,有破损时更新。

(18)更新所有拆卸的螺栓、螺母、弹垫、平垫等紧固件。

(19)更新齿轮箱润滑油 EP80。

(20)更新吊挂装置球面轴承润滑脂 EP1。

(21)更新大、小调整垫片。测量、调整小轴承游隙,范围为 0.120～0.160 mm。测量、调整大轴承游隙,范围在 0.070～0.220 mm。测量齿轮箱游隙,范围在 0.22～0.57 mm。

(22)组装好的齿轮箱进行跑合试验,要求无异常温升和异响。

二、联轴器的检修

联轴器拆装工艺流程图如图 5-3-2 所示,其检修过程如下:

(1)分解检查联轴器的端盖、轴套、外齿毂、内齿筒等。

(2)检查联轴器齿形良好,探伤检查合格,更新有异常磨损或有损坏的零件。

(3)测量外齿圈相邻的七个轮齿之间尺寸不小于 50.30 mm,超限时更新整套联轴器。

(4)测量端盖磨损处与未磨损处(距端面 15～22 mm 位置)内径差尺寸,若大于 0.02 mm,则更换整套联轴器。

(5)更新 Chevron 联轴器润滑脂、密封圈、止推环、O 形圈、垫片和螺栓。

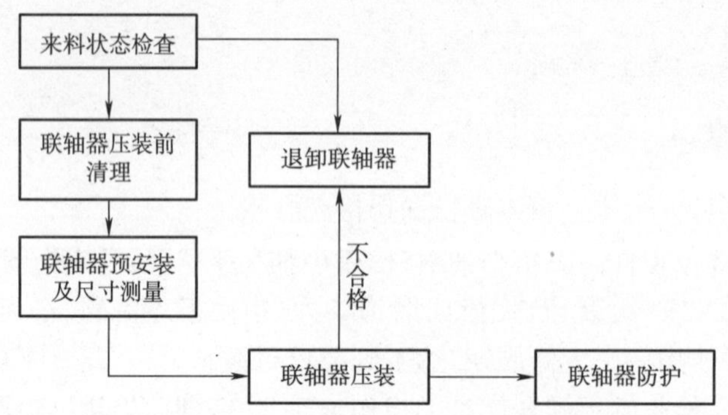

图 5-3-2　联轴器拆装工艺流程图

学习任务四　轮对及轴箱装置的检修与维护

学习目标

1. 知识目标

(1)了解轮对及轴箱装置的作用。

(2)知道轮对及轴箱装置的结构。

(3)理解轮对及轴箱装置的检修流程。

(4)掌握轮对及轴箱装置的检修方法。

2. 能力目标

(1)会使用轮对及轴箱装置组装及拆卸的工具和工装。

(2)能区分压力报表是否合格。

(3)能对轮对及轴箱装置的检修流程进行制定。

3. 素质目标

(1)培养学生"精准检修""务实检修"的维修思想。

(2)培养学生分析、创新能力,对提升学生职业素养打下坚实基础。

知识链接

轮对是由一根车轴和两个相同的车轮采用过盈配合牢固地结合在一起,是转向架的重要部件之一,如图 5-4-1 所示。它承受着从车体、钢轨两个方面传递来的各种作用力,并引导车轮沿钢轨上滚动完成车辆的运行。轮对性能的好坏,直接影响行车安全。因此,轮对必须坚固耐用,各部尺寸必须符合技术规定,以确保行车安全。

一、轮对的检修与维护

轮对检修流程图如图 5-4-2 所示。轮对检修要注意:

1. 轮对压装按 TB/T 1718. 2—2017 中的规定执行,需要有合格的压力曲线。

2. 退卸过轮饼的轮对进行动平衡试验,动不平衡量小于 125 g・m。

3. 车轴轴身表面油漆重新喷涂。车轮轮毂内侧和车轴连接处,圆周方向按间隔 120°,涂 3 条长 50 mm、宽 20 mm 的白色油漆作为检查车轮是否松动的标记线。

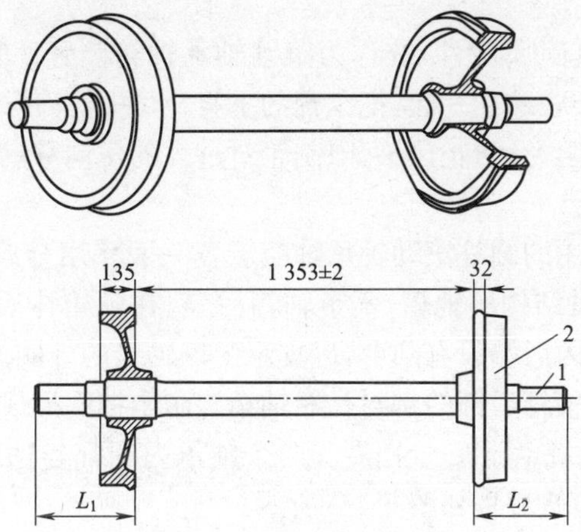

图 5-4-1　轮对(单位:mm)

1—车轴;2—车轮

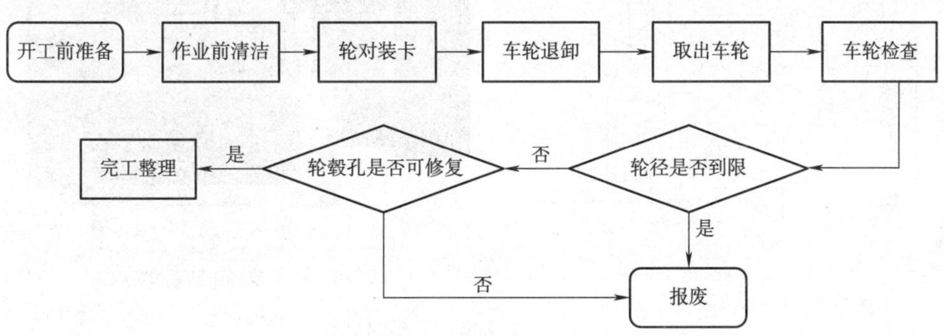

图 5-4-2　轮对检修流程图

4. 其余按 TB/T 1718. 2—2017 中的规定执行。

5. 测量并记录轮对数据。

(1)轮对内侧距:(1 353±2) mm

注意:应在 4 个位置测量车轮内侧距,即车轮圆周相互成 90°,记录测量结果。

(2)车轮直径差:

①同一轮对≤1. 0 mm

②同一转向架≤2. 0 mm

③同一辆车≤3. 5 mm

(3)新轮轮径值:(844±4) mm

注意:同一转向架有 1 个轮径值<816 mm,则在该转向架空簧下部、中心销与车体间各加 12 mm 厚度调整垫。

(4)轮缘厚度:23～34 mm,轮缘高度:26～38 mm。

测量车轮电阻值,同一轮对两车轮轮辋之间电阻值不大于 0. 01 Ω。

二、轴箱及轴承的检修与维护

车辆的轴箱、轴承及其附属配件，统称为滚动轴承轴箱装置。它是转向架的重要组成部分，它的作用是将轮对构架联结在一起，把车辆的垂直、水平载荷传递给轮对；保证良好的润滑性能，减少摩擦，降低运行阻力；防止热轴，限制轮对过大的横向移动；防止雨水、灰尘等异物侵入，保证车辆安全可靠运行。

城市轨道交通车辆使用的圆柱滚动轴承轴箱装置一般采用金属迷宫密封式轴箱装置，其结构如图 5-4-3 所示。这种结构的轴箱，不带轴箱后盖，在轴箱体后端设有迷宫槽，迷宫槽的底部设有排水孔。在圆筒内后端设有凸台，以支承内侧轴承的外圈。防尘挡圈上设有迷宫槽，与轴箱体上迷宫槽配合。轴箱后部的密封是靠轴箱与防尘挡圈形成间隙很小的迷宫槽配合而起密封作用的，为无接触式密封。防尘挡圈和两个轴承内圈都与轴颈采用热配合组装。下面说明轴箱装置的检修，其检修流程如图 5-4-4 所示。

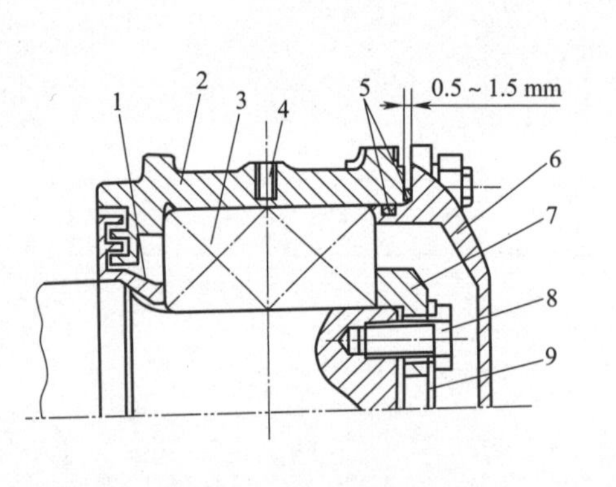

(a) 带弹簧托盘轴箱剖视图

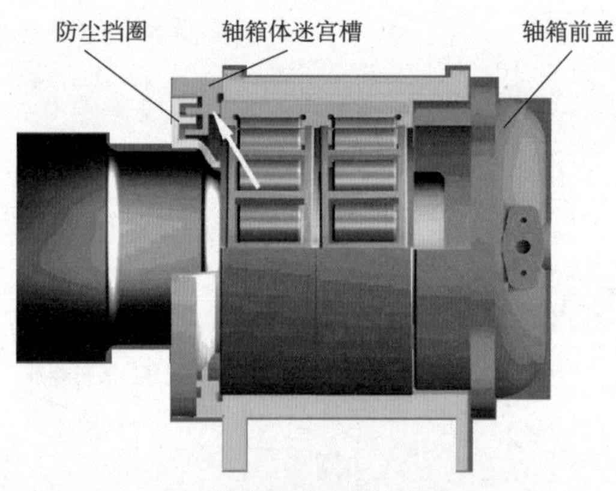

(b) 分体转臂轴箱装置组装图

图 5-4-3　金属迷宫式轴箱装置

1—防尘挡圈；2—轴箱体；3—圆柱滚子轴承；4—轴温报警器安装孔；5—密封圈；6—轴箱前盖；7—压板；8—压板螺栓；9—防松片

1. 分解轴箱，更新与原车一致的圆柱轴承

对轴箱体进行脱漆除锈，脱漆时对所有安装配合面进行保护，对轴箱表面进行磁粉探伤检查，表面有破损、裂纹等缺陷时，且深度不超过 2 mm，在不影响强度及使用的情况下，打磨去除，否则进行更新。轴箱体迷宫沟槽上有轻微变形、尖角及毛刺时打磨处理。

2. 对安装配合面除锈

内孔如有锈蚀需磨除，用细砂纸清除。内径有纵向划痕、擦伤，其深度不超过 0.5 mm 时允许将边缘之棱角磨除后使用。检查轴箱体内孔安装配合面尺寸，应在 $\phi215^{+0.135}_{+0.02}$ mm 范围内，超限时更新。清除轴箱螺纹孔内的毛刺、污垢，螺纹孔过丝处理，螺纹损坏不许超过 3 扣（不允许连续），使用通止规检查，通规能够顺利通过，止规需在 5 扣内止住。螺纹孔不合格时使用钢丝螺套修复。

3. 轴箱盖及防尘挡圈

（1）清洗及检查轴箱盖无裂纹、变形等缺陷（不允许焊修），O 形圈槽若出现影响密封的损坏时更新轴箱盖，清洁度达到Ⅳ级（目视检查无油污、积炭、尘埃）。

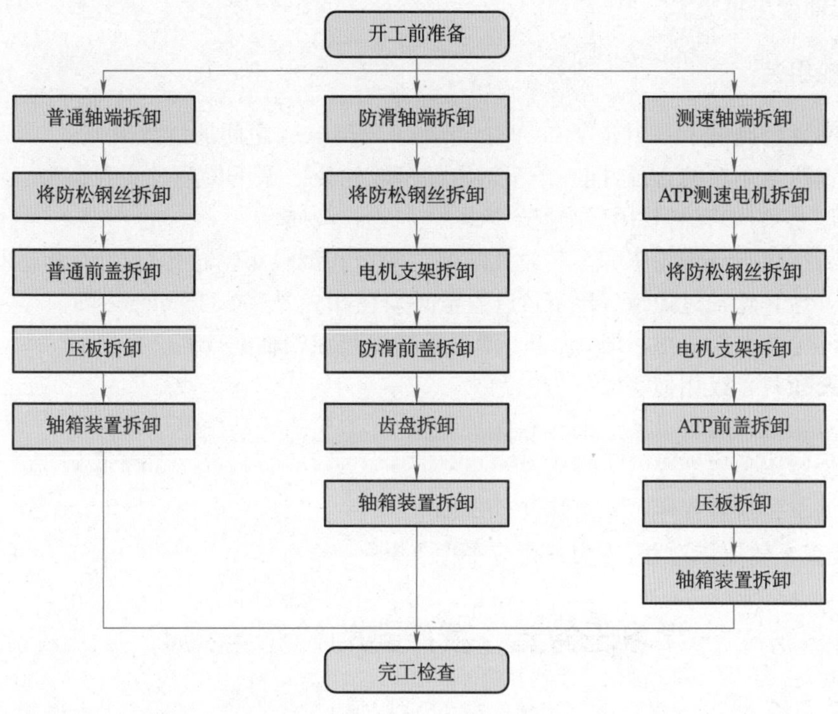

图 5-4-4 轴箱检修流程图

(2)用细砂纸清除轴箱盖上的锈蚀。

(3)更新密封O形圈。

(4)检查轴承压板,如出现裂纹、损坏及安装螺纹孔损坏时更新。

(5)更新轴端防松片及紧固件。

(6)更新防尘挡圈。

(7)清洗及检查速度传感器支架无裂纹、变形等缺陷(不允许焊修)。

(8)更新速度传感器观察孔密封垫为铜垫。

技能训练

一、车轴检查

(1)目测车轴轮座表面,不得有任何影响车轮安装或通过手工操作留下的损伤,如金属磕碰、裂缝、冲击痕迹或脏物等。

(2)检查轮座表面粗糙度应符合要求。

(3)表面肤浅的缺损可以用磨石消除。

(4)当车轴表面有更大的破损发生时,为确保车轴仍可使用,可以通过对轮座进行机加工来去除表面任何损坏。机加工后,轮座就可以达到193～198 mm尺寸要求。(因车轴轮座表面有5 mm的机加工余量,因此轮座名义直径为198 mm。轮座最小直径为193 mm。)如果在误差范围内还不能获得正确的车轴表面条件,车轴就只有报废。

(5)在精密的车床上转动车轴,检查车轴轴颈及车轴中心圆周跳动,如果圆周跳动大于

0.5 mm，车轴就应报废。

二、车轮组装

(1)轮座直径提供了一个介于 0.298 mm 和 0.345 mm 之间的过盈量。

(2)检查两个车轮的直径，同一条车轴上的车轮轮径之差不得超过 0.5 mm。

(3)清理毛刺，如有必要用压力空气吹除任何颗粒杂质。

(4)清洁和检查车轴轮座和车轮轮孔状况。测量和记录车轮轮孔直径 d；测量和记录车轴轮座直径 D；计算轮轴过盈量($D-d$)，过盈量必须在 0.298～0.345 mm 之间。

(5)确保轮孔和轮座很清洁，涂抹一薄层动物油脂在轮轴配合面。

(6)用聚酯衬套或相似手段保护轴颈。

(7)把车轮推入压装设备上的车轮保护装置上，车轮的残余静不平衡标记的方向应一致。

(8)在轮对压装机上安装支撑套筒。

(9)根据车轮压装程序把车轮压装到车轴上。

(10)检查车轮压装过程，压力载荷应平稳上升。

学习任务五　减振器的检修与维护

学习目标

1. 知识目标

(1)掌握减振器的结构及组成、工作原理。

(2)熟悉减振器的修程。

(3)掌握减振器的检修与维护要求、检修关键点。

2. 能力目标

(1)会使用减振器检修的工具和工装。

(2)能看懂设备试验结果是否合格。

(3)能对减振器的检修流程进行制定。

3. 素质目标

(1)培养学生认真细致的工作作风和精益求精的科学精神。

(2)培养学生“笃志好学、爱岗敬业”的工匠精神，最终成为知识型、技能型、创新型人才。

知识链接

一、减振器介绍

减振器的作用就是阻尼振动，以达到舒适性和操纵稳定性的目的。目前，国内地铁列车大多选用新型油压减振器，例如 DISPEN 减振器、KONI 减振器等。

按其安装部位及作用不同，主要分为一系悬挂用的垂向油压减振器，二系悬挂用的垂向、横向油压减振器，其安装位置如图 5-5-1～图 5-5-3 所示。

图 5-5-1 一系垂向减振器位置示意

图 5-5-2 二系垂向减振器位置示意

图 5-5-3 二系横向减振器位置示意

一系悬挂用的垂向油压减振器主要作用为减少轮轨间的冲击、衰减转向架构架与轮对间的垂向振动。二系悬挂用的垂向油压减振器主要作用为控制转向架构架与车体间的垂向运动、提高旅客舒适度。二系悬挂用的横向油压减振器主要作用为控制转向架与车体间的横向运动。

本书主要以 DISPEN 减振器为例，阐述油压减振器的主要结构、检修与维护要求，以控制其检修质量，从而保障地铁车辆的安全可靠性、平稳性和舒适性。

二、主要结构及工作原理

一般油压减振器主要由活塞、进油阀、缸端密封、上下联结环、油缸、储油筒及防尘罩等部分组成，减振器内部还充有专用油液。

油压减振器工作时，活塞在压力缸中往复运动，迫使液压油流过可变阻尼孔而产生阻力，同时，减振器将系统中的机械能量转变为油液的热能而向空气中散逸，从而使系统中的振动得到衰减。

一系垂向减振器(图 5-5-4)主要由防尘波纹管、挡圈、小锁紧螺母、密封圈、大锁紧螺母、垫片、O 形圈、活塞导向盖、活塞杆、活塞单元、补偿气囊、压力缸、底阀单元、储油缸、防尘罩、连接头等组成。

二系垂向减振器(图 5-5-5)主要由防尘波纹管、挡圈、小锁紧螺母、密封圈、大锁紧螺母、垫片、O 形圈、活塞导向盖、活塞杆、活塞单元、补偿气囊、压力缸、底阀单元、储油缸、防尘罩、产品铭牌、减振器、连接头、减振垫中间夹板、压盖板、螺母、防雨帽垫等组成。

二系横向减振器(图 5-5-6)主要由防护波纹管、紧固螺母、间隔垫圈、密封圈、大锁紧螺母、垫片、O 形圈、活塞导向盖、活塞杆、活塞单元、补偿气囊、压力缸、底阀单元、储油缸、防尘罩、产品铭牌、连接头、连接头垫等组成。

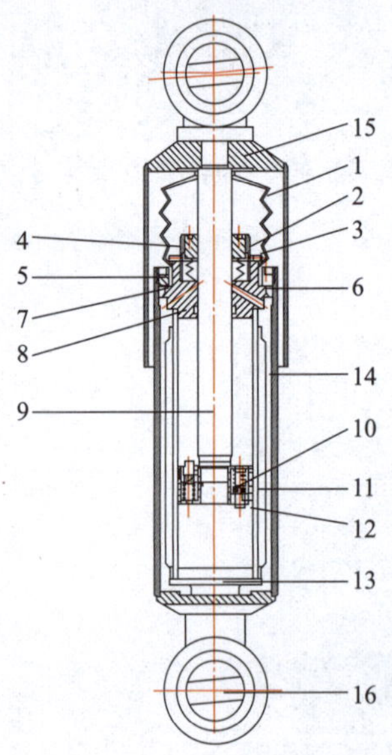

图 5-5-4　一系垂向减振器

1—防尘波纹管；2—挡圈；3—小锁紧螺母；4—密封圈；5—大锁紧螺母；6—垫片；7—O 形圈；8—活塞导向盖；9—活塞杆；10—活塞单元；11—补偿气囊；12—压力缸；13—底阀单元；14—储油缸；15—防尘罩；16—连接头

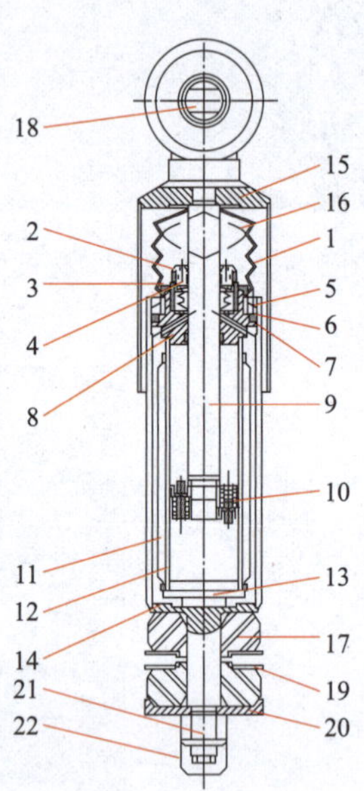

图 5-5-5　二系垂向减振器

1—防尘波纹管；2—挡圈；3—小锁紧螺母；4—密封圈；5—大锁紧螺母；6—垫片；7—O 形圈；8—活塞导向盖；9—活塞杆；10—活塞单元；11—补偿气囊；12—压力缸；13—底阀单元；14—储油缸；15—防尘罩；16—产品铭牌；17—减振器；18—连接头；19—减振垫中间夹板；20—压盖板；21—螺母；22—防雨帽垫

三、减振器的检修与维护

油压减振器的检修受线路、运输设备、用户运营状况及环境诸多因素的影响，在正常运行情况下，油压减振器的检修等级及内容如下：

1. 车上的预防性检查

定期检查：随车辆运行 15 天。

内容：

(1)检查油压减振器的外观，配件是否齐全。

(2)检查安装减振器的紧固件是否紧固无松动。

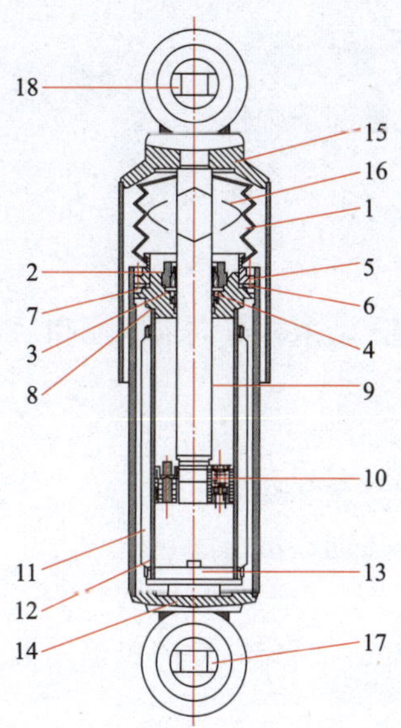

图 5-5-6　二系横向减振器

1—防护波纹管；2—紧固螺母；3—间隔垫圈；4—密封圈；5—大锁紧螺母；6—垫片；7—O 形圈；8—活塞导向盖；9—活塞杆；10—活塞单元；11—补偿气囊；12—压力缸；13—底阀单元；14—储油缸；15—防尘罩；16—产品铭牌；17—连接头；18—连接头垫

(3)检查减振器两端连接部分橡胶件及金属垫片是否完好。

(4)检查减振器是否漏油，如漏油，送检修厂进行维修。

减振器漏油判定标准：

油压减振器在运营过程中不允许有过多的油损，减振器漏油的标志为油呈滴状聚集在减振器外表面。当发现减振器外表有油污时，首先需清除减振器油污，擦干外表面后，继续运营一周(7 d)后，观察减振器表面油污，若油污面积≥100 cm^2，则判定减振器漏油。如有问题，应按原型号减振器进行更换，并将更换后的减振器返回减振器生产厂家进行维修。

2. 分解检修

定期：随车辆运行 6 年或 80 万 km，先到为准。

内容：

(1)对待分解检修的减振器进行外观检查与性能测试。

(2)分解及检查。

(3)系统更换以下部件：活塞杆导向/密封件、波纹管、O 形圈、活塞环、液压油、补偿气囊。

(4)更换有问题的活塞、底阀单元。

(5)对活塞杆、压力缸的工作尺寸进行检查鉴定、更换已磨损的零件。

(6)重新安装。

(7)测试。

(8)打检修标记。

(9)油漆。

(10)包装、发运。

3. 分解及组装过程

(1)分解

①对于柱形连接减振器,首先需卸下弹性接头。

②打开减振器。

③用虎钳夹住顶环。

④用专用扳手松开锁紧螺母。

⑤拆下防尘罩、波纹管、活塞杆、活塞杆导向盖单元和活塞组成。

⑥拆开导向盖单元。

⑦将工作缸里的油倒净。

⑧从储油缸拔出压力缸、补偿气囊和底阀单元。

⑨倒空残留在底部的油,用洗涤剂擦洗干净。

(2)更换活塞单元

①用夹具固定防尘罩、活塞单元、活塞杆、导向盖单元组成。

②用专用扳手卸下活塞单元。

③用金属刷把保留在螺纹表面的凝固胶清除。

④用清洗液把活塞杆上的螺纹洗净。

⑤在活塞杆螺纹上涂螺纹锁固剂。

⑥用紧固力矩扳手安装活塞单元。

注意事项:必须 1 h 后,才能进行下一步工序。

(3)更换活塞杆密封圈

①用夹具虎钳固定防尘罩、活塞单元、活塞杆、导向盖单元组成。

②用专用扳手拧下活塞。

③取出活塞杆导向单元。

④用专用夹具夹紧活塞杆导向盖(必要时用铜夹钳辅助,夹紧时,不能夹伤外径为 ϕ50 mm 的部分)。

⑤用专用扳手卸下以下部件:螺母、挡圈。

⑥用手取下挡圈,换上密封圈。

⑦用紧固力矩的扭力扳手安装好挡圈。

⑧用紧固力矩的扭力扳手安装好螺母。

⑨少许润滑密封圈内孔及活塞杆。

⑩在活塞杆上安装活塞杆导向盖单元。

(4)在活塞杆上安装活塞杆导向盖单元和活塞单元

①用虎钳把防尘罩和活塞杆组成夹紧。

②在活塞杆上安装好以下零部件。

③锁紧螺母、垫片、O 形圈。

注意事项:确保螺母的紧固孔朝下。

④把活塞杆导向单元放置在活塞杆上。

⑤在活塞杆螺纹上涂螺纹锁固剂。

⑥用紧固力矩的扳手固定好活塞单元。

注意事项:必须 1 h 后,才能进行下一步工序。

(5)更换底阀

①取下补偿气囊。

②用木质或尼龙的棒敲出底阀单元。

③用打孔器在底阀直径为 ϕ50 mm 的圆柱面上打两凹孔。

④用工具把底阀打击进压力缸。

(6)更换活塞杆

①用虎钳夹紧防尘罩、活塞单元、活塞杆、活塞杆导向盖单元。

②用专用扳手卸下活塞单元。

③取出活塞杆导向盖,O 形圈,垫片,锁紧螺母和防护波纹管。

④固定活塞杆,使防尘罩与活塞杆分解。

⑤把防尘罩的螺纹清洗干净。

⑥把新活塞杆清洗干净。

⑦在活塞杆螺纹上涂上螺纹锁固剂。

⑧用紧固力矩的扭力扳手旋紧活塞杆。

注意事项:放好密封圈,以防止乐泰胶溢出(保持在此位置至少 2 h)。

⑨安装防护波纹管锁紧螺母垫片 O 形圈。

注意事项:保证锁紧螺母上的孔正对防护波纹管。

⑩在活塞杆上放置活塞杆导向盖单元。

⑪在活塞杆螺纹上螺纹锁固剂。

⑫用紧固力矩的扭力扳手安装活塞。

注意事项:活塞组装后,至少停 1 h 后,才能进行下一步工序。

(7)维护检查减振器是否处于良好工作状态

用减振器试验台进行检测,以判断减振器是否处于良好工作状态。

当减振器需要维护时,以下零部件必须更换:O 形圈、防护波纹管、活塞与底阀(当减振器力速特性不合格时)、补偿气囊、压力缸(当出现严重磨损与划痕时)、导向盖(当出现严重磨损与破损时)、活塞杆严重磨损,镀铬脱落,以及外部撞击出现变形时、其他被认为有必要更换的零件。

4. 重新安装减振器

(1)把储油缸用清洗液彻底清洗干净(仔细擦拭并用压缩空气吹净内腔)。

(2)用虎头钳夹紧储油缸。

(3)往储油缸内注进 2～3 cm 高度的油。

(4)安装压力缸、底阀、补偿气囊组件。

(5)往压力缸内注满油(轻微溢出也可)。

(6)握住由防尘罩、活塞杆、波纹管、大锁紧螺母、垫片、O 形圈、活塞杆导向盖单元、活塞单元等部件组成的组件,振松导向盖单元与活塞杆的连接,将活塞环初步定型放入活塞凹槽内,并以固定环对其进行固定。

(7)把活塞放入压力缸内(不要损坏部件),抽出固定环,将多余的油吸走,将活塞放进压力缸内。

(8)安装活塞杆导向单元、O形圈、垫片。

(9)在锁紧螺母外螺纹相对应的两个20 mm段和螺纹的最上端涂螺纹锁固剂。然后用紧固力矩的扭力扳手上紧。

(10)重新安装好连接头部分。

5. 性能试验

在试验前,须在试验台上对减振器型号、阻尼力/速度、允许误差范围等测试参数进行设置,并更换好相应的测速夹具,参照相关的试验方法和技术条件进行性能试验。

减振器试验台的精密度须符合国家相关的规定,检查合格并在准许使用的有效期内。

垂向减振器应垂向安装测试,横向减振器应水平安装测试,当垂向安装测试时,其防尘罩应在上方。

减振器安装在试验台上时,减振器的活塞应处于减振器行程的中间位置。

减振器示功图曲线形状光滑,无突然变化。拉伸、压缩阻尼力的不对称率应符合检修要求。

6. 漏油试验

性能试验合格的减振器需进行漏油试验,漏油试验要求:减振器横放24 h后,不允许有漏油。

最后,记录减振器有关信息。

技能训练

一、油压减振器渗油、漏油判定

新减振器在首次运行时有可能出现少量油的泄漏,油迹可见,但是无光泽或者是与灰尘混合的较干燥油迹,没有向下扩散的趋势。这种情况一般都是装配过程中金属零件及油封的所使用的工艺润滑剂(润滑脂)受热流出,而非漏油。

减振器漏油将可能导致减振器最终失去减振作用,因此在运用过程中,通过正确的外观检测来保障减振器处于正常工作状态,成为日常检修中的一个重要工作。

若减振器外表面明显看到有油迹,可初步判定为漏油。首先需清除减振器油污,擦干外表面后,继续运营一周(7 d)后,观察减振器表面油污,若油污面积$\geqslant$100 cm^2,则判定减振器漏油。

二、油压减振器渗油、漏油的主要原因

减振器长时间使用中,减振器的油封及活塞杆必须保持适当的润滑。由于这种润滑及运动的呼吸作用,活塞杆会将极少量的油从油封处带出导致“渗油”(图5-5-7)。这种情况反映为减振器外部有少量的油膜和污垢。不过没有油滴附着在减振器上。少量的渗油不会影响减振器阻尼力,减振器可以继续使用。

减振器漏油主要是两方面原因:一方面减振器工作时需要活塞杆往复运动,在做往复运动过程中与减振器中的活塞杆导向盖产生滑动摩擦。活塞杆在运动过程中会吸附液压油形成油膜,由于活塞杆处在开放的环境中,所有减振器活塞杆在工作过程中不可避免地将一些灰尘或者硬质颗粒带入活塞杆滑动摩擦表面,使活塞杆滑动摩擦表面磨损,产生间隙后减振器就发生

漏油(图 5-5-8),过量的漏油会使减振器功能失效;另一方面高频运动产生多次振荡,小的振幅集中在中心部位,加剧了这部位的磨耗,内部运动部件磨耗快,进而导致密封元件失效,产生漏油现象。

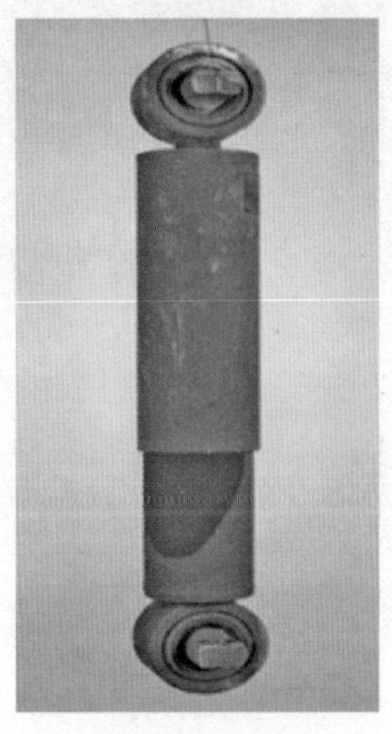

图 5-5-7　渗油

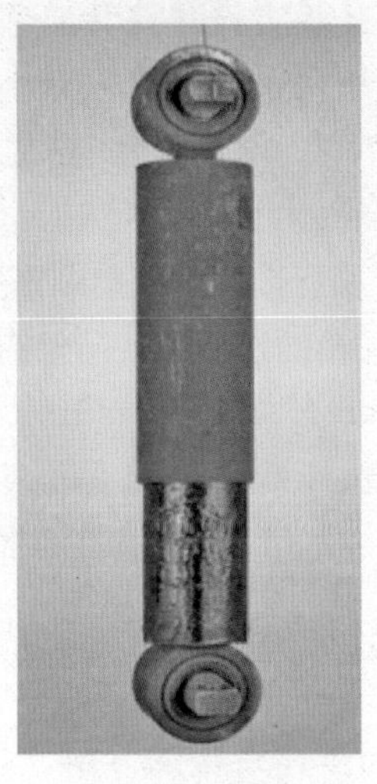

图 5-5-8　漏油

三、应对方案

对于“渗油”的减振器,不需要更换减振器。

对于初步判定为漏油的减振器,首先需清除减振器油污,擦干外表面后,继续运营一周(7 d)后,观察减振器表面油污,若油污面积≥100 cm^2,则判定减振器漏油。如有问题,应按原型号减振器进行更换,并将更换后的减振器返回减振器生产厂家进行维修。

学习任务六　悬挂装置的检修与维护

学习目标

1. 知识目标

(1)知道悬挂装置的结构及组成。

(2)理解悬挂装置的工作原理。

(3)掌握悬挂装置相关的检修与维护要求。

2. 能力目标

(1)会使用悬挂装置检修的工具和工装。

(2)能够判别检修结果是否合格。

(3)能对悬挂装置的检修流程进行制定。

3. 素质目标

(1)培养学生不怕困难、勇于探索的精神。

(2)培养学生严谨的工作作风和标准化操作意识。

知识链接

车辆的悬挂方式可分为一系悬挂和二系悬挂两种，其中二系悬挂有轴箱悬挂装置和中央悬挂装置。轴箱悬挂装置设置在转向架构架与轴箱之间，中央悬挂装置设置在车体底架与转向架构架之间。采用两系悬挂可以减小整个车辆悬挂装置的总刚度，增大弹簧静挠度，改善车辆垂向运动平稳性，减小车辆与线路之间的动作用力。地铁、轻轨车辆一般都采用二系悬挂装置。

为减轻重量，一系悬挂装置采用圆锥叠层橡胶弹簧。两个螺栓将轴箱弹簧上端固定在构架上的一系弹簧座上。轴箱的顶部和转向架构架的止挡下平面之间的距离应保持在(115±5) mm，如果此数值低于 110 mm，必须用调整垫进行调整。动车、拖车转向架使用相同的轴箱弹簧，同一转向架尺寸差应不大于 2 mm，在保证轮重分配的前提下，联轴器调整完毕后同一转向架上的该尺寸差应不大于 4 mm，调整垫总的插入厚度不应超过 10 mm。

技能训练

一、悬挂装置与车体连接的分解

1. 拆卸安全钢索

安全钢索位置如图 5-6-1 所示。拆卸过程为：先将下端(构架侧)拆开，再将上端(车体侧)拆开，即可将钢索拆下(螺栓规格 M24)。

2. 拆卸高度阀调整杆

高度阀调整杆位置如图 5-6-2 所示。拆卸过程为：首先拆卸安全吊链的安装螺栓 M12(件 4)，拆下安全吊链，其次拆卸调整杆(件 3)与水平杆(件 1)之间的螺栓 M10(件 2)连接，然后拆卸调整杆(件 3)与构架安装板之间的螺栓 M12(件 5)连接，最后取下调整杆。

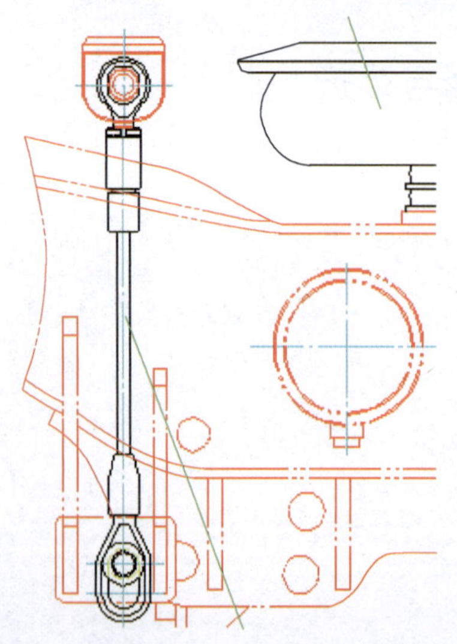

图 5-6-1　安全钢索位置

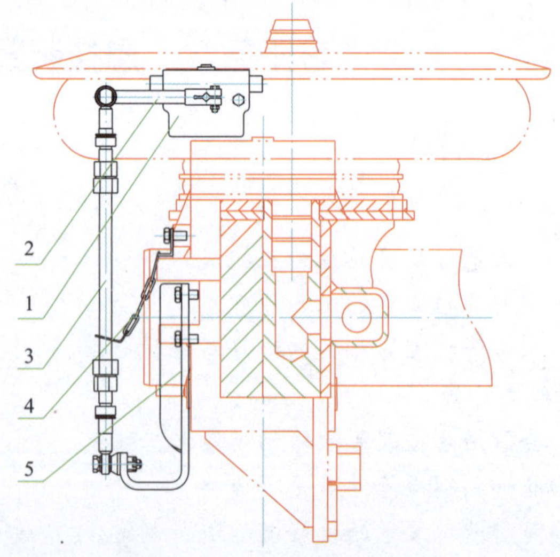

图 5-6-2　高度阀调整杆位置

1—水平杆；2—螺栓 M10；3—调整杆；4—安装螺栓 M12；5—螺栓 M12

二、悬挂装置的检修与维护

在车辆的使用中，车轮的磨耗、旋修会引起车辆地板面、车钩高的变化，为了调整车体和车钩高度，需要对二系悬挂装置和牵引装置进行调整。

1. 空气弹簧的高度调整

空气弹簧的高度，可以由调整杆的长度来控制。调整杆的长度，调整至标准尺寸时，空气弹簧高度为(200±2) mm。测量车体底架的工艺块下面(与空气弹簧上平面共面)与构架的工艺块之间的距离，此距离为[(255+t)±3] mm。此处 t 为空气弹簧下调整垫的厚度。该调整垫插在空气弹簧下面。调整车体高度时，不能靠改变规定的空气弹簧高度来调整。

当辗钢轮因车轮磨耗需加工时，可以在转向架构架和空气弹簧下平面之间加调整垫来保证车体地板面和车钩的高度。

调整垫厚度新造时可以为 0～12 mm，当辗钢轮被加工后为 0～36 mm，同时需要在中心销座和枕梁之间插入相同高度的调整垫。

2. 横向挡间隙调整

安装在转向架构架上的左右横向挡和牵引梁两侧之间的间隙，在新造时设为 10^{+2}_{0} mm。但如果此间隙大于 12 mm 时，应当在转向架构架与止挡座之间插入调整垫调整到 10^{+2}_{0} mm。

3. ATC 天线、排障器高度调整

在空车状态时，ATC 天线下面的高度是(300±2) mm，排障器的高度是(75±2) mm。当辗钢轮磨损或旋修后可以通过调整安装座上调整垫的厚度来调整。

4. 齿轮箱悬挂高度的调整

在空车状态下，牵引电机的轴中心应高于小齿轮轴中的高度差(3±1.5) mm 之内，如果不满足此要求，可以通过齿轮箱吊杆上的调整垫的上下增减进行调整。

学习任务七　空气弹簧的检修与维护

学习目标

1. 知识目标

(1)掌握空气弹簧的结构及组成、工作原理。

(2)熟悉空气弹簧的主要分类。

(3)掌握空气弹簧相关的检修与维护要求。

(4)知道气囊和橡胶堆缺陷及处理方式。

2. 能力目标

(1)会使用空气弹簧检修的工具和工装。

(2)能够判别检修结果是否合格。

(3)能对空气弹簧的检修流程进行制定。

3. 素质目标

(1)培养学生“精准检修”“务实检修”的维修思想。

(2)培养学生的安全意识和质量荣辱观。

知识链接

一、空气弹簧介绍

空气弹簧(图 5-7-1)是在柔性密闭容器中(气囊)加入压力空气,利用空气的可压缩性实现弹性作用的一种非金属弹簧。它具有优良的弹性特性,用在车辆悬挂装置中可以大大改善车辆的动力学性能,从而显著提高其运行舒适度。

列车用空气弹簧主要由金属部件和橡胶部件组成,安装于转向架构架和车体之间,传递垂向力和横向力。在运行时,空气弹簧利用内部的压力空气承受垂向载荷,利用气囊和橡胶堆的柔性承受各个方向的变形,可以说空气弹簧的性能主要取决于气囊和橡胶堆(橡胶堆又叫辅助弹簧或应急弹簧)。

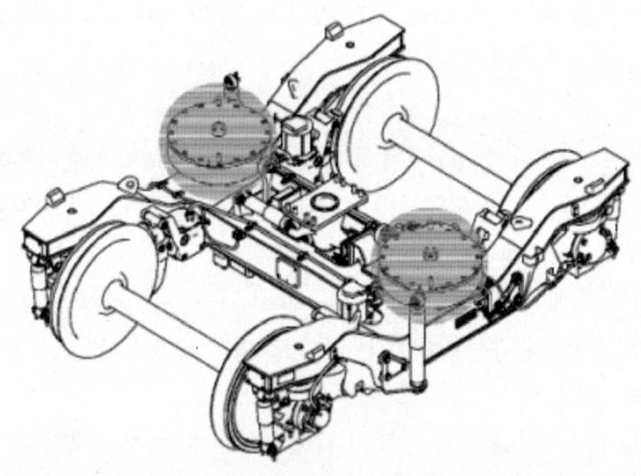

图 5-7-1　空气弹簧

二、主要分类及工作原理

空气弹簧工作时,内腔充入压缩空气,形成一个压缩空气气柱。当振动载荷量减小时,弹簧的高度升高,内腔容积增大,弹簧的刚度减小,内腔空气柱的有效承载面积减小,此时弹簧的承载能力减小。这样,空气弹簧在有效的行程内,空气弹簧的高度、内腔容积、承载能力随着振动载荷的递增与减小发生了平稳的柔性传递、振幅与振动载荷的高效控制。可以用增、减充气量的方法,调整弹簧的刚度和承载力的大小,还可以附设辅助气室,实现自控调节。

空气弹簧按工作时的变形方式分为囊式、膜式、混合式三种。

囊式空气弹簧主要依靠橡胶气囊的挠屈获得弹性变形。膜式空气弹簧主要依靠橡胶气囊的卷曲获得弹性变形。混合式空气弹簧则兼有以上两种变形方式。

囊式空气弹簧根据橡胶气囊曲数的不同分为单曲、双曲和多曲囊式空气弹簧。膜式空气弹簧的结构是在盖板和底座之间放置一圆柱形橡胶气囊,通过气囊挠曲变形实现整体伸缩。膜式空气弹簧在其正常工作范围内,弹簧刚度变化要比囊式小,同时也可通过膜式空气弹簧在其正常工作范围内。下面主要以囊式空气弹簧为例作介绍。

三、主要结构

空气弹簧主要由橡胶囊体、橡胶堆、底座等组成，橡胶囊体由内、外层橡胶层，帘线层和成型钢丝圈组成，不同类型的转向架，其使用的空气弹簧略有不同，可参照图 5-7-2 对空气弹簧结构进行详细了解。

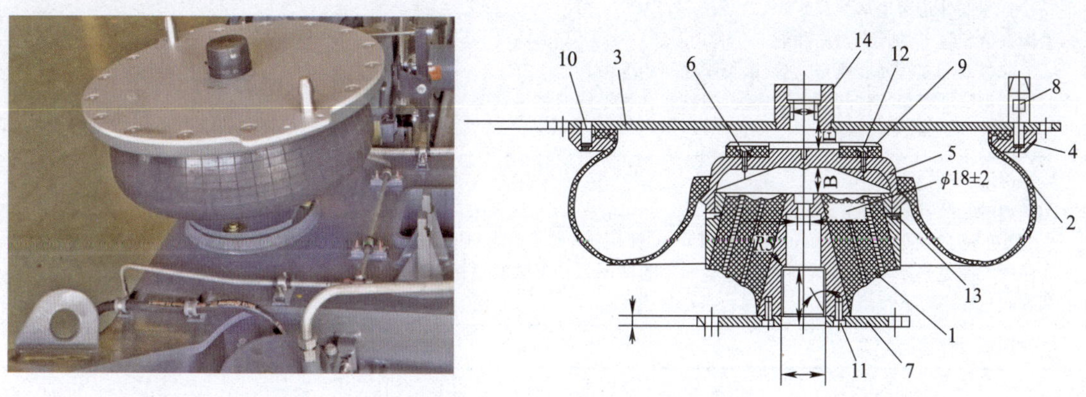

图 5-7-2　空气弹簧结构

1—橡胶堆；2—胶囊；3—上盖组成；4—扣环；5—支承座；6—摩擦块；7—底板；8—定位销；9—套筒；
10—内六角沉头螺钉；11—内六角平原头螺钉；12—内六角平原头螺钉；13—槽销；14—O 形圈

四、空气弹簧的检修与维护

1. 检修周期

空气弹簧建议检修周期见表 5-7-1。

表 5-7-1　检修周期

修程		日检	月检	年检	架修	大修
周期	符号	A	B	C	D	E
	运行公里数	每天	10 000 km	120 000 km	600 000 km	1 200 000 km

2. 检修及更换标准(表 5-7-2)

表 5-7-2　检修和更换标准

检查内容	检查类型					备注
	A	B	C	D	E	
外观检查：						
①检查空气弹簧紧固件，要求连接紧固、无松动	√	√	√	√		
②检查气囊有无开裂或其他变色迹象。如有异常，立即报告。假如气囊上发现磨损，必须立即更换气囊	√	√	√	√		
③检查空气弹簧的辅助弹簧可见区域有无蠕变或黏附不牢等迹象。如有异常，立即更换空气弹簧	√	√	√	√		
④检查空气弹簧有无腐蚀，撕裂和损坏，如有的话，更换空气弹簧	√	√	√	√		
⑤检查气囊与弹簧底座间有无异物，如有的话，清除所有的异物	√	√	√	√		

续上表

检 查 内 容	检查类型					备注
	A	B	C	D	E	
检查： ①检查空气弹簧上盖、橡胶堆和车体之间是否密贴 ②检查胶囊的表面，要求无严重损伤、裂纹和刀痕 ③检查零部件是否变形 ④检查橡胶囊上的化学物品和油 ⑤清除各部件尤其是胶囊与上盖、橡胶座之间的尘垢 ⑥检查橡胶堆金属零件的弯曲或裂纹，橡胶和金属零件的粘接状态 ⑦检查空气弹簧的气密性	 √ √ √ √ √ √ √	 √ √ √ √ √ √	 √ √ √	 √ √ √		
更换标准： ①胶囊的裂纹：深度超过 1 mm 不得使用 ②胶囊的磨损：深度超过 1 mm(帘布外露)不得使用 ③橡胶堆的更换条件：橡胶堆的橡胶和金属件的粘接部分离深度超过 10 mm，橡胶堆的裂纹圆周超过 30%	√	√	√	√		
空气弹簧整体进行更新					√	

技能训练

正常情况下，空气弹簧金属部件一般不会发生质量问题。但对于橡胶部件来说，由于橡胶材料本身特性以及使用环境和运用工况的相互影响，即便在正常的使用状态下，在使用寿命内也会出现皲裂、开胶、磨损等质量问题。在这些质量问题中，有些属于正常现象，可以继续使用；但也有部分缺陷会影响产品性能，甚至可能导致质量安全问题。

一、气囊缺陷及处理方式

1. 皲裂(图 5-7-3)

原因分析：

空气弹簧气囊的皲裂缺陷是由橡胶老化引起。

橡胶老化是橡胶制品在储存和使用一段时间以后，就会变硬、皲裂或发黏，以至不能使用。导致橡胶老化的因素很多，主要有热、氧、臭氧、微量金属、阳光、紫外线等。屈挠疲劳增加橡胶分子与氧的接触面积，从而加速老化。这是由橡胶本身特性引起的，无法避免。

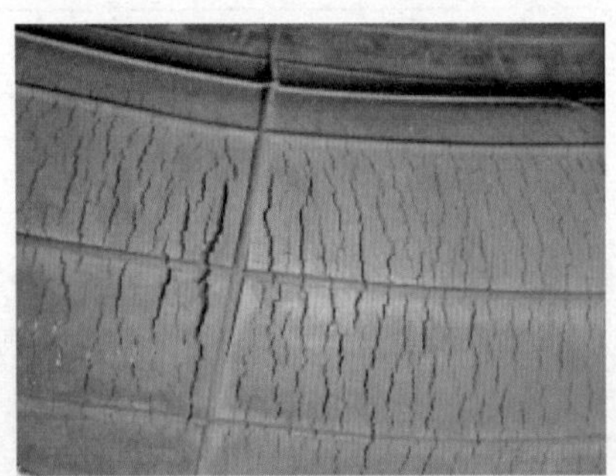

图 5-7-3　气囊表面皲裂

处理方式：

皲裂更换的标准是皲裂是否导致内部帘线层外露。

气囊的外胶作用是保护内部帘线层不受侵蚀，因此只要气囊表面皲裂没有深及帘线，则外胶的保护功能就依然有效。气囊表面皲裂时，裂缝深度未深及帘线，不会影响产品的使用性能，可以继续使用。如露出帘线层(图 5-7-4 裂缝中可见织物状帘线)，则需要及时更换。

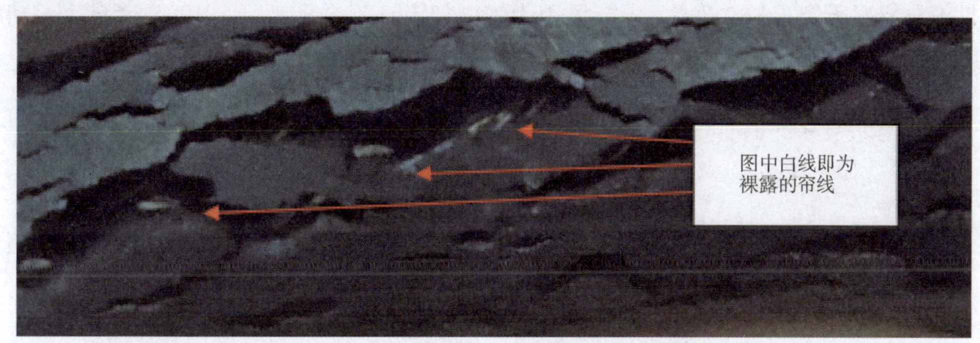

图 5-7-4　帘线外露

2. 裂纹

原因分析：

皲裂一般是表面分布数量较多(几十甚至上百条，且分布较均匀)的小裂纹，而此处的裂纹一般数量只有一条或几条，由于划伤、生产缺陷等导致的气囊表面开裂，如图 5-7-5 所示。

处理方式：

由于外层胶的作用主要是保护帘线，因此开裂时，原则上是只要不露帘线层，都是可以继续使用。如果开裂处帘线层外露，则需要及时更换气囊。

3. 气囊外胶与帘线层之间的脱层、鼓包

原因分析：

气囊外胶与帘线层之间的鼓包(图 5-7-6)发生的原因为外胶与帘线层之间脱层，空气渗入导致外胶鼓起所致。这种鼓包在使用的过程中会逐渐变大，直至最后破裂，这种鼓包对空气弹簧的气密性、强度、刚度等都没有影响，短期内可以继续使用。

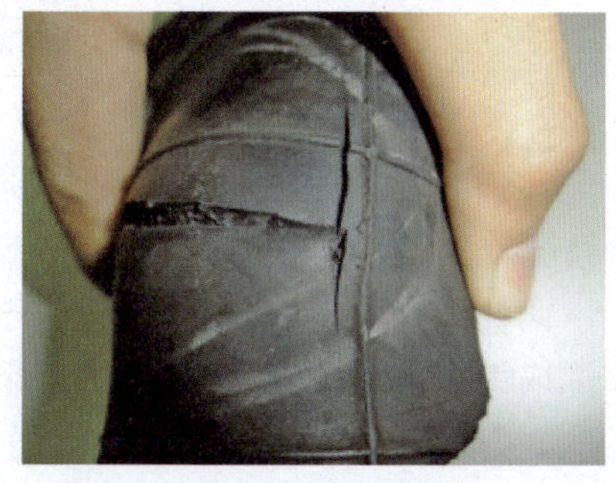

图 5-7-5　开裂

图 5-7-6　外胶与帘线层之间的鼓包

处理方式：

对于鼓包可以利用大头针等尖细物体对起泡表层橡胶刺破放气，如放气后外观没有异常，且用肥皂水检查无连续气泡产生则可以继续使用、不需更换气囊，否则需更换气囊。

4. 磨损

原因分析：

正常情况下的磨损主要发生的位置如图 5-7-7 所示，其原因是气囊在运行过程中与扣环或支座摩擦导致。

非正常情况下磨损较少发生，主要原因为转向架设计不合理，留给空气弹簧自由运动的空间不足，使得气囊与其他部件接触摩擦导致。

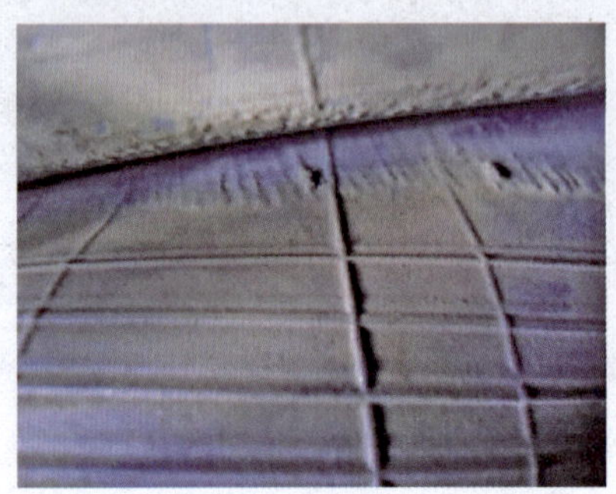

图 5-7-7　空簧磨损位置

处理方式：

如果不露帘线，可以继续使用，到列车大修时更换即可。

如果帘线外露，则需要及时更换气囊。

二、橡胶堆缺陷及处理方式

1. 蠕变

原因分析：

橡胶本身特性导致，使用时无法避免。

处理方式：

蠕变属于正常情况，一般空簧在设计过程中已经考虑了蠕变量，可继续使用；维修厂家在维修时一般会利用垫片进行高度调整。

2. 开裂

原因分析：

橡胶堆开裂主要分为工作区开裂和非工作区开裂。工作区与非工作区如图 5-7-8 所示。

工作区开裂的原因主要是橡胶老化所致，此种情况较少发生。

非工作区多指金属骨架与橡胶硫化的末端位置，此处橡胶层一般较薄，硫化时压力较小，容易存在一定的硫化缺陷。产品在运用时，非工作区成为应力集中点，容易产生开裂情况，如图 5-7-9 所示。

处理方式：

工作区开裂会影响橡胶堆的性能，应该及时更换。

对于非工作区开裂，如果橡胶与金属分离深度超过 20 mm，脱胶长度超过 1/3 圆周时需更换。如不超过上述标准，不会影响使用性能，可以继续使用。

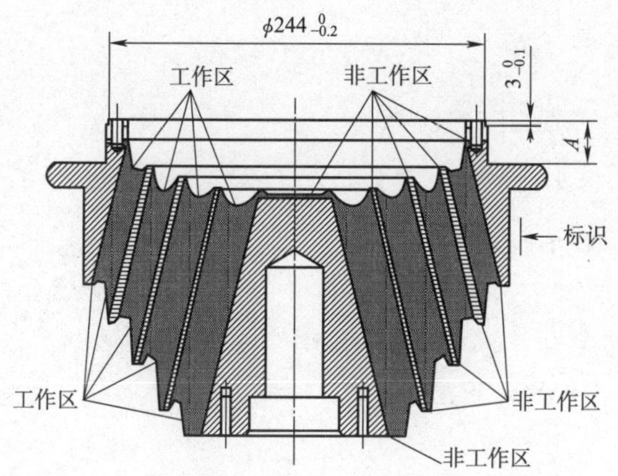

图 5-7-8　橡胶堆工作区和非工作区(单位:mm)

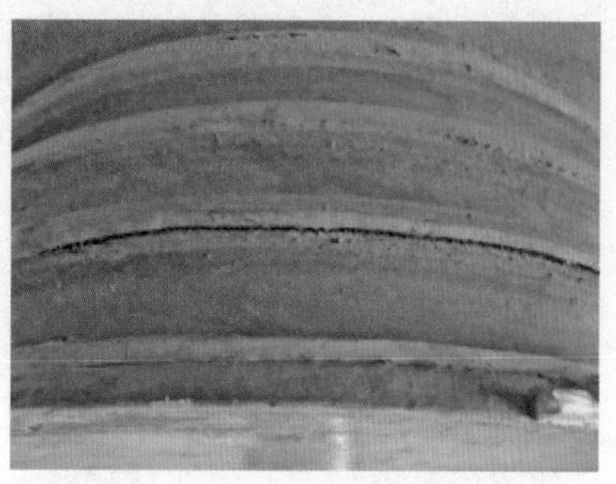
图 5-7-9　平板式橡胶堆非工作面开胶

一般工作区开裂处,橡胶变形会随载荷的增加表现出明显的异常,而非工作区橡胶变形受载荷变化的影响不明显。

3. 橡胶堆鼓包

原因分析:

橡胶堆鼓包的原因主要是金属骨架和橡胶粘接存在缺陷,橡胶堆在长期受力后,将此处粘接缺陷的橡胶挤压出来,橡胶与金属分离后形成鼓包,如图 5-7-10 所示。

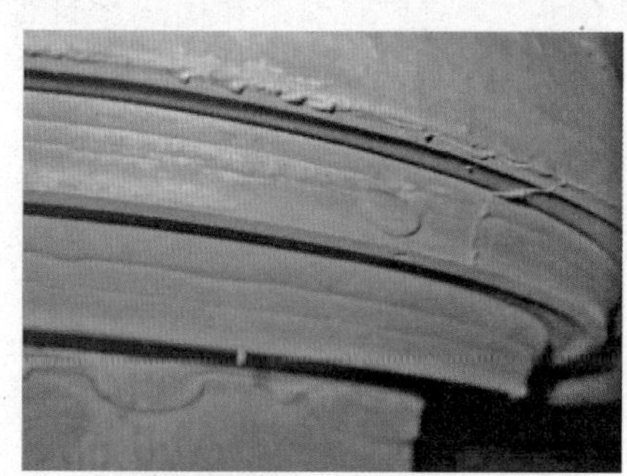

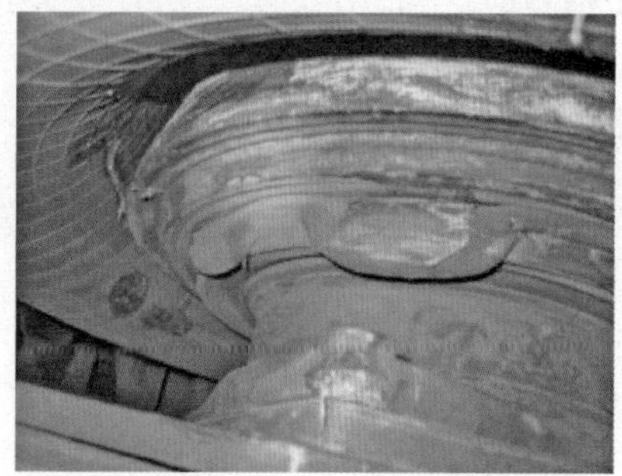

图 5-7-10　橡胶堆鼓包

处理方式:

当鼓包长度大于 1/4 圆周,凸起高度大于 50 mm 时更换橡胶堆,或者当鼓包引起橡胶堆塌陷时更换。

学习任务八　中央牵引装置和排障器的检修与维护

学习目标

1. 知识目标

(1)知道牵引装置与车体连接的分解。

(2)了解附属设备与车体连接的分解。

(3)掌握排障器的检修与维护。

2. 能力目标

(1)会使用中央牵引装置和排障器检修的工具和工装。

(2)学会中央牵引装置的检修与维护。

(3)能够判别检修结果是否合格。

(4)能对中央牵引装置和排障器的检修流程进行制定。

3. 素质目标

(1)培养学生追求精雕细琢、精益求精、超越自我的工匠精神。

(2)培养学生认真负责的工作态度,团结合作的大局意识。

知识链接

城市轨道交通车辆转向架普遍采用无摇枕结构。由于没有摇枕,车体直接坐落于空气弹簧上,必须靠牵引装置来实现摇枕所具有的传递纵向力和转向功能。牵引装置为车体和转向架之间提供了合适的纵向刚度,减少牵引中心销牵引和制动时的冲击,使列车运行平稳。

一、中央牵引装置

每台转向架设有一套中央牵引装置。牵引装置主要包含的零部件有:中心销、中心销套、牵引梁、牵引拉杆等,如图 5-8-1 所示。中心销的上端通过螺栓固定在车体的枕梁中心,下端插入牵引梁内,通过中心销套将中心销与牵引梁固定在一起,牵引梁和构架之间通过两个呈"Z"形布置的牵引拉杆连接;中心销、中心销套、牵引梁之间是无间隙配合,实现了无间隙牵引。主要部件如减振器、牵引拉杆均可以方便的进行检查、更换。

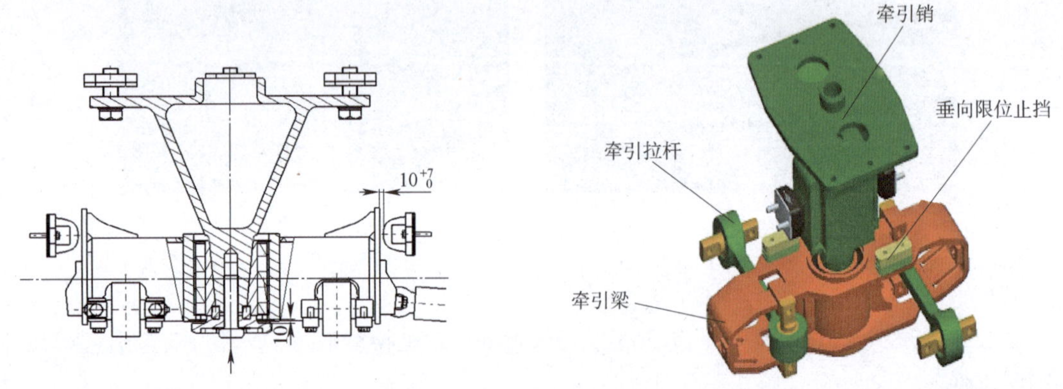

图 5-8-1　中心销与牵引梁的连接

各主要零部件的功能如下:

(1)牵引梁:牵引梁是传递牵引力和制动力的中间载体,一方面通过中心销套与中心销连接,另一方面通过两根呈"Z"字形布置的牵引拉杆与构架相连。

(2)牵引拉杆:每套牵引装置使用两个呈"Z"字形布置的牵引拉杆。它的两端为弹性橡胶节点。牵引拉杆的一端与构架相连,另一端与牵引梁相连。

二、排 障 器

目前，各型转向架排障器主要安装在构架或轴箱体上。在构架上安装的特点是振动小，但转向架运行过程中排障器会随着构架浮沉而垂向运动，故排障器与轨面间隙设置不能太小；轴箱体安装特点是垂向运动范围小，排障器与轨面间隙可设置较小，能够排除较小的障碍，但轴箱体振动大，对排障器结构强度要求高。两种安装结构均需考虑车轮磨耗带来的排障器高度调整。

排障器(图 5-8-2)主要由安装臂、托架、排障板组成。排障器整体由 4 颗 M20 螺栓固定在转向架转臂式轴箱体下部，托架与安装臂由 1 颗 M24 螺栓连接，排障板与托架由 2 颗 M12 螺栓连接。动车组运行过程中，构架垂向运动致使转臂式轴箱体绕车轴中心旋转，引起排障器跟随轴箱体旋转，从而带来排障板距离轨面间隙的变化。

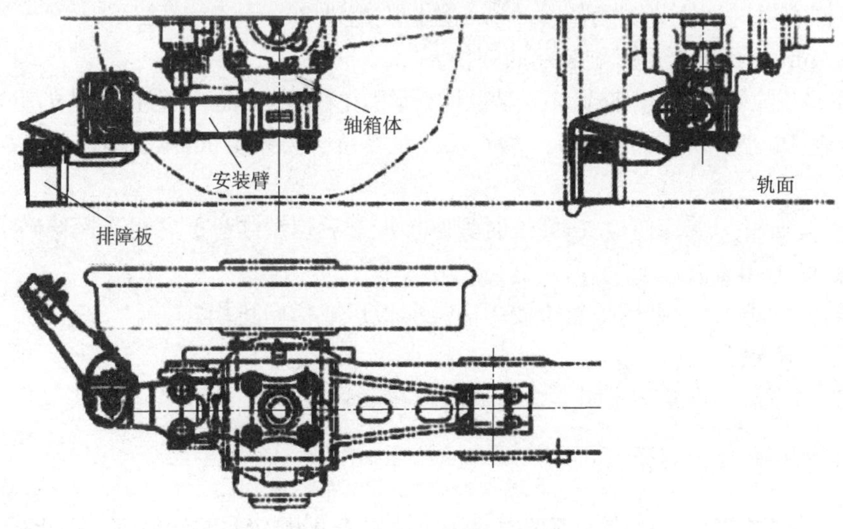

图 5-8-2　转向架排障器结构

技能训练

一、中央牵引装置的检修与维护

1. 牵引装置与车体连接的分解

中央牵引装置与车体连接的分解需先分解中心销与牵引梁的连接(图 5-8-1)，待起车后再分解中心销与车体的连接。中心销与牵引梁端的分解步骤如下：

(1)将防松片已翻折至紧贴螺栓头的两个舌片翻折回去。

(2)用扳手将大螺栓 M36×140 拆下。

(3)将下盖取下(可轻轻敲打)，注意定位销可能会自动脱落。如果定位销没有自动脱落，再将定位销取下。

(4)用专用工具 M90 拧进中心销套内圈的螺纹中，使中心销套与中心销的配合脱开，这样就可以起车了。

2. 附属设备与车体连接的分解

(1)分解安装在轴箱上的各种传感器电缆与车体的连接端,包括防滑传感器、ATP速度传感器等。

(2)分解制动风管、停放制动风管与车体空气软管的连接。

(3)分解牵引电机电缆。

(4)分解齿轮箱上接地装置与车上连接电缆。

在确认车体与转向架之间的连接完全分解之后,使用大型架车机分离车体和转向架。注意:在起落车时工作区域内应当确认无其他操作者在工作。

3. 其他要求

(1)牵引拉杆杆体表面磁粉探伤检查,有裂纹时打磨,有下列情况之一者更新:

①杆身部有横向裂纹时。

②杆身部有纵向裂纹且深度超过2 mm且长度超过30 mm时。

③ϕ100 mm内孔有严重影响装配的划伤。

(2)更新牵引拉杆两端的橡胶节点,压装前检查牵引拉杆内孔状态,测量内孔尺寸$\phi 100^{+0.035}_{0}$ mm,两节点安装孔中心距(500±0.5) mm,检查尺寸是否符合公差要求,压装确保节点与拉杆压装位置正确。

(3)牵引梁所有焊缝探伤检查,裂纹时焊修。焊修后焊缝须打磨并再次探伤确定无裂纹。

(4)牵引梁内孔需清理干净,内孔直径尺寸$\phi 195^{+0.046}_{0}$ mm。

(5)更新横向挡组成(采用带有橡胶内嵌金属板形式横向止挡)。

(6)更新中心销套。

(7)中心销下端的下盖与牵引梁之间的间隙在8~10 mm。

二、排障器的检修与维护

(1)分解排障器组成。排障器支架及排障器不存在影响功能的变形、裂纹,更新紧固件。

(2)测量排障器距轨面高度,范围为75~85 mm。

(3)将天线梁与两个支座安装到一起,螺栓先不要紧固。

(4)将两个支座安装在构架侧梁端部的座上,螺栓先不要紧固。

(5)对天线梁和支座的位置进行调整,将天线梁的天线安装座调整至水平状态,紧固天线梁与两个支座的紧固螺栓;然后对天线梁与转向架进行对中调整,紧固支座与构架的连接螺栓。

(6)在空车状态时,ATC天线下面的高度是(300±2) mm,排障器的高度是(75±2) mm。当辗钢轮磨损或旋修后可以通过调整安装座上调整垫的厚度来调整。

学习任务九　转向架整体调试

学习目标

1. 知识目标

(1)知道转向架整体调试范围。

(2)了解转向架整体调试标准。

(3)掌握转向架整体调试方法。

2. 能力目标

(1)会使用转向架整体调试检修的工具和工装。

(2)能够判别检修结果是否合格。

(3)能对转向架整体调试的检修流程进行制定。

(4)学会故障判断与分析。

3. 素质目标

(1)培养学生精益求精的工匠精神,具有安全、节能意识。

(2)培养学生严谨的工作作风、标准化操作意识。

知识链接

此部分检修内容包括四角高、空气弹簧高、牵引装置中的下盖间隙、横向止挡间隙等。

一、转向架构架和轴箱之间的间隙调整

车辆停放在平直轨道上(空车状态)测量轴箱上平面与安装在构架侧梁侧面的止挡下面之间的距离。该距离应为(115±5) mm。

该距离可以用在轴箱和轴箱弹簧之间插入或取出调整垫进行高度调整。转向架组装后,可从轴箱侧插入或取出U形调整垫。

调整垫总厚度应当小于10 mm。如果调整垫厚度大于9 mm,则大厚度的调整垫应位于整个调整垫板的上部,并且上面的调整垫应使用环形垫。

二、空气弹簧高度的调整,横向挡间隙调整,ATC天线、排障器高度调整,齿轮箱悬挂高度的调整

三、转向架重新组装后需进行必要的试验

主要包括加载试验、密封试验(管路和附加气室)和电阻试验。保证转向架轮重分配符合要求,转向架电阻性能符合要求。

技能训练

(1)检查车轴,轴与轴承温度要相同。

(2)轴承、轴箱和车轴组装完成后,用手摇动轴箱,检查轴箱转动是否灵活,确认轴箱轴向游隙为0.55～1.1 mm时应当没有任何不正常现象,如果有异常,分解轴箱找出其原因。

(3)为了保证轴承部件(内圈、外圈、滚子与保持架组装件、挡边环和间隔圈)清洗后可再使用,必须确认其是否有有害性的缺陷或者异常磨损。如轴承中哪一部件被确认有异常而不可再使用时,该轴承单元应当废弃。

(4)根据轴承部件的使用状况,可观察轴承有无剥离、擦伤、电蚀、挡边面卡伤、缺损等的表面损伤,通过该外观检查可以判断轴承可否再使用。

(5)每套空气弹簧在出厂前已做过气密性试验,装车前检查各部无异常后可直接装车使用。

(6)空气泄漏的检查,在配管部位,排气孔处用肥皂水或排气等进行检查。

(7)检查橡胶外观是否产生大的异常变形,是否产生到限的损伤、裂纹、磨耗等。

(8)自由状态下横向缓冲器的橡胶裂纹，或黏着、分离等。

(9)在缓冲器上加最大的压缩载荷，检查横向缓冲器的裂纹：在垂直方向加 120 kN 的力，检查是否存在粘接分离的现象。

(10)检查关节轴承球头有无卡死现象，若有及时修复；不锈钢套有无松动窜出现象，若有应更换关节轴承。

(11)检查空气弹簧的高度是否在正常范围内：(200±3) mm。

(12)工装、工具清单见表 5-9-1。

表 5-9-1　工装、工具清单

序号	名　称	规　格	数量	备　注
1	扭矩校验仪	—	1	
2	桁架车	—	1	
3	马凳	—	4	
4	衬套压装装置	—	1	
5	风动冲击扳手	1	1	
6	手动压力泵	—	1	
7	内径千分表	0～50 mm	1	
8	外径千分尺	0～50 mm	1	
9	游标卡尺	0～300 mm	1	
10	套筒扳头	S30	1	
11	套筒扳头	S24	1	
12	插口扳手	S30	1	
13	插口扳手	S24	1	
14	力矩扳手	280 N·m	1	
15	力矩扳手	230 N·m	1	
16	力矩扳手	160 N·m		
17	力矩扳手	85 N·m	1	
18	棘轮扳手	1/2	1	
19	棘轮扳手	1/4	1	
20	开口扳手			
21	克丝钳	—	1	
22	丝锥(二锥)	M16	1	配丝锥铰杠
23	吊带	3M	1	
24	尼龙锤	—	1	
25	鱼嘴钳	—	1	
26	扁铲	—	1	

巩固与练习

一、选择题

1. 防松标记漆使用前，需要在施工环境下同温(　　)小时。

A. ≥1　　B. ≥2　　C. ≥3　　D. ≥4

2. 若螺栓分布为中心对称，拧紧时需按照对角线分(　　)次完成。

A. 1～2　　B. 2～3　　C. 3～4　　D. 4～5

3. 采用智能拧紧系统对成组紧固件拧紧时，若紧固后出现角度不合格现象，要检查其他螺栓是否有漏拧，可采用(　　)力矩复拧查看是否有松动的方法。

A. 60%　　B. 70%　　C. 80%　　D. 90%

4. 在盲孔内滴入螺纹锁固胶后，需在(　　) min 内完成力矩的紧固。

A. 4　　B. 3　　C. 2　　D. 1

5. 采用智能拧紧系统对螺栓作业时，单个螺栓拧紧动作需在(　　) min 内完成，否则会超时重新操作。

A. 4　　B. 3　　C. 2　　D. 1

6. 转向架空气弹簧有效存储期超过(　　)年，需进行气密性试验。

A. 4　　B. 3　　C. 2　　D. 1

7. 若用风动或电动扳手预紧有扭矩要求的紧固件时，必须(　　)余量，最后用扭矩扳手紧固，防止过扭矩。

A. 至少留半扣以上　B. 至少留 1 扣以上　C. 至少留 2 扣以上　D. 无需留扣

8. 防松标记宽度 W 应为(　　)。

A. 0.5～4 mm　　B. 1.5～4 mm　　C. 2～5 mm　　D. 4～8 mm

9. 推动后的停放的转向架，转向架推至预定位置后，若转向架处于无制动状态，应放置(　　)等防止溜车。

A. 胶皮　　B. 止轮器　　C. 铁鞋　　D. 木方

10. 转向架夹钳单元有效存储期超过(　　)年，需更换所有橡胶件。

A. 4　　B. 3　　C. 2　　D. 1

二、判断题

1. 轴端零部件在检修及装配过程中不需要同温。(　　)

2. 构架在检修过程中不需要完全拆解。(　　)

3. 螺栓紧固后，防松标记的涂打位置应该便于检车时观察。(　　)

4. 制动管路保压试验过程，需要全程跟踪观察。(　　)

5. 所有工序，严禁裸手触摸钢铁工件表面。钢铁料件搬运过程中要戴防护手套，避免手汗遗留在工件表面，容易导致钢铁件产生锈蚀。(　　)

三、填空题

1. 按照________要求准备好螺纹锁固剂、清洁剂、促进剂等材料，胶黏剂型号需要符合________。

2. 检查胶黏剂保质期，确保在________。施工环境要求，环境温度________。紧固件涂胶后，要避免受到污染。原则上胶液涂到金属表面之后要在________内进行装配。

3. 通孔螺栓、螺母将零件组装，螺栓________螺孔。滴几滴螺纹锁固剂至螺栓与螺母啮合处，保证至少________的圆周上________锁固剂，然后拧上螺母。一定要先将螺栓从螺孔________再向螺栓上滴螺纹锁固剂，以免穿螺栓时螺纹锁固剂涂到________上，起不到紧固作用。

4. 盲孔滴几滴锁固剂到________，锁固胶的滴入量应当超过螺栓完全拧入后的端部位置5～10 mm不少于内螺纹孔________。再滴几滴锁固剂到螺钉的螺纹上。然后将螺栓拧入螺纹孔内。如果螺钉紧固到位后发现胶液________，下次向盲孔内的滴胶量可以________。用力矩扳手紧固至规定的力矩。外部多余胶液用擦拭纸________。

5. 若用风动或电动扳手预紧有扭矩要求的紧固件时，必须留至少________的余量，最后用________紧固。

6. 每个紧固件进行尺寸参数调整后，紧固后的紧固件，确认后________涂打防松标记。转向架的防松标记，外表面没有明确颜色要求的涂________。

7. 防松标记的角度和方向应选择从外部________的部位，防松标记应________，易于观察紧固件是否产生松动。

8. 防松标记宽度应为________。当已经画防松标记的紧固件拆卸重新再组装时，应将原有的防松标记用________再进行组装，避免原有的防松标记和新画的防松标记________。

9. 紧固件安装前，需保证紧固件表面、待安装表面和螺纹孔________。不能有________、毛刺、切屑和________等。

10. 使用风动扳手前应将风动扳手扭矩选择挡位设置在________上。

11. 确认扭矩扳子是否在________及________。使用的扭矩扳子在使用前必须找________对扭矩扳子扭矩值校准，并按要求填写《扭矩扳子校验记录表》后________。

四、简答题

1. 简述油压减振器的工作原理。
2. 轮对车轮直径差的具体要求是什么？
3. 减振器漏油的判定标准是什么？
4. 简述减振器漏油的原因及解决方案。
5. 简述对排障器的检修与维护。
6. 简述空气弹簧的工作原理。
7. 简述因橡胶老化导致空气弹簧出现皲裂情况的原因分析及处理方式。
8. 简述转向架构架和轴箱之间的间隙调整方法。
9. 简述空气弹簧高度的调整方法。

项目六　制动装置和高压受流装置的检修与维护

城市轨道交通迅速发展和载客量不断提高的前提下，检修车辆制动系统已逐渐成为确保车辆安全运行的关键。本项目详细介绍制动装置和高压受流装置的结构和原理，通过各部件的故障分析和检修训练，以提高读者的动手技能和分析能力。

学习任务一　供风单元的检修与维护

学习目标

1. 知识目标

(1)了解车辆的制动模式及特点。

(2)了解车辆供风系统的结构。

(3)了解车辆制动机的分类及特点。

(4)掌握空气压缩机的结构组成和作用原理。

(5)掌握空气干燥器的结构组成和作用原理。

(6)掌握空气压缩机的检修及维护要求。

(7)掌握空气干燥器的检修与维护要求。

2. 能力目标

(1)会对空气压缩机和干燥器常见故障情况及处理方式进行准确描述。

(2)会描述空气压缩机和干燥器的工作原理、检修周期，并能简单描述其检修内容。

3. 素质目标

(1)培养学生"准确认知部件，准确描述故障，针对性维修部件"的维修理念。

(2)培养学生不断探索、精益求精的工匠精神。

知识链接

一、制动装置的类型及模式

1. 制动装置的定义

使列车减速或阻止其加速的力称为制动力，而产生并控制这个制动力的装置叫做制动机，也称为制动装置。从能量变化的角度理解，制动过程就是一个能量转移过程，是将列车运行所具有的动能人为控制地转变成其他形式能量的过程，因此列车的制动过程必须具备两个基本条件：一个是实现能量转换；另一个是控制能量转换。

2. 制动系统的制动模式

在制动操作上，制动按用途可大致分为常用制动、紧急制动、快速制动、停放制动等。

(1)常用制动

常用制动是指在正常情况下为调节或控制列车速度所施加的制动。在各种制动作用中,常用制动的实施频率最高。因而对其性能的完整性要求较高。

常用制动作用比较缓和,制动力可以调节,通常只有用到列车制动能力的20%~80%,大多数情况下只用50%。

(2)紧急制动

紧急制动属于非常制动,是在紧急情况下为使列车尽可能快地停车而实行的一种制动。

紧急制动作用比较迅猛,而且要把列车最大的制动力都用上,一般情况下制动力要比常规制动力大10%左右。目前,在城市轨道交通车辆上还采用一种快速制动,快速制动模式下产生的制动力与紧急制动模式相当,但是紧急制动是不可自动恢复的,必须停车后人工恢复,而快速制动是可以恢复的。

(3)快速制动

快速制动是列车在紧急情况下,为了让列车迅速减速而实施的一种制动作用。快速制动的原理、实施过程与常用制动作用基本相同。二者的区别在于快速制动作用速度较常用制动快。由于希望列车迅速减速,在非常制动实施过程中,一般在乘客所能承受的范围内不再考虑其舒适性。

(4)停放制动

由于车辆断电停放时,制动缸压力会因管路漏泄无压力空气补充的情况下,逐步下降为零,使车辆失去制动力。车辆停放制动不同于车辆运行中的制动作用,它采用弹簧力来产生制动作用。在正常情况下,弹簧力的大小不随时间而变化。由此获得的制动力能满足列车较长时间的断电停放要求,弹簧停放制动缸充气时,停放制动缓解;弹簧停放制动缸排气时,停放制动施加,并且还需附加有手动缓解功能。

3. 城市轨道交通车辆制动机

(1)电制动

电制动又有再生制动和电阻制动两种形式。

①电阻制动

电阻制动是将发电机发出的电能加于电阻器中,使电阻器发热,即电能转变为热能,采用强迫通风,使热量消散于大气而产生制动作用。电阻制动一般能提供较稳定的制动力,但车辆底架下需要安装体积较大的电阻箱。

②再生制动

与电阻制动相似,再生制动也是将牵引电动机变成发电机;不同的是,它将电能反馈回电网,使列车动能再生为电能,而不是变成热能消散掉。

电阻制动承担电动机电流中不能再生的那部分制动电流。再生制动电流加电阻制动电流等于制动控制要求的总电流,此电流受电动机电压的限制。再生制动与电阻制动之间的转换由DCU控制,能保证它们连续交替使用,转换平滑。当高速运行时,动车采用再生制动,将列车动能转换成电能;当再生制动无法再回收时,再生制动能够平滑地过渡到电阻制动。

电制动具有独立的滑行保护功能。由于四台电动机是并联连接的,因此当DCU检测出任意一根轴发生滑行时,DCU能对四台电动机进行同步控制,同时降低或切除四台电动机的电制动力。

(2)空气制动

空气(摩擦)制动是用来补充制动指令所要求的和电制动已达到最大的制动力之间的差额以及没有电制动时完全由气制动来承担的列车制动要求。电制动和空气制动之间的混合制动是平滑的,并满足正常运行的冲击极限。每节车设计有独自的气制动控制部件,每根轴设计有独立的防滑装置,由 ECU 实时监控每根轴的转速,一旦任一轮对发生滑行,能迅速向该轴的防滑电磁阀发出指令,沟通制动缸与大气的通路,使制动缸排气,从而解除该轮对的滑行现象。制动执行部件采用单元制动缸,有普通单元制动缸和带停放制动器的单元缸(也称弹簧制动器)两种。

城市轨道交通的站距很短,一般都在 1 km 左右。为了提高运行速度,增加列车密度,必须使列车起动快、制动快、制动距离短。这就要求其制动装置具有操纵灵活、动作迅速、停车平稳准确、制动率及制动功率相对较大等特点,并且考虑到电制动本身的特点(低速时电制动发挥不出来)以及车辆运行安全的要求,所以城市轨道交通车辆制动系统采用了电制动和空气(摩擦)制动相结合的制动方式。

目前城市轨道交通一般采用模拟式指令式电—空制动系统,它用一条列车控制线贯通整列车,形成连续回路。模拟制动系统操作指令时,采用模拟电指令控制压力空气的控制方式。制动的电指令是采用脉冲宽度调制信号,能进行无级制动控制。

车辆制动系统的气路部分由供气设备、制动控制单位(BCU)、基础制动装置、微机控制单元(EBCU)和防滑系统等组成。供气设备还向车辆的空气悬挂设备、车门控制装置以及气动喇叭、刮水器、受电弓气动控制设备、车钩操作气动控制设备等进行供气。

目前大部分地铁车辆,采用了德国克诺尔(Knorr)制动机公司生产的模拟式电—空制动机,其通过列车总线贯通整个列车,采用电控制空气、空气再控制空气的控制方式。其中,ECU 为制动微机控制单元、BCU 为制动控制单元、DCU 为牵引控制单元。

二、空气压缩机

风源装置主要由空气压缩机组、空气干燥器与多个风缸组成,如图 6-1-1 所示。

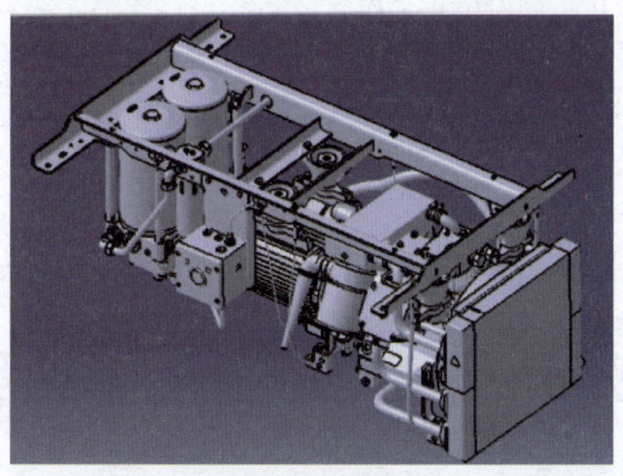

图 6-1-1　风源模块

一个 6 节编组的列车有两套风源系统,每节车,无论是动车还是拖车都装有 4 个风缸,分别为 250 L 的总风缸、100 L 的空气悬挂系统(空气弹簧)风缸、50 L 制动储风缸和 50L 客车风动门风缸。

风源系统要为整个列车提供足够的压缩空气,在供气过程中有安全阀与压力继电器对空气压力进行监控。整个供气系统除了为空气制动系统供气外，还为受电弓升降、客室气动门、空气悬挂系统以及刮雨器等提供压缩空气。

1. 基本结构

空气压缩机组是整个供风系统的核心部件，一般城市轨道交通车辆是以动车为单元的，所以供风系统一般也是以动车为单元来设置的。每一单元设置一套空气压缩机组，其中包括驱动电动机、压缩机、干燥器、压力控制开关等，如图 6-1-2 所示。车辆的制动系统及其他一些子系统所使用的压缩空气都是由压缩机组产生的，电动机通过联轴器直接驱动空气压缩机。空气压缩机产生的压缩空气必须经过空气干燥器后，才能使用其成为洁净的干燥的压缩空气供各用气系统使用。这些装置一般都集中安装在动车单元的一个车的底架上。

上海地铁多采用 VV120 型空气压缩机，VV120 型空气压缩机采用空气冷却，两级活塞压缩的空压机，由一个三相交流，50 Hz，AC 400 V 的电动机驱动。压缩机的排量约为 920 L/min，工作转速为 1 450 r/min。空气压缩机有两个低压气缸和一个高压气缸。空气压缩机和空气干燥器被安装到一个共用框架上。

大气空气是通过一个空气过滤器吸入的，其拥有一个高等级的分离能力，确保给压缩机带来优质的保护。VV120 型空气压缩机具有许多优点，如加长的吸气管。弹性阻尼冷却风扇联轴器。空压机与电机间的柔性连接。弹性减振器，所有这些都是为了将空压机的噪声水平控制在一个尽可能低的水平。

空气压缩机通过自带的吸气过滤器吸入空气，空气在第一级被压缩后流经中间冷却器，然后进行第二级压缩。压缩空气在流经空气压缩机的后冷却器后通过一根压力软管到达一个双塔空气干燥器。空压机操作的主/辅工作原理要求列车上空压机每天交替转换。

当总风压力低至 750 kPa(7.5 bar)时，主空压机开始工作并在 900 kPa(9 bar)时停止工作。当主空压机在总风压力低至 750 kPa(7.5 bar)时已开始工作，但总风压力仍继续降低到低于 700 kPa (7 bar)时，备用空压机开始工作，两个空压机同时工作充风，并在总风压力到达 900 kPa(9 bar)时两个空压机同时停止工作。

集成在风源模块中的安全阀可以避免系统承受过高的压力空气。

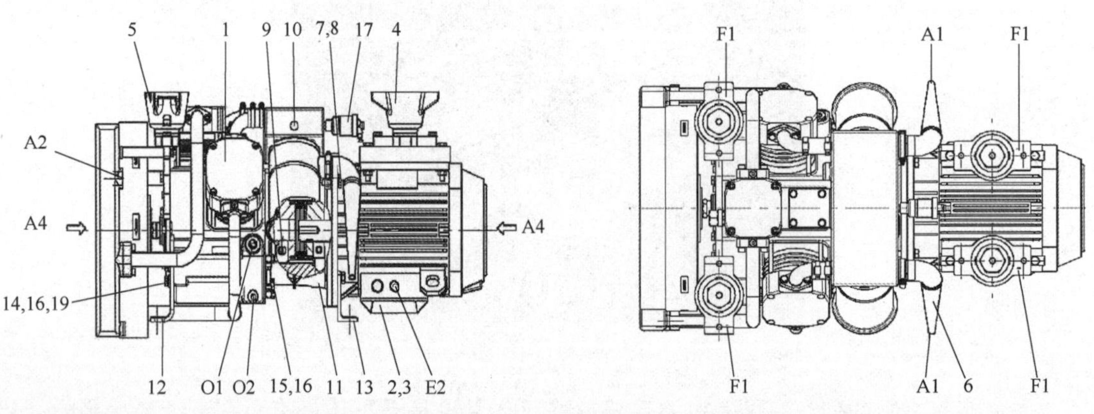

图 6-1-2 空压机模块

1—空气压缩机；2—交流电动机；3—铭牌；4—弹性支座；5—弹性支座；6—消声器管；7—六角螺栓；8—锁紧环；9—联轴器；10—螺塞；11—中间法兰；12—支撑角铁；13—支撑角铁；14—六角螺栓；15—圆柱头螺栓；16—锁紧环；17—真空指示器；A1—进气口；A2—排气口；A4—冷却空气；E2—穿电缆用开口；F1—弹性支座；O1—注油口；O2—排油口

2. 工作原理

压缩机采用飞溅式润滑方法,连接杆每次转动时都浸在集油箱中,油流会自动流回集油箱中,因此不需要额外的装置如油泵、过滤器或阀等。

空气压缩机采用两个气缸用于低压压缩和一个气缸用于高压压缩的三气缸两级压缩方式。在每个气缸的上部都有一个吸入阀和排出阀。经过滤后空气由低压缸吸入进行一级压缩,然后进入中间冷却器冷却。中间冷却后,此空气送到高压气缸进行二次压缩。通过后冷却器之后的压缩空气,以合适的温度排出进入空气干燥器,确保干燥效果达到最佳条件。空气压缩机的压缩过程如图 6-1-3 所示,空气压缩机气路如图 6-1-4 所示。

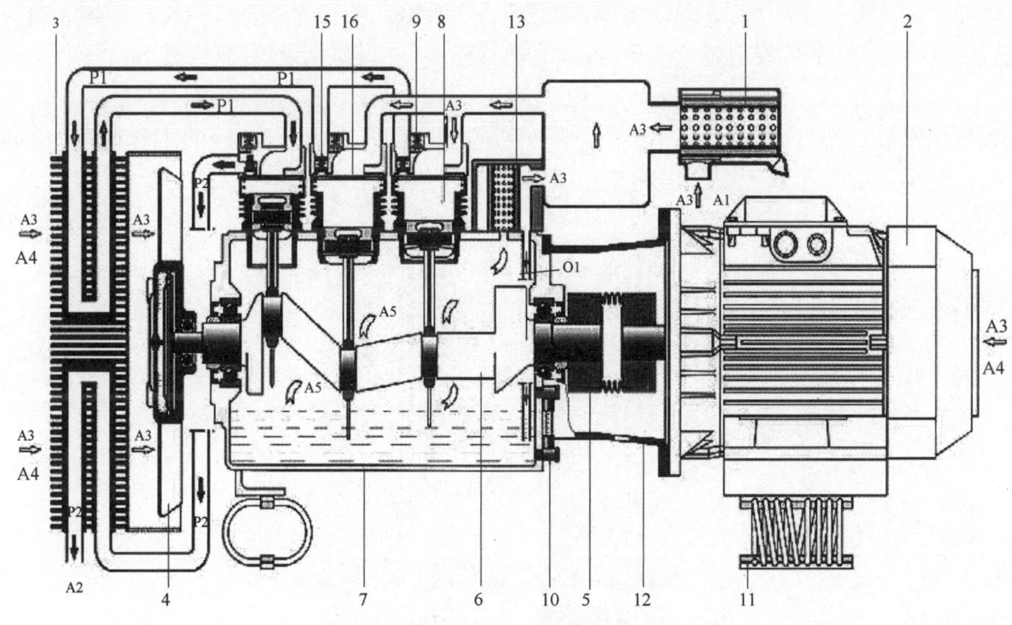

图 6-1-3 空气压缩机气体压缩过程示意

1—空气过滤器;2—电机;3—冷却器;4—叶轮;5—风箱式连接器;6—机轴;7—曲柄轴箱;8—气缸;9—安全阀;10—油位刻度管;11—弹簧减振器;12—对接法兰;13—油滤器;14—止回阀;15—止回阀;空气进口;A2—空气出口;A3—油箱通风口;A4—冷却空气;A5—含油空气;P1—低压空气;P2—高压空气;O1—油

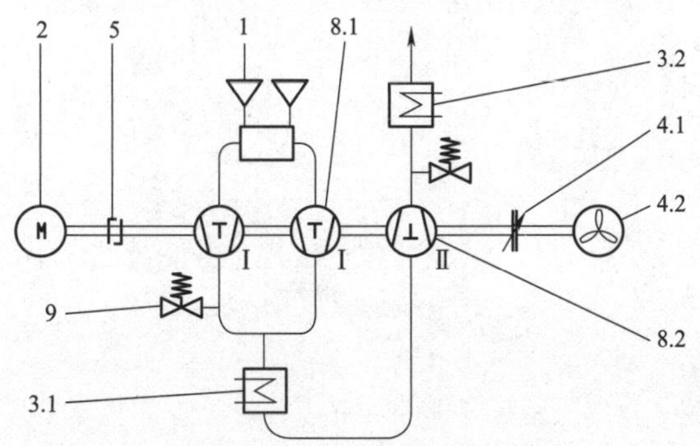

图 6-1-4 空气压缩机空气循环系统简化示意

1—干式空气滤清器;2—电动机;3.1—中间冷却器;3.2—后冷却器;4.1—黏液耦合器;4.2—风扇叶轮;5—联轴器;8.1—2 个气缸 ϕ95 mm,第Ⅰ级(低压);8.2—1 个气缸 ϕ75 mm,第Ⅱ级(高压);9—防护阀

三、空气干燥器

1. 基本结构

干燥装置是为了消除压缩空气中混有的水分，防止因水分冷凝造成管路、风缸及用气设备等的腐蚀。一般在空气压缩机输出管路上设置干燥装置。有的干燥装置在吸收压缩空气中水分的同时，还可以吸附灰尘和油等。

空气干燥器一般都是塔式的，有单塔式和双塔式两种。下面主要介绍双塔式干燥器。

双塔式空气干燥器(图 6-1-5)主要由两个带有吸附式干燥剂的干燥筒 19、干燥器座 25、双活塞阀 34、电磁阀 43 四个主要部分组成，如图 6-1-5 所示。两个干燥筒 19 除了装有干燥空气用的吸附剂外，在其下部设有油水分离器。干燥器座 25 上设置有再生节流孔 50、两个止回阀 24、一个旁通阀 71 和一个预控制阀 55。电磁阀 43 和电子循环控制器相配合，控制干燥器的干燥和再生循环。另外，每一个干燥筒还有一个压力指示器，指示干燥筒的工作状态；压力指示器红针显示压力为干燥工况；相反，红针复位即为再生工况。

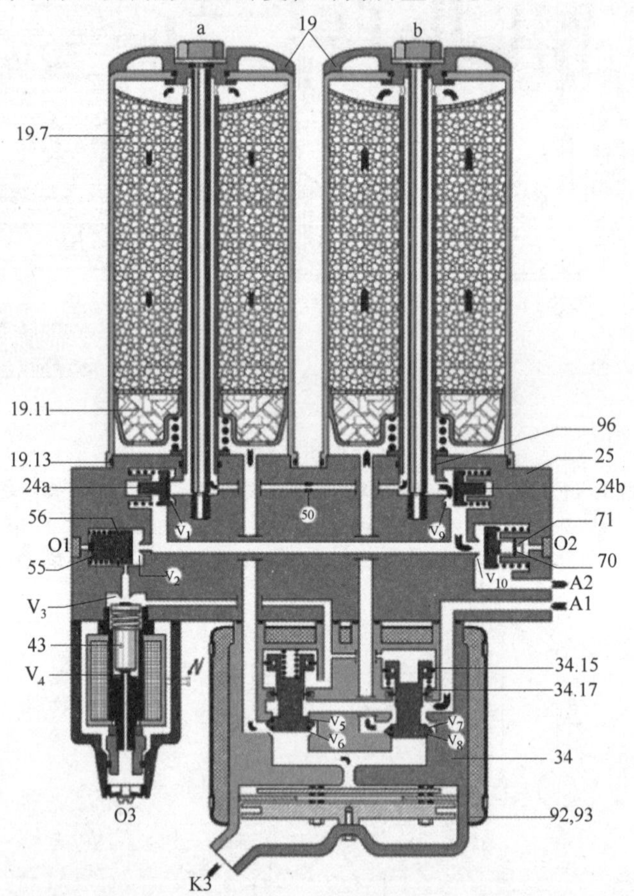

图 6-1-5　双塔式空气干燥器(干燥筒 19a 为吸附工况，干燥筒 19b 为干燥工况)

19—干燥筒；19.7—干燥剂；19.11—带拉西环的油水分离器；19.13—O 形环；24—止回阀；25—干燥器座；34—双活塞阀；34.15—克诺尔 K 形环；34.17—克诺尔 K 形环；43—电磁阀；50—再生节流孔；55—预控制阀；56—克诺尔 K 形环；70—克诺尔 K 形环；71—旁通阀；92—绝缘套；93—绝缘套；A1—排泄口；A2—排泄口；96—O 形环；K3—空气/冷凝水；O1～O3—排风孔；V_1～V_{10}—阀座

2. 工作原理

干燥器同时在两种状态下工作。当压缩空气在一个干燥塔里干燥时，干燥剂就在另一个干燥塔里再生。

潮湿的压缩空气先通过油水分离器，将油和水分离出来。随后进行干燥，干燥剂吸收大量的水，使出口处的空气湿度不大于35%。

部分干燥空气经再生节流到另一干燥塔，再排向大气。这样，该部分干燥气体就把干燥剂(再生塔)里的水分排向大气，从而使干燥剂再生。

干燥器具有特定的工作周期——120 s(干燥和再生)。

图6-1-5表示处于工作状态中的空气干燥设备，其中干燥塔(19b)处于干燥阶段，干燥塔(19a)处于再生阶段。电磁阀体(43)通过从循环控制装置发出的电输入信号而得电，阀座V3打开。从通向压缩空气接口A2的压缩空气管道中分流出来的压缩空气流经开启的阀座V2和V3，流至活塞阀(34)。

转换压力将活塞顶着弹簧力压至下部或上部位置，以此打开阀座V6和V7。由压缩机供给并随之经过再冷却和预排水的压缩空气流经接口A1和开启的阀座V7，流至风缸(19b)，它从下向上地流过该储压罐，接着通过中心管再向下，经过止回阀(24b)和溢流阀(71)被导向接口A2。空气在流入干燥剂(19.7)之前，先要流经油分离器(19.11)中的拉西环填料。这样，通过多次环流、涡旋和碰撞后，残留在压缩空气中的最小的油滴和水滴都落在拉西环的较大的表面上。然后结成较大的滴液，在重力作用下落到下面的集流室中。接着在通过干燥剂时，空气中尚含的水分被吸走，使压缩空气从干燥塔(19b)中流出时的相对湿度小于35%。一部分已干燥的空气被分流出来，经过再生节流孔(50)被减压，通过干燥塔(19a)的干燥剂后被送入相反方向。这种减压后的空气也称为再生空气，它从需要再生的干燥剂中吸走了水分，并通过开启的阀座V6和消声器而排入大气。当干燥剂即将达到饱和极限时，通过电子控制装置在$T/2$阶段被换接，即阀用电磁铁(43)失电。阀座V3关闭，阀座V4打开。双活塞阀(34)的控制线路排气。从而通过弹力将活塞压入上部或下部位置，这样就关闭了阀座V6和V7，并打开了阀座V5和V8。在这种操作位置时，主气流(A1→A2)在干燥塔(19a)中被干燥，而干燥剂在干燥塔(19b)中再生。操作位置的时间顺序和相应的工作阶段由图6-1-6中显示。为了使设备完好地工作，需要有一定的转换压力，在这种转换压力下预控制阀(55)打开并且活塞阀(34)可以转换。旁通阀(71)确保这种压力在设备中迅速形成。通往主风缸的通道直到超过转换压力时才打开。这样可以避免在长时间充气过程中干燥塔(19b)中的干燥剂出现过饱和。两个止回阀(24)可防止空气压缩机停机时主风缸和车辆内管路排气。

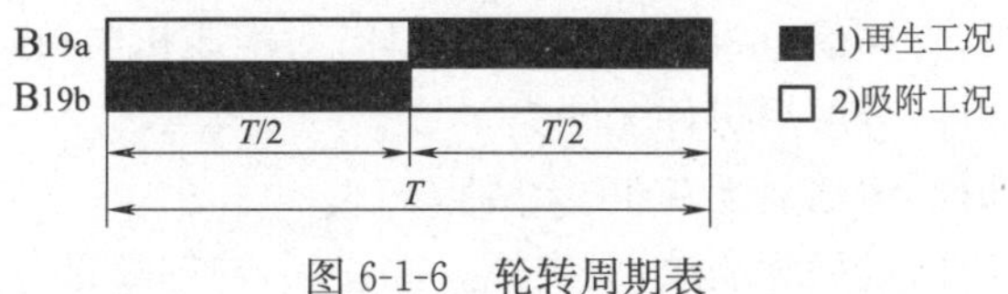

图6-1-6　轮转周期表

技能训练

一、空气压缩机的检修

1. 周检

(1)检查空压机组各处螺栓有无松动；接地螺栓有无松动，接地线有无损伤。

(2)检查空压机组结构件有无损伤、老化、锈蚀、裂纹等情况。

(3)检查气路、油路有无泄漏情况。

(4)检查零部件标识是否清晰可见,遗失或污损的请及时更换。

(5)检查油位是否正常,缺油时加油。

(6)检查润滑油状态,润滑油状态异常时,更新润滑油。

2. 月检

(1)检查机组运转时有无异常声音或振动。

(2)检查机组各电器件及各处接线是否可靠。

(3)检查机组导线及护套管是否有破损或其他损伤

(4)检查回油管路状态:启动空压机 2 min 后检查回油单向阀、滤网接头及其上下游管路,应有明显热度。若温度较启机前无明显变化,应彻底检查管路上下游各部件,必要时更换单向阀、滤网接头。

(5)检查空气过滤器:打开空气过滤器下端的安装盖,检查空滤壳体和滤芯内部是否干净;若积尘严重或已经被油污染,则需清洁壳体并更换滤芯。清洁空滤壳体内部灰尘并恢复安装。

(6)检查真空指示器状态:空压机停机后,检查真空指示器,如果指示器出现红色区域,且拆解发现空滤滤芯较脏,则必须更换空气过滤器芯。更换空气过滤器芯后,需手动恢复真空指示器,使红色区域消失。

3. 半年检

(1)检查油位是否正常,缺油或预估在下一维护周期之前可能会超过下限时,从加油口补加约润滑油。

(2)检查润滑油状态,润滑油状态异常时,更新润滑油及油细分离器。

4. 年检

(1)检查冷却器上下表面是否干净,用压缩空气对散热片两面进行吹洗,最好从冷却空气流向的相反方向开始吹洗,吹洗时请做好防护,防止杂物进入蜗壳内部损伤叶轮。

(2)更换空气过滤器芯:拆下空气过滤器组成,打开空气过滤器外壳。清洁空滤壳体内外表面,更换空气过滤器芯。

(3)更换润滑油:将机组内的旧润滑油排放干净,按量加注新的润滑油,也可视机油乳化情况提前更换。(不超过 2 000 个工作小时之后;新空压机组运行满 1 年,须额外更换 1 次润滑油)

5. 架修

(1)拆卸空压机电机,拆卸后电机无损坏。如损坏,对空压机电机进行更换。

(2)分解空压机各部件,分解后零件无缺失。

(3)清洁空压机各部件,清洁后无灰尘、无残脂。

(4)检查空压机各部件,表面无裂纹,无损坏。如损坏,对损坏部件进行更换。

(5)更换空气过滤器滤芯、密封件、紧固件和安全阀,安装牢固,无松动。

(6)组装空压机,安装牢固,无松动。

(7)更换空压机润滑油,油位加至油位尺 1/2～2/3。

(8)对空压机进行补漆,油漆后表面光滑平整,无色差。

(9)安装空压机电机,安装牢固,无松动。防松标记可见。

(10)测试空压机,无泄漏,符合气密性测试和功能性测试要求。

6. 大修

(1)拆卸空压机电机,拆卸后电机无损坏。如损坏,对空压机电机进行更换。

(2)分解空压机各部件,分解后零件无缺失。

(3)清洁空压机各部件,清洁后无灰尘、无残脂。

(4)检查空压机各部件,表面无裂纹,无损坏。如损坏,对损坏部件进行更换。

(5)检查空压机各部件,表面无裂纹,无损坏。对电机散热风叶面进行着色探伤,无裂纹。如损坏,对损坏部件进行更换。

(6)检查弹簧件无损坏,安装牢固,无松动。

(7)更换空气过滤器滤芯、密封件、紧固件、轴承和安全阀,安装牢固,无松动。

(8)组装空压机,安装牢固,无松动。

(9)更换空压机润滑油,油位加至油位尺 1/2～2/3。

(10)对空压机进行油漆,油漆后表面光滑平整,无色差。

(11)安装空压机电机,安装牢固,无松动。防松标记可见。

(12)测试空压机,无泄漏,符合气密性测试和功能性测试要求。

二、空气压缩机常见故障及处理方式(表 6-1-1)

表 6-1-1　空气压缩机常见故障及处理方式

<table>
<tr><th>序号</th><th>故障现象</th><th>故障原因</th><th>处理方式</th></tr>
<tr><td rowspan="11">1</td><td rowspan="11">空压机无法启动</td><td>电源故障</td><td>检查车辆电机电源,检查电气接线图</td></tr>
<tr><td>电机电缆连接松脱</td><td>检查电缆连接</td></tr>
<tr><td>电机烧毁</td><td>用万用表检查电各相序之间的阻值</td></tr>
<tr><td rowspan="3">压力保护开关处于常开状态</td><td>压力保护开关线路存在断路问题,检查电缆连接</td></tr>
<tr><td>压力保护开关烧毁,检查或更换</td></tr>
<tr><td>释放与之相连的控制管路的残留压缩空气</td></tr>
<tr><td>压缩机体内部残留压力大于 300 kPa,空压机压力保护开关起保护作用</td><td>检查卸荷阀管路</td></tr>
<tr><td>压力保护开关设定错误或其他故障</td><td>检查,必要时更换</td></tr>
<tr><td>空压机温度保护开关异常</td><td>检查,必要时更换</td></tr>
<tr><td rowspan="2">空压机温度保护开关起保护作用</td><td>检查润滑油是否变质</td></tr>
<tr><td>检查润滑油冷却系统</td></tr>
<tr><td rowspan="4">2</td><td rowspan="4">空压机不能建立压力</td><td>压力维持阀有泄漏</td><td rowspan="2">检查压力维持阀,必要时更换</td></tr>
<tr><td>压力维持阀阀门未开启</td></tr>
<tr><td>进气阀开启不到位</td><td>检查或更换进气阀</td></tr>
<tr><td>电动机的电源电压偏低</td><td>检查车辆上的供电电源</td></tr>
<tr><td rowspan="3">3</td><td rowspan="3">在未达到工作压力之前,空压机组停机</td><td>车辆主风缸压力开关/传感器故障或设定错误</td><td>检查压力开关/传感器,重新设定或更换</td></tr>
<tr><td>电动机断路器跳闸</td><td>检查电动机供电电源是否有线路或电气故障</td></tr>
<tr><td>风源系统压力开关故障或设定错误</td><td>检查压力开关,重新设定或更换</td></tr>
</table>

续上表

序号	故障现象	故障原因	处理方式
4	空压机安全阀排气	压力维持阀黏滞	检查压力维持阀,必要时更换
		油细分离器太脏或堵塞	更换油细分离器,必要时换油
		安全阀整定错误或有故障	更换安全阀
		主风缸压力开关设置过高或本身故障	检查总风缸压力开关、安全阀
		下游主气管路或过滤器堵塞	疏通管路或更换过滤器滤芯并检修自动排污阀
		气管路阀门被人为关闭	检查管路
5	供风时间极度延长	空气过滤器滤芯太脏或堵塞	更换空滤芯
		进气阀未完全开启	更换进气阀
		气管路系统严重漏气	检查气管接头装配是否松动或更换气管卡套,以排除泄漏
		空压机螺杆间隙过大,导致空气压缩量变小	机械磨损,拆卸后退供方检修或更换主机
6	压缩空气中含油量高	回油管路堵塞	拆卸清洗或更换
		油位过高	检查油位,适当排放
7	异常的高耗油量	空压机机组有泄漏	检查并排除泄漏
		进气止回阀关闭不及时,出现喷油现象	更换进气阀
		冷却器油冷却通道有泄漏	查看冷却器表面是否有油渍或打开扩压器清洁窗口,用白色棉布伸入导风罩出风口的最低端,以检查是否有积存的泄漏油,如有泄漏必须拆下更换

三、空气干燥器的检修

1. 周检

(1)检查干燥器各处螺栓有无松动,接地螺栓有无松动,接地线有无损伤。

(2)检查干燥器结构件有无损伤、老化、锈蚀、裂纹等情况。

(3)检查气路有无泄漏情况。

(4)检查零部件标识是否清晰可见,遗失或污损的请及时更换。

(5)检查电磁阀和双活塞阀的工作状态。排出的液体透明,每 2 min 排泄油污一次。

2. 月检

(1)检查干燥器的外露管路无损坏。

(2)检查消声器排放口无脏污堵塞。

(3)检查干燥器工作循环是否正常。

3. 年检

(1)用气压露点计测试空气干燥器。在外部温度下,所测得的露点必须低于 35%相对湿度的极限值。

(2)检查电磁阀和双活塞阀的工作状态。在消声器的排泄口发现白色沉淀,必须更换干燥器。

4. 架修

(1)分解空气干燥器,分解后零件无缺失。

(2)清洁空气干燥器各部件,清洁后无灰尘、无残脂。

(3)检查空气干燥器各部件,表面无裂纹、无损坏。如损坏,对损坏部件进行更换。

(4)更换密封件、紧固件及干燥剂,安装牢固,无松动。

(5)组装空气干燥器,安装牢固,无松动。

(6)测试空气干燥器,无泄漏,符合试验台测试要求。

5. 大修

(1)分解空气干燥器,分解后零件无缺失。

(2)清洁空气干燥器各部件,清洁后无灰尘、无残脂。

(3)检查空气干燥器各部件,表面无裂纹、无损坏。如损坏,对损坏部件进行更换。

(4)更换密封件、紧固件、活塞阀及干燥剂,安装牢固,无松动。

(5)组装空气干燥器,安装牢固,无松动。

(6)测试空气干燥器,无泄漏,符合试验台测试要求。

四、空气干燥器常见故障及处理方式(表 6-1-2)

表 6-1-2　空气干燥器常见故障及处理方式

序号	故障现象	故障原因	处理方式
1	干燥器无动作循环	DC 110 V 电源故障	检查电缆连接是否正确
		电源正负极接反	检查电缆连接是否正确
		电压过低	用万用表检查输入电压
		内部电磁阀故障	检查,必要时更换
2	单塔工作时间超过规定时间	内部电磁阀故障	检查,必要时更换
3	空气压缩机停机后干燥器仍工作	供风单元接线错误	检查电缆连接是否正确
		供风单元或制动系统控制元件故障	检查,必要时更换
4	空气压缩机停机时,或者在动作循环内,干燥器消声器本该停止排风的期间,仍然向大气排风或者漏风	排气阀密封垫损坏	检查排气阀密封垫,必要时更换
		吸附剂没有被压紧,破碎的吸附剂堵塞了排气阀通路	清洁排气阀内部,检查吸附剂布袋以及压紧机构是否完好
		排气阀活塞的紧固件松动	重新安装紧固件
		排气阀内部弹簧断裂	更换弹簧
		电磁阀的常开/常闭设置颠倒	检查电磁阀
5	干燥器底部排大气孔/消声器部位有严重的油份	凝聚过滤器芯被固体污染物堵塞而失效	更换凝聚过滤器芯
		空气压缩机排气含油	检查空气压缩机
6	供风单元工作时干燥器预过滤器底部未见正常排出积水	过滤器底部排水阀内的活塞杆有卡滞,不能顺畅动作	清洁预过滤器内部,如必要,更换排水阀单元

学习任务二　基础制动装置的检修与维护

学习目标

1. 知识目标

(1)熟悉单元制动器的结构及工作原理。

(2)熟知闸瓦的分类、区别及优缺点。

(3)掌握单元制动器的结构、作用原理、检修与维护要求。

(4)了解单元制动器的结构及组成、工作原理。

(5)了解基础制动装置相关的检修与维护要求。

2. 能力目标

(1)会对基础制动装置常见故障情况及处理方式进行准确描述。

(2)会描述基础制动装置的工作原理、检修周期,并能简单描述其检修内容。

3. 素质目标

(1)培养学生“准确认知部件,准确描述故障,针对性维修部件”的维修理念。

(2)培养认真细致的工作作风和精益求精的科学精神。

知识链接

基础制动装置是最终产生制动作用的装置,利用杠杆原理,把空气制动机的制动缸活塞推力或手制动机所产生的拉力,经过各杠杆拉杆的作用,扩大适当倍数后,再传到闸瓦或闸片上,使闸瓦压紧车轮踏面或闸片压紧制动盘,而产生制动作用。

目前,城市轨道交通车辆的基础制动装置主要包括两种方式:踏面制动和盘形制动。

(1)踏面制动是利用闸瓦与车轮之间的摩擦来产生制动力,将列车的运行动能转变为热能,具有结构比较简单的特点,但制动过程中会造成车轮、踏面的磨损,车轮的热负荷相对比较大。

(2)盘形制动是将制动盘安装在车轴上或车轮辐板的侧面,通过闸片与制动盘之间的摩擦来产生阻止车辆运行的制动力,将列车的动能转变为热能,散逸到大气中。盘形制动结构相对复杂。本书重点介绍踏面制动。

一、单元制动器概述

目前地铁车辆采用的单元制动器大多是由德国克诺尔公司生产的踏面式单元制动器,其安装位置如图 6-2-1 所示。单元制动器分为两种型号,分别是不带停放制动器的 PC7Y 型单元制动器和带停放制动器的 PC7YF 型单元制动器。一般来说,每个转向架上装有两种型号的单元制动器,四个单元制动器,分别对四个车轮进行制动。同一类型的单元制动器对角线安装,即每个轮对各有一个 PC7Y 型与 PC7YF 型单元制动器。

1. PC7Y 型和 PC7YF 型单元制动器的特点

(1)有弹簧停放制动及手动辅助缓解装置(PC7YF 型)。

(2)有闸瓦间隙自动调整器。

图 6-2-1　单元制动器安装位置示意

(3)制动传动效率高,均在 95%左右。

(4)占用空间小,安装简单。

(5)性能稳定,作用可靠,维修方便。

2. 主要技术参数

PC7Y 型、PC7YF 型单元制动器的主要技术参数见表 6-2-1。

表 6-2-1　PC7Y 型、PC7YF 型单元制动器的主要技术参数

项目		参数
制动缸活塞有效面积/mm²	常用制动器	28 350
	弹簧制动器	28 350
制动倍率	常用制动器	2.85
	弹簧制动器	1.15
制动缸工作压力/kPa		300～600
最大闸瓦压力/kN		45
弹簧制动缓解压力/kPa		5 300～80 000
闸瓦磨耗后一次最大调整量/mm		15
最大间隙调整量/mm		110
PC7Y 型单元制动器质量(包括闸瓦)/kg		63
PC7YF 型单元制动器质量(包括闸瓦)/kg		85

3. PC7Y 型单元制动器结构

PC7Y 型单元制动器由制动缸、活塞、制动杠杆、缓解弹簧、闸瓦间隙自动调整器、吊杆、扭簧、闸瓦托和闸瓦等组成,如图 6-2-2 所示。

4. PC7Y 型单元制动器的作用原理

制动时,压缩空气通过气孔进入制动缸,推动活塞移动并转变为活塞杆的推力。活塞杆带动制动杠杆围绕安装在制动缸体上的销轴转动,通过制动杠杆使力扩大后传给闸瓦间隙自动调整器,再通过推杆,最后传给闸瓦,闸瓦贴紧车轮,产生制动。缓解时,制动缸内的压力空气排出,制动缸缓解弹簧和扭簧推动推杆和活塞恢复原位,闸瓦离开车轮,单元制动器处于缓解状态。

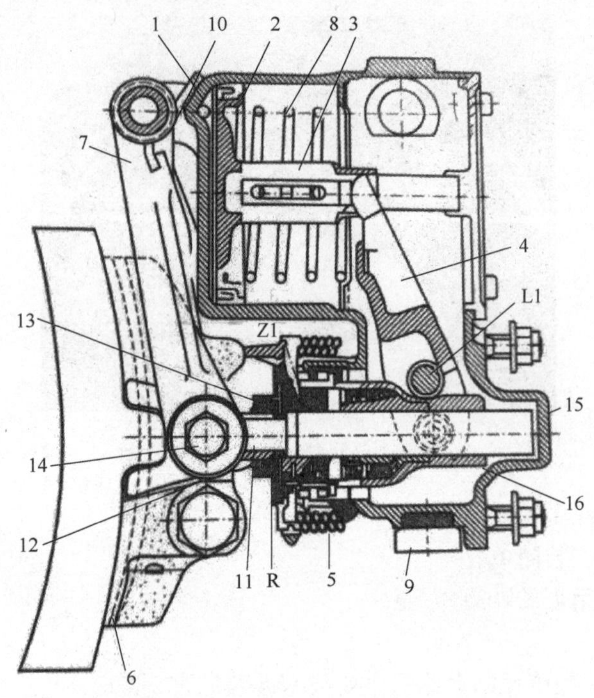

图 6-2-2　PC7Y 型单元制动器(不带停放制动器)

1—制动缸;2—制动活塞;3—活塞杆;4—制动杠杆;5—单向闸瓦间隙调整器;6—闸瓦和闸瓦托;7—闸瓦拖吊;8—缓解弹簧;9—透气滤清器;10—闸瓦托复位弹簧;11—托杆头;12—弹簧垫圈;13—调整螺母;14—螺栓;15—外体;16—闸瓦间隙调整器体;L1—制动杠杆转动中心;R—齿轮啮合面;Z1—啮合锥面

5. PC7YF 型单元制动器结构

PC7YF 型单元制动器是在 PC7Y 型单元制动器的基础上，增加了一个用于停车制动的弹簧制动器，如图 6-2-3 所示。弹簧制动器是利用释放弹簧储存的弹性势能来推动制动缸活塞，带动停车制动、推动制动杠杆使闸瓦制动的。当向缓解风缸充气时，压缩空气推动活塞克服弹簧的作用力，使活塞杆、制动杠杆等复位，从而使停放制动缓解。

6. PC7YF 型单元制动器的作用原理

压缩空气进入停放制动器的制动缸，其活塞被推右移，安装在活塞内的弹簧受压缩，活塞中心线上的螺杆及螺套也被推动向右移动。当弹簧被压缩到位后，活塞才停止运动。在活塞和推杆向右运动时，停放制动杠杆顺时针转动，其另一端将常用制动的活塞杆向左推，使单元制动器处于制动缓解状态。当停放制动缸排气时，活塞在弹簧的弹力作用下向左运动，螺套及螺杆也向左运动，带动停放制动杠杆逆时针转动，使常用制动的活塞杆向右推，单元制动器处于制动状态。

二、闸瓦间隙调整器的工作原理

1. 闸瓦和车轮踏面无磨耗时的制动过程

闸瓦和车轮踏面无磨耗时的制动过程如图 6-2-4 所示，闸瓦和车轮踏面无磨耗时的制动行程 H_0 是指调整衬套(25)碰到调整环(23)靠近推杆头(11)一端的凸环，且进给螺母(28)和调整衬套(25)的啮合锥面(Z1)(以下简称 Z1 锥面)刚好脱开时的制动行程。当施行车辆制动

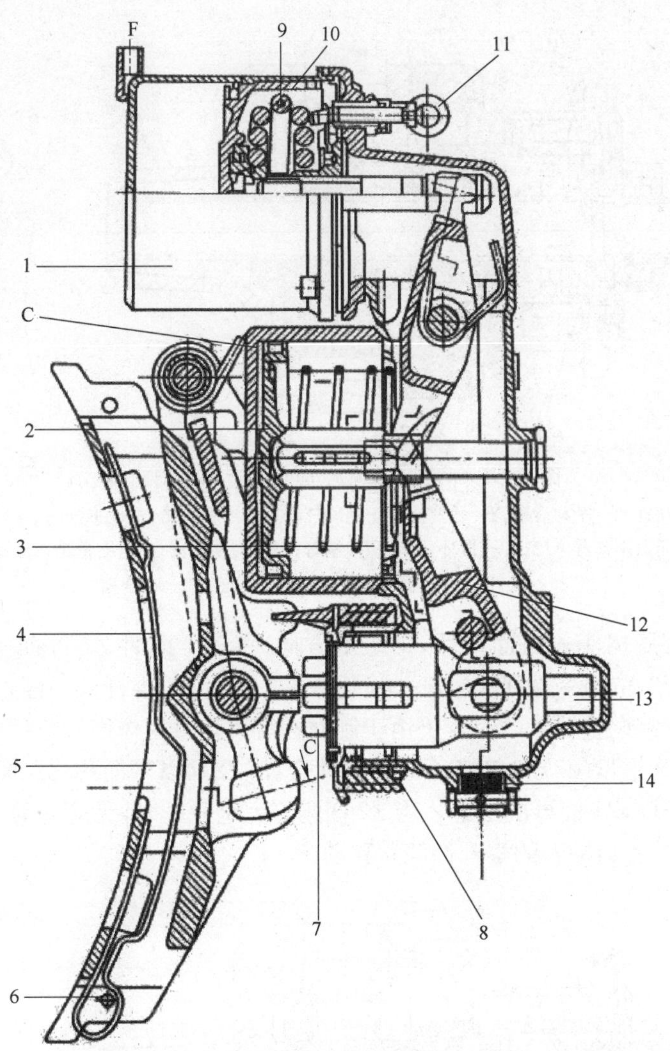

图 6-2-3　PC7YF 型单元制动器(带弹簧制动器)

1—弹簧制动器;2—制动缸活塞;3—缓解弹簧;4—锁紧弹簧;5—闸瓦;6—开口销;7—调整螺母;8—闸瓦间隙自动调整器;9—弹簧制动器的弹簧;10—弹簧制动器的活塞;11—缓解拉环;12—制动杠杆;13—闸瓦间隙自动调整器的推杆;14—滤清器;F—压力空气向弹簧制动器充气时的接口;C—压力空气向制动缸充气时的接口

时,压缩空气进入制动缸(1),推动制动活塞(2)及活塞杆(4),将整个闸瓦间隙调整器及其所有零件部件向车轮踏面方向移动,直到调整衬套(25)碰到调整环(23)。调整环(23)的凸环可防止调整衬套(25)进一步向制动方向移动,此时 Z1 锥面刚好脱开。压缩弹簧(24)的作用力,使调整衬套(25)作用于调整环(23),由于压缩弹簧(24)的作用,Z1 锥面再一次啮合。当 Z1 锥面刚好完全脱开时,无磨耗时的制动行程 H_0完成。此时闸瓦间隙已被消除,闸瓦与车轮踏面接触,当制动缸内空气压力继续上升时,踏面制动单元便产生了制动作用力。

2. 闸瓦和车轮踏面无磨耗时的缓解过程

闸瓦和车轮踏面无磨耗时的缓解过程如图 6-2-5 所示,当施行车辆缓解时,制动缸内的空气压力下降到一定值后,在缓解弹簧(8)的作用下,通过制动杠杆(4)带动整个闸瓦间原调整器

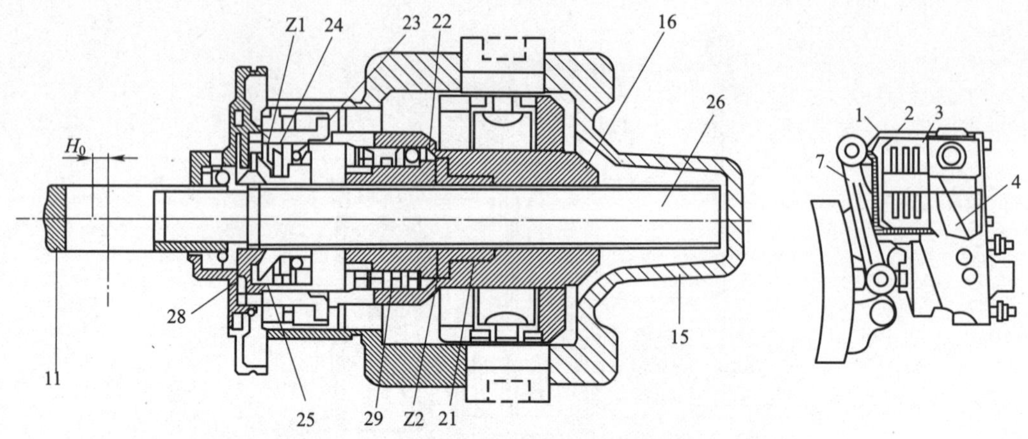

图 6-2-4　闸瓦和车轮踏面无磨耗时的制动位

1—制动缸；2—制动活塞；3—活塞杆；4—制动杠杆；7—闸瓦托吊；11—推杆头；15—外体；16—闸瓦间隙调整器体；21—连接环；22—止推螺母；23—调整环；24—压缩弹簧；25—调整衬套；26—推杆；28—进给螺母；Z1—啮合锥面；Z2—啮合面

及其所有传动部件脱离车轮路面向后(即缓解方向)移动。此时 Z1 锥面啮合。当调整衬套(25)碰到调整环(23)的另一端面离推杆头(11)一端的凸环时，推杆(26)停止向后移动，回到缓解位置。而闸瓦间院调整器体(16)等仍由于制动缸缓解弹簧的作用，通过制动杠杆(4)继续朝缓解方向移动，止推螺母(22)和连接环(21)的啮合面(Z2)(以下简称 Z2 面)开始脱开。由于压缩弹簧(29)的作用，Z2 面再次啮合。当 Z2 面刚好完全脱开时，无磨耗的缓解过程完成。当制动缸完全缓解时，各运动着的零部件停止移动。

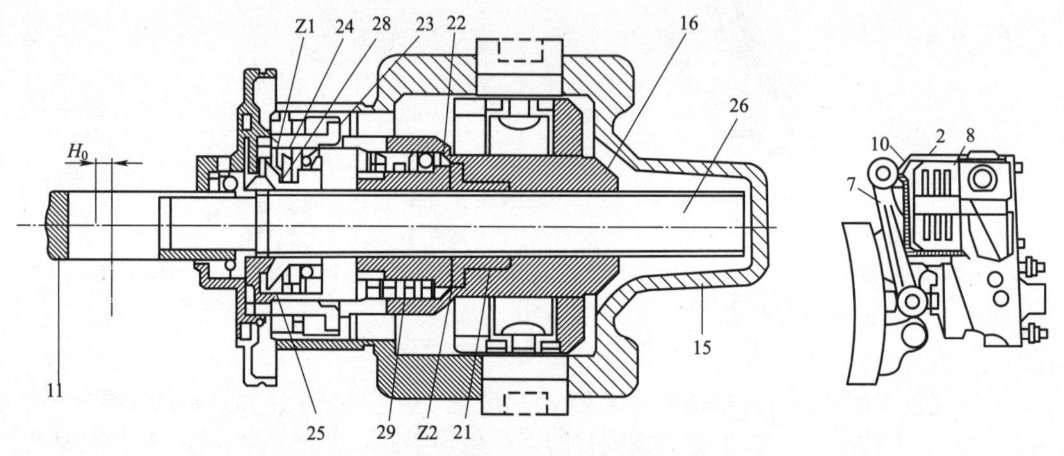

图 6-2-5　闸瓦和车轮踏面无磨耗时的缓解位

2—制动活塞；7—闸瓦托吊；8—缓解弹簧；10—闸瓦复位弹簧；11—推杆；15—外体；16—闸瓦间隙调整器体；21—连接环；22—止推螺母；23—调整环；24—压缩弹簧；25—调整衬套；26—推杆；28—进给螺母；29—压缩弹簧；Z1—啮合锥面；Z2—啮合面

3. 闸瓦和车轮踏面有磨耗时的制动过程

闸瓦和车轮踏面有磨耗时的制动过程如图 6-2-6 所示，制动开始时，各零部件的动作与无磨耗时的制动过程完全一样。所不同的是，当调整衬套(25)碰到调整环(23)后，由于闸瓦和车轮踏面出现磨耗，制动行程进一步加长，即制动缸产生的制动力仍不断通过制动杠杆(4)传递到闸瓦间隙调整器体(16)→连接环(21)→止推螺母(22)，从而传递到推杆(26)，带动它们继续向前(即制动方向)移动，进给螺母(28)亦随着推杆(26)向前移动，而调整衬套(25)由于受调整环的限制，不能进步向前移动，Z1 锥面脱开，又由于推杆(26)和进给螺母(28)为非自锁螺纹连接，由于闸瓦磨耗，制动行程加长，推杆(26)等不断向前移动，压缩弹簧(24)的预压力就会引起进给螺母(28)在推杆(26)上转动，进给螺母(28)与推杆(26)两至者的相对位移量即为闸瓦和车轮踏面磨耗量 M_v。此时，推杆(26)向前移动的行程比无磨耗时的制动行程 H_0 大，两者之差即为闸瓦和车轮踏面的磨耗量之和 M_v。

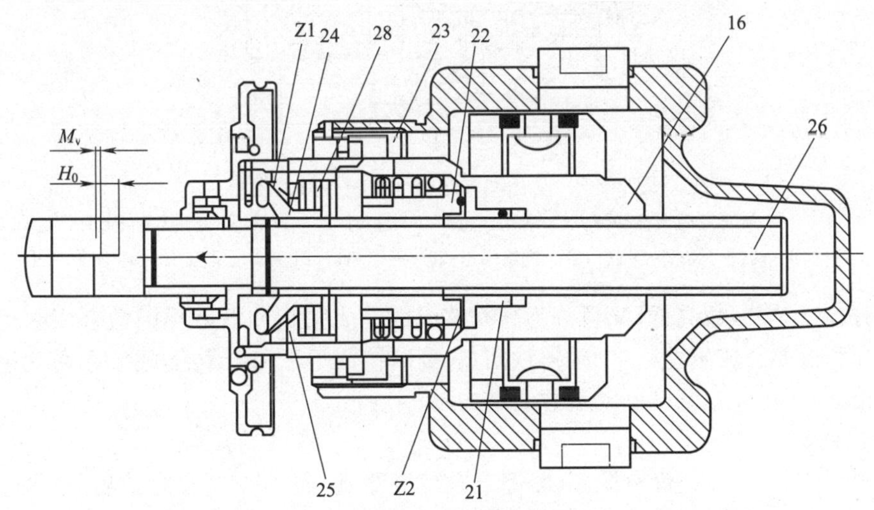

图 6-2-6　闸瓦和车轮踏面有磨耗时的制动位

4—制动杠杆；16—闸瓦间隙调整器体；21—连接环；22—止推螺母；23—调整环；
24—压缩弹簧；25—调整衬套；26—推杆；28—进给螺母；Z1—啮合锥面；Z2—啮合面

4. *闸瓦和车轮踏面有磨耗时的缓解过程*

闸瓦和车轮踏面有磨耗时的缓解过程如图 6-2-7 所示，缓解开始时，各零部件的动作与无磨耗时的缓解过程完全一样，只是当调整衬套(25)碰到调整环(23)后，由于 Z1 锥面的啮合，受调整环(23)限制的调整衬套(25)能防止进给螺母(28)在磨耗推杆(26)上传动，压缩弹簧(24)使 Z1 锥面保持啮合，因此使推杆(26)不能进一步向后移动，止推螺母(22)也不能随着闸瓦间隙调整器体(16)和连接环(21)继续向后移动，从而使 Z2 面脱开，压缩弹簧(29)的作用又使得止推螺母(22)在推杆(26)上传动，直到制动缸完全缓解，闸瓦间隙调整器体(16)、连接环(21)回到缓解位，Z2 面重新开始啮合而停止移动。两者的相对位移量为闸瓦和车轮踏面仍保持了正常间隙，只是推杆(26)比无磨耗时向前伸出了 M_v。

三、闸　　瓦

1. *闸瓦概述*

闸瓦是指制动时，压紧在车轮踏面上以产生制动作用的制动块。

轨道车辆上使用的闸瓦基本分为两大类，即铸铁闸瓦和合成闸瓦。在铸铁闸瓦中，又可分为中磷铸铁闸瓦和高磷铸铁闸瓦。在合成闸瓦中，按其基本成分，可分为合成树脂闸瓦和石棉

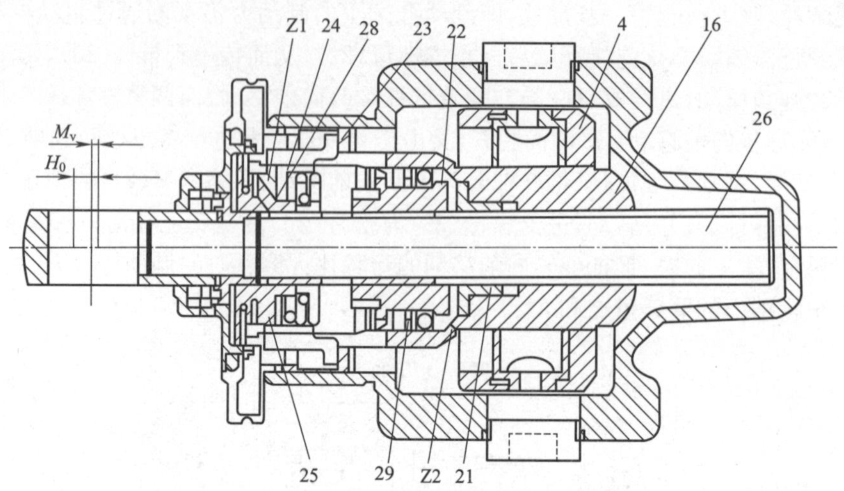

图 6-2-7 闸瓦和车轮踏面有磨耗时的缓解

16—闸瓦间隙调整器体；21—连接环；22—止推螺母；23—调整环；24—压缩弹簧；25—调整衬套；26—推杆；28—进给螺母；29—压缩弹簧；Z1—啮合锥面；Z2—啮合面

橡胶闸瓦；按其摩擦因数高低，又可分为高摩擦因数合成闸瓦和低摩擦因数合成闸瓦(简称高摩合成闸瓦和低摩合成闸瓦)。中磷铸铁闸瓦、高磷铸铁闸瓦和低摩合成闸瓦，称为通用闸瓦，可互换使用(即不用改变基础制动装置的结构)。

2. 铸铁闸瓦

铸铁闸瓦(图 6-2-8)其价格低廉，摩擦系数较为稳定，且不受气候的影响，导热性好，对车轮损害小，可使车轮踏面粗化，从而获得较大的黏着力。然而普通铸铁闸瓦的摩擦系数较小，并随列车车速的提升而迅速下降，进入高速运行时特别明显。各国科技工作者对此进行了大量的研究，从提高铸铁的含磷量和加入少量合金元素两方面来改进其性能。现在使用的有多种特种铸铁闸瓦，铸铁闸瓦已形成有普通铸铁向特殊铸铁闸瓦发展的形势。提高铸铁中的含磷量，既能提高闸瓦的摩擦系数，又可增加耐磨性。但高磷铸铁脆性大，使用中不可避免产生裂纹，故需采用钢背来补强。

高磷铸铁闸瓦与中磷铸铁闸瓦相比，主要是铸铁中提高了磷的质量分数。中磷铸铁闸瓦磷的质量分数为 0.7% ～1.0%，高磷铸铁闸瓦磷的质量分数为 10%以上。高磷铸铁闸瓦的耐磨性比中磷铸铁闸瓦高 1 倍左右。

3. 合成闸瓦(图 6-2-9)

合成闸瓦是以树脂、石棉、石墨、铁粉和硫酸钡等材料为主热压而成的闸瓦。

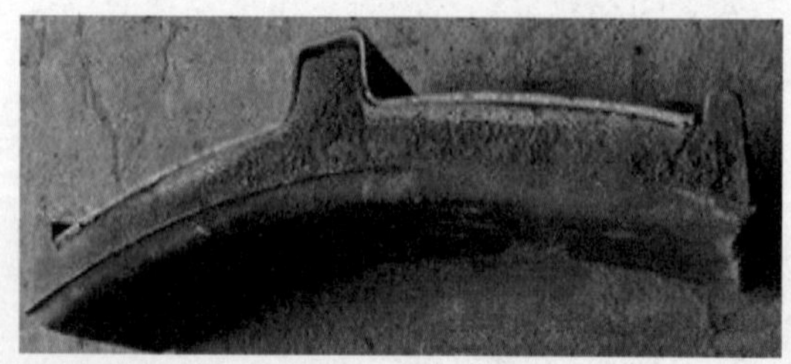

图 6-2-8 铸铁闸瓦

图 6-2-9 合成闸瓦

(1)合成闸瓦的结构

合成闸瓦由于其材料本身强度小,必须在其背部衬压一块钢板(钢背)来增加它的抗压强度。整个合成闸瓦由钢背和摩擦体两部分组成。钢背内侧开有槽或孔,用以提高摩擦体与钢背的结合强度。低摩合成闸瓦钢背两端的中间部分制成凸起的挡块,两侧低平,以便与闸瓦托的四爪相结合,钢背外侧中部装有用钢板焊制成的闸瓦鼻子,其外形和中磷铸铁闸瓦相同。因高摩合成闸瓦的摩擦系数大,故不能与通用闸瓦互换使用。为了防止混淆,将高摩合成闸瓦钢背两端的中间制成低平,两侧凸起,正好与低摩合成闸瓦相反,钢背内侧还焊有加强筋,以增加钢背的刚度。为了增加散热面积和避免闸瓦裂损、脱落,合成闸瓦摩擦体的中部压制成一条或两条散热槽。合成闸瓦是将合成材料按规定的比例混合均匀后,置于钢模内与钢背热压成为一个整体。

(2)合成闸瓦的特点

优点:

①摩擦性能可按需要进行调整。通过改变、调整配方和工艺的办法可以改变合成闸瓦的摩擦性能。

②耐磨性能好,使用寿命长,一般为铸铁闸瓦的3～10倍。

③节约铸铁材料。

④对车轮踏面的磨耗小,可延长车轮使用寿命。

⑤重量轻,一般只为铸铁闸瓦的1/3～1/2。

⑥可避免磨耗铁粉的污损及因制动喷射火星而引起的火灾事故。合成闸瓦制动时没有或很少有磨耗铁粉飞散,从而能防止火灾事故,并减轻对电气设备的不良影响。

⑦摩擦系数比较平稳,并能保证有足够的制动力。

⑧由于摩擦系数值可以充分提高,采用高摩擦系数合成闸瓦与小直径的制动缸配套,可节约压缩空气,在高坡地区连续制动时可缩短再充气时间,提高了列车在坡道地区运行的安全性。同时降低了每块闸瓦的实际压力,使基础制动装置各杆件受力减小,可提高基础制动装置安全性、减少磨闸瓦托和制动梁脱落等惯性事故。

缺点:

①导热性差,热量难以散发,因而车轮产生温升,甚至导致热裂。

②湿润状态下,摩擦系数大为下降,受天气影响大,在雨雪天气制动能力下降。

此外,合成闸瓦与车轮踏面反复磨合后,使两者间的黏性降低;有机合成摩擦材料的使用温度一般不能超过250 ℃。当制动处温度达250 ℃时,其磨损率急剧增加。温度较高时,由于其组分的改变,摩擦系数也将改变。

技能训练

一、基础制动的检修

1. 检修周期及内容

(1)周检

①检查制动缸的固定螺栓防松标记有无错位,固定螺栓的安全锁线是否正常。

②检查制动单元与转向架安装连接部位及管路接头连接是否漏气。

③检查制动闸瓦厚度应不小于 12 mm。

④检查闸瓦在缓解时与车轮踏面间的间隙,调整间隙。

⑤检查制动闸瓦片是否有裂纹、破损、缺块,缺块宽度方向不得大于宽度的 1/3。

(2)月检和年检

①检查制动闸瓦出现以下任何一种情况都需更换闸瓦:

a. 闸瓦厚度小于 12 mm,即接近中部弧形处。

b. 闸瓦的摩擦面到钢背有纵向贯穿裂纹。

c. 闸瓦出现掉块和剥离,沿闸瓦长度方向且掉块和剥离长度超过闸瓦长度的 1/4。

d. 闸瓦摩擦面表面形成金属堆积物,且车轮踏面存在异常状况(沟槽或光亮带)。

e. 闸瓦摩擦材料与钢背之间产生裂纹,摩擦材料从钢背上脱离,且裂纹长度大于 25 mm。

f. 沿车轮圆周方向的闸瓦裂纹大于 25 mm。

②检查制动片的固定楔和锁定销是否存在于制动片的固定座内。

③检查停放制动释放拉销无异常,停放制动人工缓解功能正常。

2. 架修

(1)分解单元制动机,分解后零件无缺失。

(2)清洁单元制动机各部件,清洁后无灰尘、无残脂。

(3)检查单元制动机各部件,表面无裂纹、无损坏。如损坏,对损坏部件进行更换。

(4)更换密封件、闸瓦及紧固件,安装牢固,无松动。

(5)组装单元制动机,安装牢固,无松动。

(6)进行功能测试,无泄漏,符合试验台测试要求。

3. 大修

(1)分解单元制动机,分解后零件无缺失。

(2)清洁单元制动机各部件,清洁后无灰尘、无残脂。

(3)检查单元制动机各部件,表面无裂纹、无损坏。如损坏,对损坏部件进行更换。

(4)对单元制动机推杆进行着色探伤,要求无裂纹。

(5)更换密封件、闸瓦及紧固件,安装牢固,无松动。

(6)组装单元制动机,安装牢固,无松动。

(7)测试单元制动机,无泄漏,符合试验台测试要求。

二、基础制动装置常见故障及处理方式(表 6-2-2)

表 6-2-2 基础制动装置常见故障及处理方式

序号	故障现象	故障原因	处理方式
1	踏面式制动器功能失效	设备的气动控制失灵	检查设备的气动控制
2	压缩空气接口处在制动时不停地有气体泄漏	接口不密封	拧紧压缩空气接口或更换密封件,并测试气密性
3	装上新的制动闸瓦后间隙太小	螺杆没有完全复位	将螺杆复位
4	闸瓦出现破损、断裂	闸瓦因本身材质问题或因制动力过大而出现断裂。若长时间使用,会进一步加剧断裂深度而崩缺或掉块	更换闸瓦

续上表

序号	故障现象	故障原因	处理方式
5	闸瓦间隙调整器自动调整距离有偏差	长时间运用的踏面制动单元，由于内部调整衬套和进给螺母啮合面有磨损，以及压缩弹簧力有可能改变，导致调节量出现偏差	更换内部调节衬套和进给螺母，重新进行试验

学习任务三 高压受流装置的检修与维护

学习目标

1. 知识目标

(1)了解受流装置的类型。

(2)掌握受电弓的典型结构部件。

(3)知道受电弓的常见故障。

(4)知道受电弓的维护计划。

2. 能力目标

(1)会根据受电弓的常见故障分析原因。

(2)会处理受电弓的常见故障。

3. 素质目标

(1)培养学生“准确认知部件，准确描述故障，针对性维修部件”的维修理念。

(2)培养学生认真负责的工作态度和团队合作意识。

知识链接

一、受流装置的典型结构

受流装置是列车将外部电源引入车辆电源系统的重要设备。从接触导线(接触网)或导电轨(第三轨)将电流引入动车的装置称为受流装置或受流器。根据线路供电方式的不同，列车受流装置分为集电靴和受电弓两种形式。集电靴应用于第三轨供电方式的线路，受电弓主要应用于高压接触网方式供电的线路。受电弓按结构可分为单臂型和双臂型两种形式，按驱动方式可分为气动型和电动型。

受电弓主要由底架、升弓装置、钢丝绳、下臂、下导杆、上臂、上导杆、弓头等组成。图 6-3-1 为气动单臂受电弓的主要部件组成。升弓驱动装置(气囊)安装在底架上，气囊充气后，通过钢丝绳作用于下臂，带动连杆机构运动，从而实现升弓。供给气囊的气路断气后，受电弓靠自重实现降弓。

1. 底架

底架(图 6-3-2)由方形管或型钢焊接而成，用于支撑整个框架，并通过轴承与下部的撑杆相连。底部框架上还安装有铜接线排和连接列车主电源的电缆。

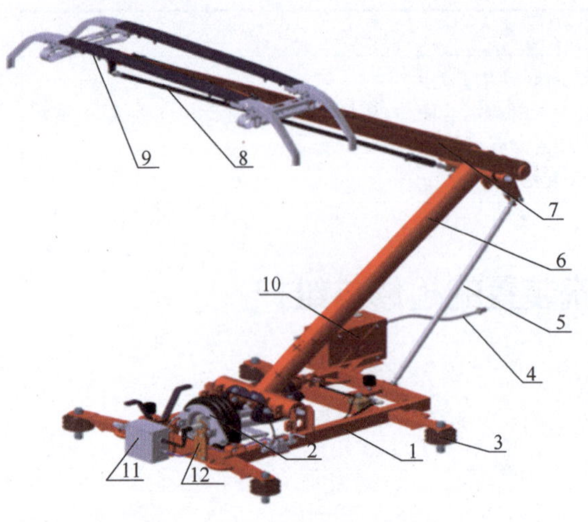

图 6-3-1　受电弓结构

1—底架；2—升弓装置；3—绝缘子；4—绝缘气管；
5—下导杆；6—下臂组装；7—上臂组装；
8—上导杆；9—弓头组装；10—气路控制箱；
11—电气控制箱；12—落弓指示装置

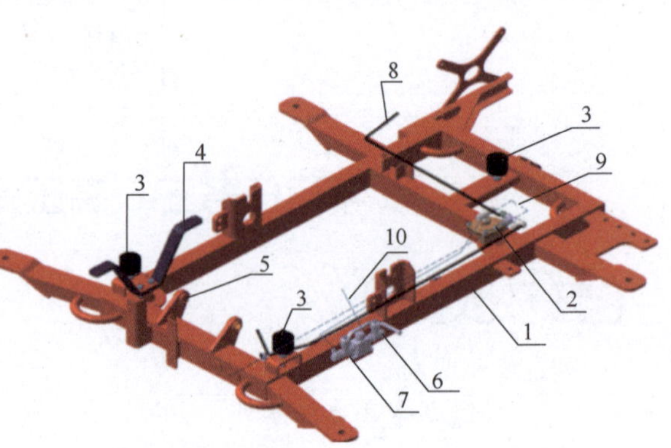

图 6-3-2　底架

1—弓头托架；2—滑动轴套；3— ADD 测试阀；
4—ADD 关闭阀；5—双层尼龙气管；
6—绝缘气管；7—PU 气管

2. 弓头(集电头)

弓头，又称集电头(图 6-3-3)，是直接与上部接触网相接触的零件。为了最大限度地减小接触导线的磨损，滑板的材质应较接触导线软。

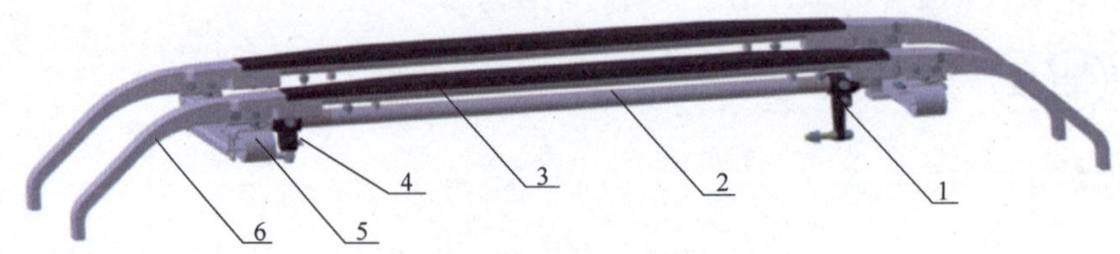

图 6-3-3　集电头

1—传力柱头；2—管轴；3—滑板；4—柱头；5—板簧；6—弓角

3. 绝缘子

绝缘子(图 6-3-4)安装在底部框架上，一是用于支撑底部框架，二是可将车体与受电弓隔离。所以绝缘子要求具有良好的电气绝缘性和机械性能，一般采用陶瓷或玻璃纤维聚酯压制而成。

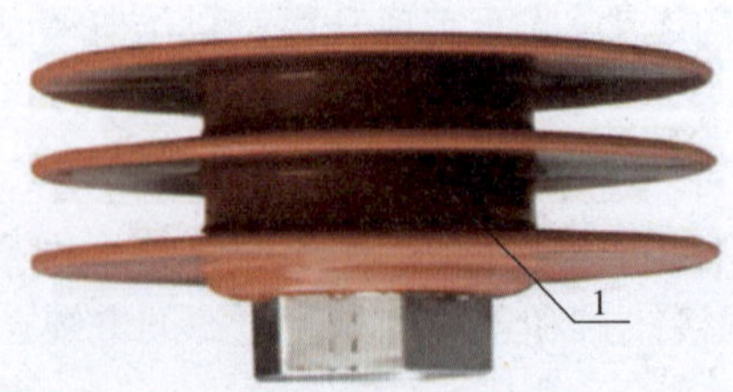

图 6-3-4　绝缘子

4. 上臂

上臂(图 6-3-5)为封闭的框架设计，支撑下臂的旋转头和下导杆。

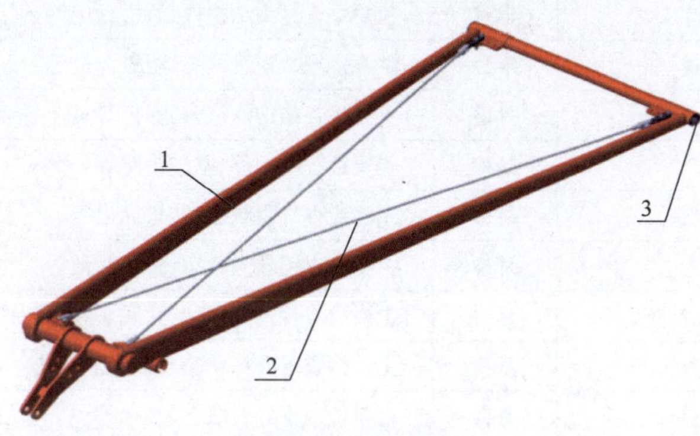

图 6-3-5　上臂

1—上臂焊接；2—张紧绳；3—滑动轴套

5. 下臂

下臂(图 6-3-6)由一个焊接钢管构成，它包括中心连接支撑的所有部分，支撑点由密封的重型旋转头组成。

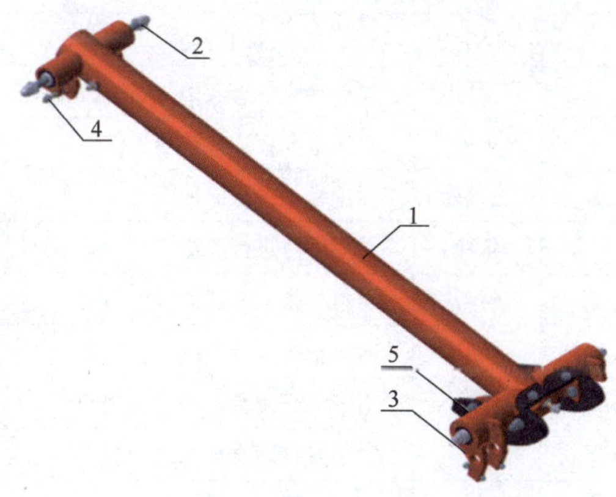

图 6-3-6　下臂

1—下臂焊接；2—短轴部分；3—长轴部分；4—连接螺栓(上导杆)；5—线导板

二、受流装置的检修与维护

1. 检修与维护计划

受电弓的维护计划可作为部件维护任务的总览和快速参考，见表 6-3-1。

表 6-3-1　维护计划

序号	名　　称	周期	任务描述
1	底架组装检查	月检	主要检查结构件、空气管路等
2	绝缘子检查	半月	主要检查绝缘子无损坏等
3	碳滑板检查	半月	主要检查碳滑板并记录磨耗数据

续上表

序号	名　称	周期	任务描述
4	弓头检查	半月	主要检查弓头结构件、防松标记等
5	软连线检查	半月	主要检查软连线状态、防松标记等
6	下臂检查	月检	主要检查结构件、防松标记等
7	上臂检查	月检	主要检查结构件、空气管路等
8	升弓装置检查	月检	主要检查气囊状态、防松标记等
9	钢丝绳检查	月检	主要检查钢丝绳状态、防松标记等
10	落弓指示装置检查	月检	主要检查接近开关状态、触头和感应铁片之间的距离等
11	下导杆检查	月检	主要检查下导杆状态、轴承等
12	上导杆检查	月检	主要检查下导杆状态、轴承等
13	气路控制箱检查	月检	主要检查气控箱内器件的状态、气密性等
14	受电弓接触力检查	半年检	测试受电弓接触力
15	升降弓时间检查	半年检	测试升降弓的时间
16	安全阀溢流测试	年检	测试安全阀的功能
17	电气控制箱检查	月检	主要检查电控箱内器件状态
18	阻尼器检查	三月检	主要检查阻尼器的功能及状态
19	ADD 功能	半年检	测试受电弓的自动降弓功能(ADD)
20	绝缘气管检查	三月检	检查绝缘气管表面状态、气密性等
21	绝缘气管清洁	年检	对绝缘气管进行清洁操作
22	绝缘子清洁	三月检	对绝缘子进行清洁
23	受电弓清洁	年检	对受电弓进行清洁
24	落弓指示装置清洁	半年检	对落弓指示装置进行清洁
25	电气控制箱清洁	半年检	对电控箱进行清洁
26	下导杆关节轴承 M16 润滑	年检	对下导杆两端轴承进行润滑
27	上导杆关节轴承 M10 润滑	年检	对上导杆两端轴承进行润滑
28	钢丝绳润滑	年检	对钢丝绳进行润滑
29	上导杆弹簧箱润滑	年检	对上导杆弹簧箱进行润滑
30	螺栓力矩校核	年检	对受电弓的 M6 以上的螺栓进行力矩校核，M6 及以下的观察防松标记
31	定期维修	架修	架修需对受电弓进行较大范围的分解、清洗、检查、探伤、修理、更换零部件、重新喷涂、重新组装、试验、调试等工作
32	定期维修	大修	大修需对受电弓进行全面的分解、清洗、检查、探伤、修理、更换零部件、重新喷涂、重新组装、试验、调试等工作
33	滑板更换	按需	更换滑板
34	软连线更换	按需	更换软连线
35	钢丝绳更换	按需	更换钢丝绳
36	升弓装置更换	按需	更换升弓装置

2. 部件清洁

受电弓分解完毕后,应清洗所有部件。在清洗时,用干净的抹布沾湿清水(或中性清洁剂),对受电弓弓角、弓头托架、上臂、下臂、底架、滑板托架、受电弓控制箱、上导杆、下导杆、升弓装置安装支架、气囊底板、气囊、限位装置等部件表面,要求表面清洁无尘。不得使用带油棉纱或钢刷进行清洗,以免损伤部件表面,影响使用性能。

3. 部件的检修与维护

(1)受电弓框架

检查底架焊接无损坏、裂纹及变形,漆面无损坏,否则进行补漆;各部件安装螺栓正常,防松标记无错位;检查气管无老化、无裂纹等;检查漆面无损坏,否则进行补漆。

(2)绝缘子

在检修中,主要检修绝缘子外观是否有裂纹及损伤。如绝缘子表面有碳粉等污垢堆积,无法清除时,可采用抛光方式处理。对于表面有裂纹,有损伤的绝缘子应更换。绝缘子检修完毕后还应测试绝缘子耐压及绝缘电阻。

(3)滑板

在检修中主要检查滑板的磨损及损伤情况。一般当滑板上出现贯穿性的侧面裂纹、上表面裂纹或磨损到最大限度(一般为剩余高度小于 22 mm)时,都必须更换滑板。

(4)升弓装置(图 6-3-7)

检查升弓装置安装支架、气囊、限位装置、桁架部件的外观;测试气囊的气密性;检查、润滑钢丝绳。当气囊有严重皲裂或裂纹时,应予以更换。

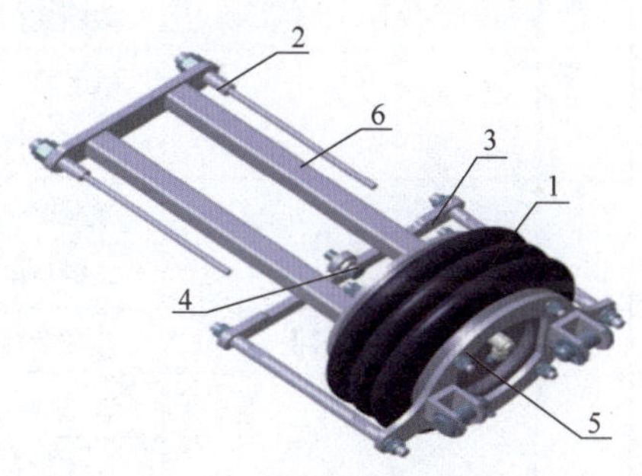

图 6-3-7　升弓装置

1—气囊;2—钢丝绳;3—限位装置;4—限位调整螺丝;5—支架;6—桁架丝

(5)软连线

软连线一般用多股铜导线编织而成,在检修中应检查连接线是否有断股现象,如有,应予以更换。对于所有的接线端子,需清洁并打磨接触表面。

4. 部件测试

在半年检、年检、架修、大修时要对受电弓进行相应的测试,以保证功能要求。

(1)接触压力测试

升弓状态下,检测受电弓对接触网的静态接触力。

(2)升降弓时间测试

测量从受电弓的下限位置到滑板工作位置的升弓和降弓时间。以下为某受电弓的升降弓时间要求:

升弓时间:≤8 s,不允许受电弓有任何回跳。

降弓时间:≤7 s,不允许有引起损坏的冲击。

(3)最大升弓高度的检查测试

一般情况下,最大升弓高度不需要检查和调整,除非是在线路有无网区的情况下,需根据线路要求对最大升弓高度进行测量和调整。

(4)气密性测试

检查受电弓的压缩空气管路的螺纹连接处的气密性,可以使用试漏剂,但要适量,防止喷到电气器件上。

技能训练

一、受电弓常见的故障及处理建议措施(表 6-3-2)

表 6-3-2 受电弓常见故障诊断表

序号	故障描述	原 因	应对措施
1	受电弓无法正常升弓	没有来自车辆的压缩空气供给	检查压缩空气供应
		气囊损坏并漏气	检查气囊,更换破损的气囊
		钢丝绳断裂	更换钢丝绳
		气管破裂	更换气管
		阀板故障	更换阀板
		阻尼器故障	更换阻尼器
		截断塞门关闭	打开截断塞门
		触发自动降弓(ADD)	检查 ADD 阀及管路,查找问题
		下导杆断裂	更换下导杆
2	无法保持升弓	气路漏气	查找漏气点
		车辆供给的压缩空气压力不够	检查车辆供给的压缩空气的压力
3	升弓过快或过慢	升弓节流阀调整不良	调整升弓节流阀
4	受电弓异常降弓	供给的压缩空气忽然中断	检查压缩空气供应
		气囊损坏并漏气	检查气囊,更换破损的气囊
		钢丝绳断裂	更换钢丝绳
		气管破裂	更换气管
		阀板故障	更换阀板
		触发自动降弓(ADD)	检查 ADD 阀及管路,查找问题
		下导杆断裂	更换下导杆
5	降弓过快或过慢	降弓节流阀调整不良	调整降弓节流阀
6	电流传输频繁中断	接触压力未调整好	检查接触压力并调整
7		受电弓内部摩擦太大	检查并消除受电弓的损伤
8			更换破损的轴承
9		滑板严重磨损或破裂	更换滑板条
10		上导杆未调整好(弓头转动不灵活)	调整弓头的转动能力
11	滑板偏磨	碳滑板上表面不在一个水平面	调整碳滑板
12	滑板磨损面呈波浪形	接触网拉出值分布不均匀	检查接触网
13	滑板过度磨损	弓头弹性失效,滑板和接触网之间硬接触	检查并更换弓头
		接触网的平顺性不好	检查接触网
		接触力不合适	检查受电弓的接触力

续上表

序号	故障描述	原　因	应对措施
14	接触网和弓头之间的电弧	由于设置或漏气，导致接触力太低	检查接触压力和气路
		弓头被阻挡或变形严重	检查弓头是否能自由转动
15	弓网之间短路	绝缘子故障	检查并更换绝缘子
		异物搭接	定期检查接触网和受电弓
16	存在异响	轴承没有得到良好的润滑	对轴承进行润滑
		钢丝绳安装问题	检查并调整钢丝绳的安装
17	受电弓被损坏	弓网故障	更换受损部件并重新进行测试
		弓网之间短路	更换受损部件并重新进行测试
		受电弓软连线接触不良，造成软连线连接处发热、断裂	更换软连线和受损部件

二、滑板磨损不均匀(图 6-3-8)

1. 原因分析

滑板磨损不均匀，存在偏磨的现象，是前后滑板不在一条水平线上导致的。

2. 解决措施

调整两根滑板条的水平性，前后滑板保证水平，安装调整后滑板高度差不超过 1 mm。检查弓头是否存在变形，轻微进行调整，严重的更换弓头。

三、滑板掉块(图 6-3-9)

1. 原因分析

接触网问题，比如存在阻碍物等。

图 6-3-8　碳滑板磨损

图 6-3-9　碳滑板掉块

2. 解决措施

修复/优化接触网。打磨掉块边缘，如果掉块长度(滑板宽度方向)大于滑板宽度(60 mm)的 30%或掉块严重的话，建议更换碳滑板。

巩固与练习

一、选择题

1. 制动闸瓦厚度应不小于(　　) mm。

A. 10　　B. 11　　C. 12　　D. 13

2. 闸瓦出现掉块和剥离,沿闸瓦长度方向且掉块和剥离长度超过闸瓦长度的(　　)。

A. 1/2　　B. 1/3　　C. 1/4　　D. 1/5

3. 空气压缩机有 2 个低压缸和(　　)个高压缸。

A. 1　　B. 2　　C. 3　　D. 4

4. 潮湿的压缩空气先通过油水分离器,将油和水分离出来。随后进行干燥,干燥剂吸收大量的水,使出口处的空气湿度不大于(　　)%。

A. 31　　B. 33　　C. 35　　D. 37

二、判断题

1. 踏面制动是利用闸瓦与车轮之间的摩擦来产生制动力,将列车的运行动能转变为热能。(　　)

2. 铸铁闸瓦可避免磨耗铁粉的污损及因制动喷射火星而引起的火灾事故。(　　)

3. 干燥器同时在两种状态下工作。当压缩空气在一个干燥塔里干燥时,干燥剂就在另一个干燥塔里再生。(　　)

4. 空气压缩机中的真空指示器用来显示滤芯内的灰尘集结情况,若真空指示器内部显示红色,表明需更换滤芯。(　　)

三、简答题

1. 简述城市轨道交通车辆的制动模式及特点。

2. 简述城市轨道交通车辆制动机的分类及特点。

3. 简述城市轨道交通车辆供风系统的结构组成。

4. 简述空气压缩机的结构组成和工作原理。

5. 简述空气干燥器的结构组成和作用原理。

6. 空气压缩机的检修内容有哪些?

7. 空气干燥器的检修内容有哪些?

8. 受电弓的主要部件包括哪些?

9. 对受电弓部件清洗时有什么要求?

10. 为保证受电弓的功能要求,检修时应进行哪些方面的测试?

11. 如果碳滑板磨损不均匀,该怎么办?

12. 绝缘子的作用是什么?

项目七　城轨车辆检修与维护的未来发展趋势

随着城市轨道交通的快速发展,传统检修模式已经不能满足现代化车辆的检修要求。因而城市轨道交通企业运用互联网、大数据、物联网、云计算、人工智能、故障预测与健康管理等技术,在城市轨道交通智能维保领域进行探索,智能维保已逐渐成为行业焦点。

学习任务一　智能化维保的实现方式及模式

学习目标

1. 知识目标

(1)了解智能化维保的实现方式。

(2)了解车辆的智能化维保模式。

(3)掌握日常维保智能化检修的通用方案。

(4)掌握架大修智能化检修的通用方案。

2. 能力目标

(1)能区分日常维保和架大修智能化检修的通用方案。

(2)能依据智能化的发展趋势,提出自己对智能化的建议。

3. 素质目标

(1)培养学生"降本增效,提高人工效能"的基本理念。

(2)培养智能化、精细化维修的从业理念。

知识链接

一、智能化维保的实现方式

随着大数据、机器自我学习、深度数据挖掘技术的发展,以及计算机图像识别、激光定位技术、声波自主分析技术等人工智能的实现,现有的智能运维方式城市轨道交通行业的应用也越来越多,主要体现在以下三个方面。

1. 生产增智,提高设备自主生产能力

将智能化技术手段融入到生产作业环节中,使得机器能够替代简单重复劳动的同时,对生产作业数据进行自动上传和自主分析,提出改进方案,从而全面提升生产企业的生产效率。例如有地铁公司开始采用分布式控制(DCS)方式,将车辆段的架大修设备接口进行统一,将维修设备的关键数据统一传送到设备运维服务中心,减少现场人员的数据记录和二次转电子版的时间。通过较长时间的数据积累,可以在该系统基础上改造和升级,最终实现架大修维修车间无人化的智能化生产理念。

2. 产品注智，从软件到硬件的智能升级

将人工智能算法，以封装和开放的方式嵌入到产品中，生产新一代的智能产品。比如有车门供应商将车门部件状态进行实时监控，通过每节车自带的车门管理模块，将单车车门数据分时传送至地铁车辆段维护中心，还将信息通过网络同步传送到车门供应商的大数据处理中心，记录本产品的实时曲线。通过对实时曲线的分析，指导维修人员重点关注趋势变差的部件，以便提升整体车队的安全性和可靠性。

3. 服务添智，提高整个车辆的运营品质

利用人工智能算法，为车辆维护提供更精准的增值服务。通过对前两种方案中数据的聚合统计和数据预测，可以提高车辆在日常维护以及架大修作业过程中的实时监测效率、提高管理水平和抗风险能力。

二、车辆的智能化维保模式

城市轨道交通车辆的维修工作分为车辆级和部件级两个级别的工作。

车辆级维修主要是指车辆级的预检、清洗、上下体分离、单节车落车及称重、车辆解编及静动态调试，依据维修深度覆盖上述工作中的部分或全部任务。

部件级维修覆盖了车辆的 11 大系统（含车门、贯通道、内装、牵引辅助、车钩、空调、制动、信号、乘客信息、列车控制网络、列控小部件）的拆解、测试、组装、试验等过程。

虽然车辆的整体结构复杂，设备种类繁多，依据现有的维保模式，尽可能是将部件更换工作集中在车辆维修作业的某一特定作业周期统一进行。因此，部件维修被划分到现有维保体系中，统一进行处理。按照《地铁设计规范》(GB 50157)的规定，现有城市轨道交通地铁车辆的全寿命周期分为日常维保作业（包含日检、周检、月检、年检）、高级别维修（5 年架修、10 年大修）两个级别。而对于现有制式的有轨电车、轻轨、自动导向轨道系统（APM）、跨坐式单轨等新车型，没有统一的维修周期标准，目前主要依据车辆部件制造商的维护手册以及参照地铁维修模式进行维保。同时，由于现有维修模式是按照计划修方式定期进行扣车和维修，因此会导致工作任务不均衡，以及人员成本的增加。如何降低人员成本和相应管理成本支出，提高维修效率，已成为各地铁公司关注的主要研究课题。

1. 日常维保智能化

城市轨道交通车辆的日常维保作业覆盖车辆的整个寿命周期，涉及的人员数量众多，物资、设备损耗巨大，日常管理作业繁杂，是个持续耗时耗力的工作，目前的主流方向是通过增强人员团队素质、提高检修技能水平、采用先进设备等方式，特别是依托大数据、物联网、人工智能等新技术，实施智能运维，以提高整体检修水平。

例如，针对车下设备的日常维保，城市轨道交通企业开始采用检修机器人在带地沟的股道下部基台处行走，通过伸缩机器臂和高清摄像头对车下设备的进行拍照、图像识别和对比分析，给出车下部件的检查记录，以此来减少进行日检作业的车下检修人员数量。针对日常作业中的专项检查，例如轮饼凹坑剥离、轴承温度检查、钢簧压缩量检查、车顶空调及受电弓检查等，通过引入激光定标后定点拍摄、红外摄像成图、高清图像对比识别、无人机定点检查拍摄识别等技术（图 7-1-1～图 7-1-3），在提高检修效率的同时，以更多维度对过程数据进行记录，为后续的大数据分析和状态预测提供初始数据支撑。

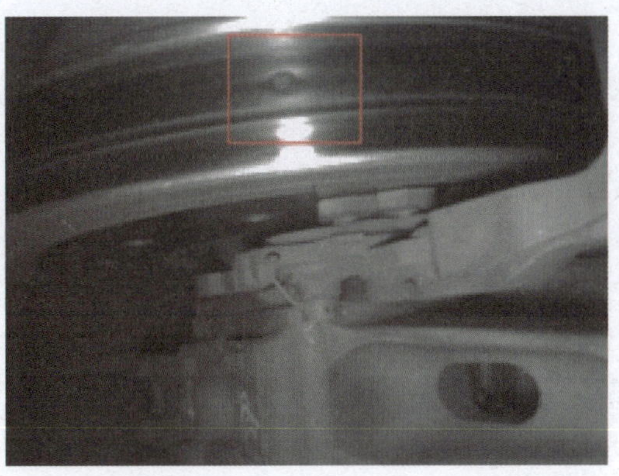

图 7-1-1　轮饼激光定点后拍摄对比

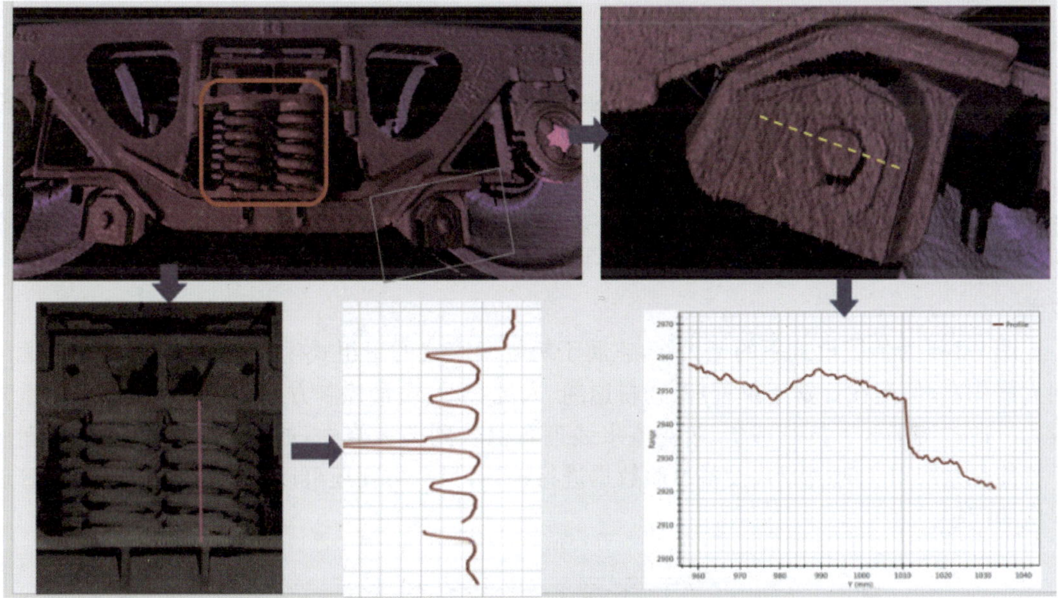

图 7-1-2　转向架钢簧及紧固螺栓高清图像对比识图

图 7-1-3　360°车辆图像检测设备

城市轨道交通企业通过使用上述智能化技术，逐步减少一线作业人员，提高检修效率，并致力于研究数据可追溯性的增强，以此来提高资产的产出比及设备的可靠性。

虽然近阶段不同智能设备对车辆的检测还无法完全摆脱有经验人员的二次甄别，且车辆故障诊断的准确度普遍不高，但通过数据的持续积累，以及引入神经网络算法、遗传算法、模糊算法等高级算法，诊断的准确度将逐步提高，最终达到预期的降本增效的结果。

除了通过上述先进技术对车辆设备进行检测和故障诊断外，为了提升车辆设备的整体资产利用率，建议有条件的城市轨道交通企业参考香港铁路有限公司(简称“港铁”)的维保理念，在日常维保过程中对每列车的数据进行持续收集和分析，并以常年积累的车辆数据为基础，为每列车制定有针对性的修程，再根据后续的运营状态监测结果及时调整各列车的维修周期，避免用统一标准对车况较好的车辆进行过度维修。将此种模式应用在车轮旋修、受电弓滑板磨耗、车门橡胶件更换等方面，将会产生较好的经济效益。

2. 架大修智能化

城市轨道交通车辆的架修和大修作为高级别维修，主要以车辆部件的寿命(尤其是橡胶类部件的寿命、小部件的动作次数限值等)为依据，需对车辆进行一定范围的解体、清洗、检测、修复、试验、组装、调试和部件喷漆等工作。

针对车辆的高级别维修，除了沿用传统模式(即将车辆停驻在固定地点，分班组将车辆全部拆解，再将各零部件转运到对应工区或缓存区进行检修)之外，越来越多的城市轨道交通企业开始将车辆制造企业的精益生产理念、大节拍制引入架大修中，以便对车辆架大修管理进行改善。

图 7-1-4 为传统模式下的架大修，它属于蚂蚁搬家式的班组式生产，虽然能够完成车辆的架大修作业，但是在日常工单管理、物料追溯、人员管理、质量控制方面会存在不可避免的重复投入。通过将工区工位制理念、精益流水线理念引入到架大修中，如图 7-1-5 所示，一方面便于智能化系统对工时、物料、设备试验数据进行统计，另一方面还可以避免重复工作、物料管理混乱等问题。

图 7-1-4　传统模式下的架大修

车辆的架大修涉及到预检、解编、上下体分离、部件分拆、部件检修、部件组装、落车调试等系列过程，如采用静态铺开的方式，会导致占地面积大，生产组织无明显规律，关键工序受制

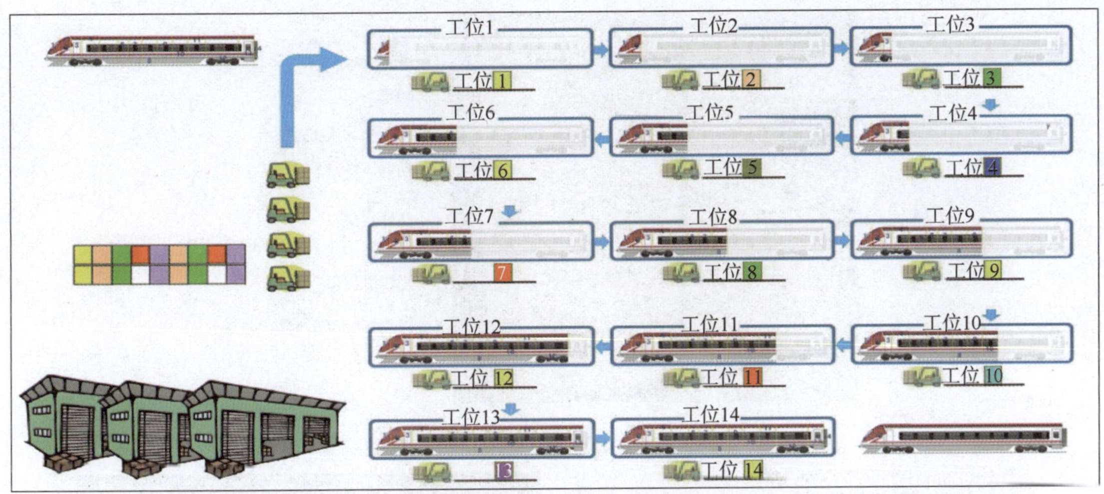

图 7-1-5　生产制造企业的架大修

约，生产难以形成节奏，组织困难等问题。为解决这些问题，将整个修理流程细分为 2 条独立的工艺路线，即上体修理工艺路线和转向架修理工艺路线，如图 7-1-6 所示。

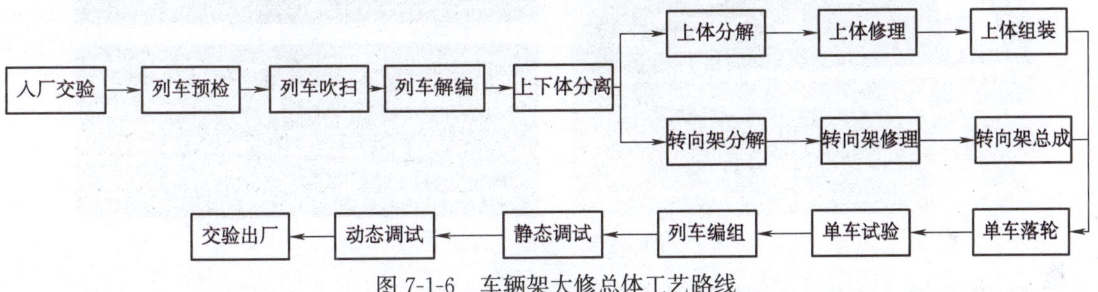

图 7-1-6　车辆架大修总体工艺路线

通过上述车辆总体工艺的分解，将原有的架大修工作分解为多台位，并以跨工区的方式进行车辆的转运和作业。为了节省物料以及工器具的准备时间，通过人工或者自动导引运输车(automated guided vehicle，AGV)(图 7-1-7)将对应台位的常用工具、台位物料配送到台位处的智能物料箱(图 7-1-8)和智能工具箱(图 7-1-9)中；还通过智能化手段对工具的使用频次、物料的实际消耗进行分项统计，为核算厂段年度资产耗费、单车实际资产耗费提供基础数据支撑。

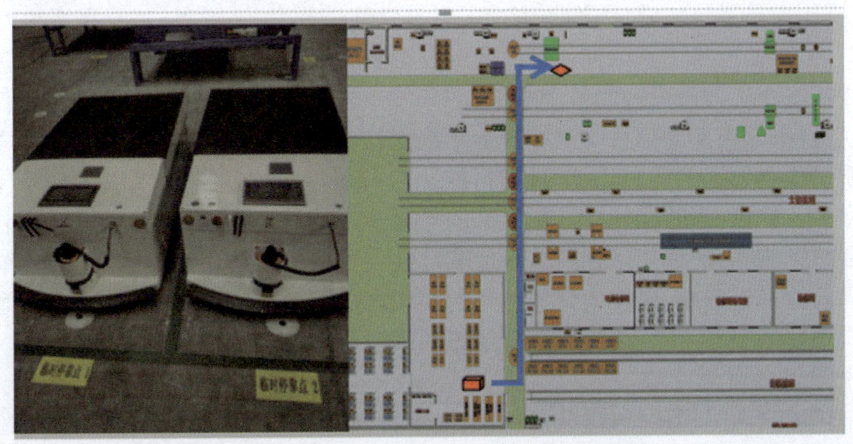

图 7-1-7　AGV 小车对台位物料的配送

图 7-1-8　智能物料箱

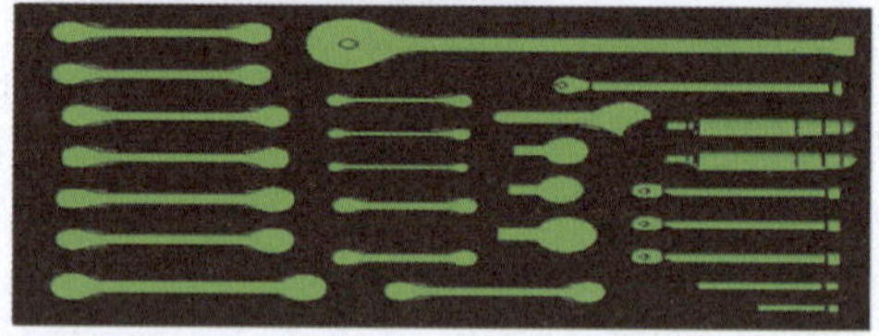

图 7-1-9　智能工具箱

智能物料箱可用于台位物料管理以及车间消耗料管理。智能物料箱放置在生产车间固定地点，由物流部门定时配送常用物料。系统后台规定物料最低库存，当物料箱中物料存量低于最低库存时，物流部门会自动收到补料信息，并派遣物流配送人员补充进料箱。现场作业人员通过刷卡领料，或者采用工号实名制登录（即通过输入项目、工号及工位号登录系统），并输入物料编码，在蜂窝门自动弹开后，领取对应的数量，关上箱门即可。

智能工具箱可记录使用者信息以及工具的在位状态，主要用于管理工具箱中工具的基础信息，分配操作人员系统权限、查询与管理工具日常使用信息等；此外，工具箱系统可与智能化平台进行对接，从而能将工具的使用情况及时反馈到平台上，便于提高车间工具的管理水平。

为了提高整个架大修库区的管理水平，部分城市轨道交通企业已经开始探索车间级的管理平台，包括将车间内部的信息交互转变为无纸化作业，推进车辆检测过程数据的数字化、设备测试及质量检测数据的实时化、工时物料统计的自动化，力图通过软件平台改善管理模式，提高管理水平。尽管如此，受到整体架大修的年度生产计划编排，车辆拆装物料的工时以及物料到货周期的影响，无法真正达到新车制造或部件大批量流水线生产的强度，加上作业人员对于信息化需求的理解偏差，对架大修智能化的实现产生了不良影响，但通过逐步改善软件使用模式以适应现场的实际需求，最终将达到预想的改善管理模式的目标。

3. 车辆数据的智能处理

对城市轨道交通车辆运行数据进行实时采集、存储和分析（即车辆数据的智能处理），是实现车辆智能化维保的基础。而车辆数据智能处理的主要方式是网络控制为主，硬线控制备份。

在过去，对于不影响车辆运营的故障数据，只能在车辆回库后，通过工作人员登车、使用专用线缆下载的方式进行传输和存储，从而导致故障分析的时效性较低。为了改善这种情况，一些城市轨道交通企业已经在尝试用以下两种方式自动下载和上传车辆数据。

(1)在车辆上增加接口设备，接入多功能车辆总线(MVB)。该设备可以收集 MVB 总线上的大部分数据，并在车辆运营回库后将收集的数据通过以太网或其他方式发送给地面信号系统，再由地面信号系统将数据转入本地数据存储和处理服务器。这种方式可以使工作人员不必等车，减少其工作量。

(2)在车辆上增加接口设备，接入 MVB 总线，并安装一个 4G/5G 传输设备。接口设备从 MVB 总线获取数据后，发送给 4G/5G 传输设备；然后，由传输设备通过加密渠道将实时数据经外部公共网络转入车辆段控制中心(DCC)或调度中心(OCC)的内部网络。通过这种方式，DCC 或 OCC 可以获取实时车辆数据，对偶发性故障进行监测和诊断，并及时采取解决措施，降低车辆运营故障风险。

学习任务二　先进工艺装备及车辆服役寿命延长研究

学习目标

1. 知识目标

(1)了解先进工艺设备需求。

(2)熟悉先进设备的大致形式。

(3)掌握车队延寿的基础技术路线。

(4)掌握架大修作业中 AGV 小车的结构功能。

(5)熟悉车队的延寿研究对象。

(6)掌握车队延寿的评估方法。

2. 能力目标

(1)能参照延寿依据标准对延寿过程进行跟踪。

(2)会进行延寿的评估。

(3)会使用先进的工艺设备。

3. 素质目标

(1)培养学生“车辆延寿”的基本理念。

(2)培养标准化研究的从业理念。

知识链接

一、先进工艺装备

1. 先进工艺设备需求

据中国城市轨道交通协会统计，截至 2019 年年底，累计共有 55 000 多辆新车招标，37 000 多辆车已投入运营，未来 3 年招标车辆数在 6 600 多辆，并随着后续车辆的运营时间以及里程数量的增加，面临高级别维修的车辆数将逐年增多，维修市场的体量也将逐年增长，对于直接或间接参与的运维人员来说压力逐年增大，如何快速、便捷、有效、节约的方式完成维修任务，契合了众多地铁公司的需求，同时也吸引了众多维修厂商关注城轨车辆的后市场研究。

车辆作为各城轨运维公司的核心资产之一，各城轨运维公司除了在日常运维作业过程中，使用智能化的监测、传输、溯源等方式提高资产运维效率，降低投入产出比进行多方面研究。

由于城轨车辆的起步较晚，在以往车辆段工艺设备的配置均参考国铁常年的设备配置，导致本身作为非标设备的车辆在真正进行架大修时，需要对现有设备进行改造或适应性调整。针对该问题，各地铁公司也开始寻求更具有现代化，以及本地区实际需求的智能化工艺设备上进行研究。

以深圳、广州、上海等超级线网运营的城市为第一梯队，开始带动运维的智能化工艺装备的研究，已经有了运用经验并在逐步推广实施的有：360 地面监测设备、踏面激光扫描设备、全自动车辆调度管理系统、司机室主动防碰撞设备、司机室鹰眼设备、车下机器人巡检设备、车顶无人机检测设备、架大修智能化工厂、运输物料的 AGV 小车等先进设备引入层出不穷。

2. 架大修作业中 AGV 小车的结构功能

架大修作业中 AGV 小车的结构功能通常要求如下：

(1)平板 AGV 小车

平板 AGV(图 7-2-1)具有顶升功能，配合定制专用工装可以实现空调的自动取放功能，AGV 运行全程无需人工干预，自动规划路线，自动遇障碍停车报警，配备手持机功能，与控制台联网，实现 AGV 状态实时监控和任务的下达，具备过轨能力。

(2)叉车 AGV

叉车 AGV 具备通过轨道能力，兼容所有转向架部件(牵引电机、空簧、制动单元)的定制工装，AGV 在无工作任务时自动充电，配备有手持机，有需要时可通过手持机下达任务，AGV 根据设定轨迹路线自动执行任务。可实现自动取放工件和顺序摆放功能。摆放物料时能够实现将物料(如牵引电机存放工装)堆叠存放，具备过轨能力。

(3)对应上述 AGV 小车的外部接口要求

需开放设备的软件接口，并负责将设备接入架大修的生产信息系统，将设备的自身的数据、检测数据等上传到信息化体统；这些数据包括设备状态数据、设备能耗数据、设备指令数据、检测计算数据等，其中状态数据包括但不限于设备开关机状态、设备工作空闲状态、设备故障信息、设备作业信息等。设备指令数据包括开关机指令、急停指令等；AGV 小车应能提供的采集数据有：设备状态数据、设备能耗数据、设备指令数据、设备检测计算数据等。

图 7-2-1　平板 AGV 小车

对应其他的先进智能化设备，具体请参照智能化检修的运用内容中的各设备介绍。由于先进的智能化设备主要是为了解决单点或区域性问题，需要依据实际需要进行配置，在不同地铁车辆维修中需求程度不同，不再进行赘述。总之，面对目前纷杂的先进工艺设备，没有必要求全求新，在进行先进工艺设备的投入前，需要针对实际需求测算投入产出比后以及后续 RAMS 指标方面进行通盘考虑，再审慎投资为宜。

二、车辆服役寿命延长研究

受制于不同区域、不同线路的车队每天运营状况不同，对应到车辆的全寿命影响也会差异较大，因此要对车辆进行延寿，目前无法做出通用性和指向性的结论。对应不同项目需要用类似的评估策略对车队进行评估。总体评估主要是针对车体强度、转向架构架以及车轴强度进行应力片跟踪和测算，在基础部件强度能够满足延寿的要求下，再考虑将车队的系统进行专项升级和改造；在车体强度或转向架强度不满足时，如通过补强措施能够满足延寿要求，也可进行专项升级和改造，以满足车队的正常服役以及满足乘客的基本功能需求。

为了对车体强度进行有效的延寿评估，以往传统的评估方法是采用《铝合金结构设计 1-3 易疲劳结构》(EN 1999-1-3—2007)中的名义应力法进行强度评估。总体评估的方案如图 7-2-2 所示。

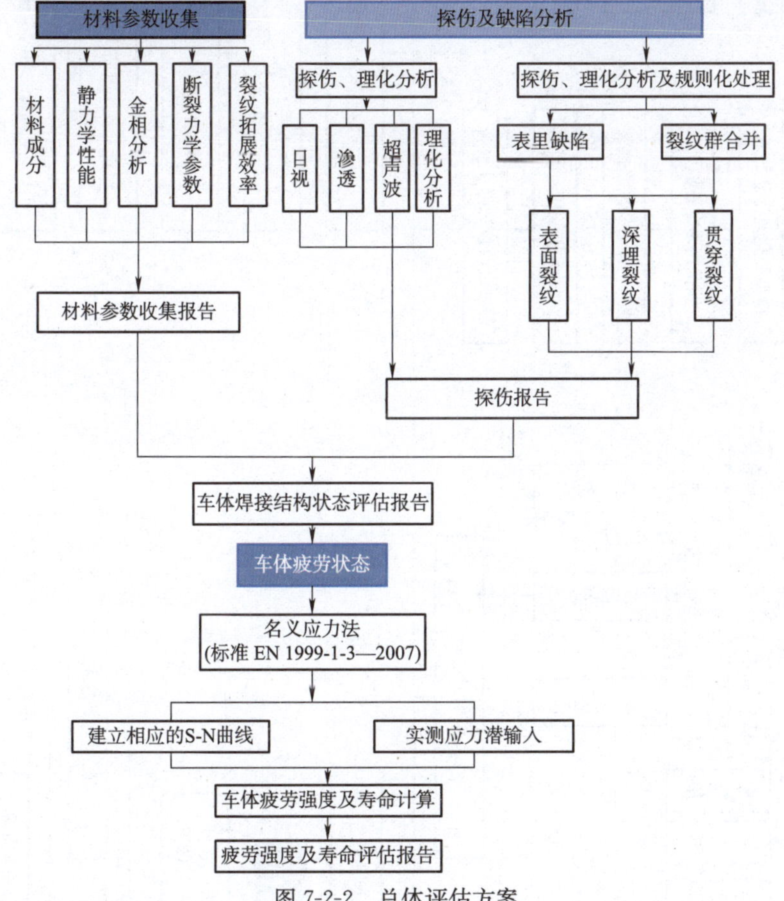

图 7-2-2　总体评估方案

通过以选取车队的方式，对车体的材料收集、静力学性能分析、金相分析、裂纹扩展速率、断裂力学测试等方式获取基础理论数据，依据这些基础数据出具对应车队的疲劳强度及寿命评估报告。虽然该测算方式较为普遍，但缺少了对应车队的实际数据，在实际作业中出现目标寿命偏差较大的情况出现。

在上述基础延寿测算方式之外，目前有研究团队开始将《金属结构裂纹验收评定方法指南》(BS 7910—2013)中的断裂力学结构应力法服役结构寿命评估应用到车队的延寿研究中，总体在原有名义应力法的基础上，然后在车队中选取某 1 列公里数较长车辆，在该标的车辆上的应力位置添加应力片或传感器等监测装置，在正线运营一段时间后，获取车体强度动态数据，结合实际探伤数据提出较为可靠的车队延寿评估测算结论，总体技术路线如图 7-2-3 所示：

材料参数收集
材料成分
静力学性能
金相分析
断裂力学参数
裂纹拓展效率
材料参数收集报告
探伤及缺陷分析
探伤、理化分析
目视
渗透
超声波
理化分析
探伤、理化分析及规则化处理
表里缺陷
裂纹群合并
表面裂纹
深埋裂纹
贯穿裂纹
探伤报告
车体特征建模
三位实体建模
模型简化及特征处理
明确网络分析原则
建立车体结构网络模型
车体承载有限元分析
静强度及疲劳强度报告
运营车体承载测试实验
分析整车受载荷信息
明确应变片分布位置
测试设备及贴片灵敏性
测试并收集数据
编写物流计算法程序分析载荷
车体运行测试报告
车体焊接结构状态评估报告
车体疲劳状态
名义应力法
(标准 EN 1999-1-3—2007)
建立相应的S-N曲线
实测应力潜输入
车体疲劳强度及寿命计算
疲劳强度及寿命评估报告
含缺陷车体安全性分析
危险位置一次应力、
二次应力计算与测试
危险位置应力线性化处理
建立失效评定曲线FAC(L_r，K_r)
明确裂纹临时失稳尺寸
车体剩余寿命计算

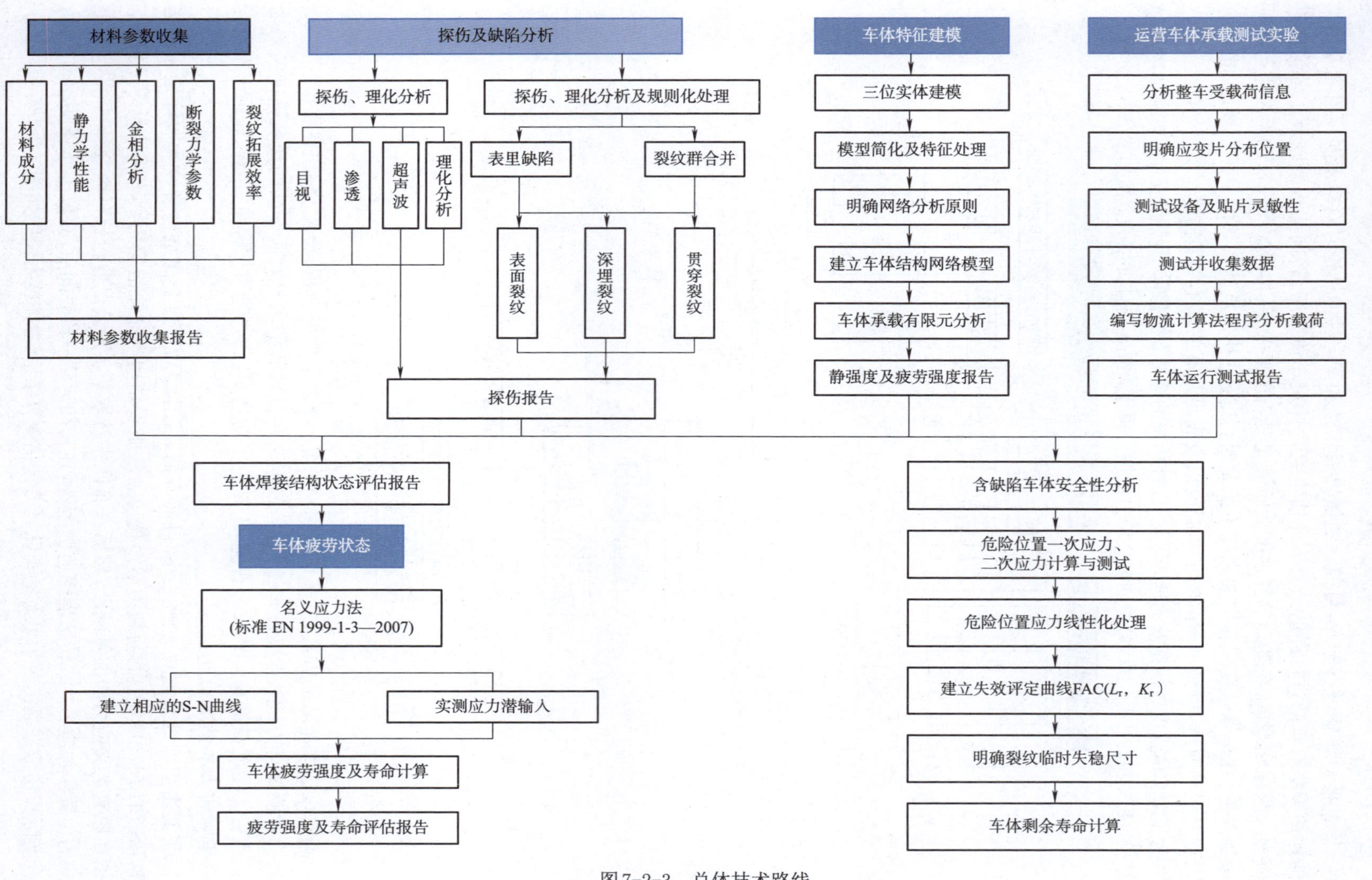

图 7-2-3　总体技术路线

在确认技术路线，以车体强度、转向架强度、线缆寿命作为标的进行研究后，后续在进行静强度计算、疲劳强度计算、材料检测分析、正线运营的动态检测应力变化数据，对应上述收集的资源进行数据清洗、滤波和功率谱密度分析、雨流计数方式，选用合适的疲劳计算提供部件级的寿命评估结论，最终提供延寿数据分析用以支持车队剩余寿命的决策依据。

从真正意义的全寿命来讲，只有当后市场的数据真正反馈回设计端，并指导设计从数据分析的角度逐年提升设计质量，对现有车对进行降级加装改造，对后续新车进行设计端的优化升级，提升原始设计产品的可靠性指标才是行业内的终极目标。

巩固与练习

一、填空题

1. 在现有地铁公司的日常运维过程中，为了减少车下人员的检修作业量，开始推行________以及________两种类型进行图像自动识别和预警。

2. 车辆服役寿命延长主要关注的是________和________的评估和补强，服役寿命延长的另一个参考指标是________，以此提高作为核心资产——车辆的复用率。

二、选择题

1. 地面激光定点测试装备的应用，其主要是对(　　)部件进行精准测试，以减少人工作业量。

A. 轮缘缺损量　　B. 车轮温度

C. 轮饼厚度　　D. 车轮踏面异常状态

2. 地铁行业的先进工艺设备的目的是(　　)。

A. 跟随时代潮流　　B. 行业要求

C. 降低人员成本，提高管理效率　　D. 供应商推荐

三、简答题

1. 简述智能化维保的实现方式。
2. 简述城市轨道交通车辆的维修工作的级别及工作内容。
3. 简述车辆的智能化维保模式及其内容。
4. 架大修作业中 AGV 小车的结构功能有哪些?
5. 简述车队延寿的基础技术路线。
6. 简述车队延寿的评估方法。

参考文献

[1] 连苏宁.城市轨道交通车辆构造[M]. 北京:机械工业出版社,2011.

[2] 阳东,卢桂云.城市轨道交通车辆检修[M].北京:机械工业出版社,2014.

[3] 应运飞,秦娟兰.城市轨道交通车辆制动系统[M].成都:西南交通大学出版社,2016.

[4] 邵伟中,宋博,刘纯洁.城市轨道交通车辆运行与维修[M].2 版.北京:中国建筑工业出版社,2019.

[5] 葛党朝.城市轨道交通车辆空调系统[M].重庆:重庆大学出版社,2013.